Neuner · Mein Leben mit Christus gestalten

Josef Neuner

Mein Leben mit Christus gestalten

Eine Anleitung zu den geistlichen Übungen des Ignatius von Loyola

echter

Titel der Originalausgabe:
WALKING WITH HIM
A Biblical guide through thirty days of Spiritual Exercises
Patna/Indien 1985

Zum Bild auf dem Umschlag dieses Buches siehe Seite 332.

CIP-Kurztitelaufnahme der Deutschen Bibliothek

Neuner, Josef:
Mein Leben mit Christus gestalten : e. Anleitung zu d. geistl. Übungen d. Ignatius von Loyola / Josef Neuner.
– Würzburg : Echter, 1988.
Einheitssacht.: Walking with him ‹dt.›
ISBN 3-429-01121-3

Imprimi potest, München, den 3. November 1987
P. Hans Zwiefelhofer SJ, Praep. Prov. Germ. Sup. SJ

Mitglied der Verlagsgruppe »engagement«

Umschlag: Ernst Loew (unter Verwendung eines Dias von Paul Imhof)
Gesamtherstellung: Echter Würzburg
Fränkische Gesellschaftsdruckerei und Verlag GmbH
ISBN 3-429-01121-3

Inhalt

IV. Teil: *Mit Ihm*

Vorwort

Wir sind als Christen auf der Suche nach geistigen und geistlichen Kräften, die uns Impulse und Orientierung geben können für unser Leben und für die Welt, in der wir leben. Dabei entdecken wir wieder die großen spirituellen Bewegungen, die im Lauf der Geschichte in der Kirche aufgebrochen sind. Sie sollen in unserer Zeit fruchtbar werden.

So werden heute auch die »Geistlichen Übungen« des hl. Ignatius von Loyola neu entdeckt. Sie waren nie vergessen worden, aber hatten doch viel von der Dynamik verloren, mit der sie vor 400 Jahren das Leben der Kirche so gewaltig beeinflußten. Oft gebrauchte man sie als den allgemeinen Rahmen für eine religiöse Erneuerung, etwa in Volksmissionen, auf Kosten der Tiefe und des Reichtums, der in ihnen enthalten ist. Oder man fühlte sich zu sehr der Form und Diktion des Exerzitienbüchleins verpflichtet, so daß viel von der Kraft des Geistes verloren ging.

In diesem Buch geht es darum, den ursprünglichen Geist und die Dynamik der »Geistlichen Übungen« zu erspüren und Menschen von heute zu vermitteln. Es ist aus der Praxis erwachsen. Seit Jahren gibt der Verfasser verschiedenen Gruppen von jungen Menschen in Indien 30tägige Exerzitien. Dazu hat er dieses Begleitbuch unter dem Titel »Walking with him« herausgebracht. In der deutschen Ausgabe ist der Aufbau des englischen Originals beibehalten, aber es ist im Blick auf den Leserkreis in der westlichen Welt überarbeitet.

Die deutsche Übertragung stammt vom Verfasser. Dabei erhielt er viele und hilfreiche Hinweise von Dr. Maria Riebl (Wien). Ohne ihre Mitsorge um das Buch hätte es nicht erscheinen können. In zahllosen Gesprächen und Arbeitsstunden mit dem Autor entstand die jetzige Textgestalt. Die Texte, die jedem Kapitel »Zur Erwägung« beigefügt sind, wurden von DDr. Margarete Schmid (Wien) gesammelt. Ihnen danke ich herzlich, desgleichen meinen Mitbrüdern P. Dr. Friedrich Wulf SJ (München) und P. Dr. Paul Imhof SJ (München) für all ihre Hilfe bei der Drucklegung dieses Buches.

J. Neuner SJ

Die Texte des II. Vatikanischen Konzils werden mit folgenden Abkürzungen zitiert:

AG = Dekret über die Missionstätigkeit der Kirche »Ad gentes«.
DV = Dogmatische Konstitution über die göttliche Offenbarung »Dei Verbum«.
GS = Pastoralkonstitution über die Kirche in der Welt von heute »Gaudium et spes«.
LG = Dogmatische Konstitution über die Kirche »Lumen gentium«
PC = Dekret über die zeitgemäße Erneuerung des Ordenslebens »Perfectae caritatis«
PO = Dekret über Dienst und Leben der Priester »Presbyterorum ordinis«.

Einleitung

Alle Menschen sind aufgerufen, Gott zu finden und in ihm Reichtum und Tiefe ihres Menschseins zu erfahren. Viele Wege führen zu diesem Ziel. Das vorliegende Buch ist eine Hinführung zum gelebten Christsein auf dem Weg, den Ignatius von Loyola in seinem Exerzitienbuch »Geistliche Übungen« vorgezeichnet hat. Diese Anleitung ist aus der tiefen mystischen Erfahrung erwachsen, die Ignatius in Manresa in den Jahren 1522 bis 1523 zuteil wurde. Nach und nach hat er sie schriftlich niedergelegt und ausgebaut. Jede einzelne Betrachtung und Weisung stammt aus der gleichen umfassenden Intuition: Gott hat in Jesus Christus zu uns gesprochen, sich selbst uns geschenkt. Unser Leben reift und erfüllt sich in Gott, in der Ganzhingabe an ihn in Jesus Christus. Das ist der Gehalt der Spiritualität, die Ignatius in seinem Leben verwirklicht hat.

Diese Spiritualität blieb das einigende Band seiner Gemeinschaft, der werdenden Gesellschaft Jesu. So verschieden die Charaktere seiner Gefährten waren und so vielfältige Aufgaben ihnen zufielen – vom Unterricht für die Jugend in italienischen Städten bis zur Teilnahme am Konzil von Trient und zur Sendung in neue Kontinente –, sie blieben von seinem Geist geeint und inspiriert. Weit über seinen Kreis hinaus führten diese geistlichen Übungen unzählige Menschen auf den Weg inneren Wachsens und Reifens.

Die Kraft dieser Inspiration hat sich in vier Jahrhunderten nicht vermindert: Zwar wurde ignatianische Spiritualität oft, entsprechend den wechselnden Geistesströmungen, einseitig dargestellt und wohl auch verzeichnet (etwa in der Renaissance, im Barock und zur Zeit der Aufklärung), aber in der Rückbesinnung auf die ursprüngliche Intuition hat sie sich doch immer wieder erneuert.

Das Exerzitienbuch des hl. Ignatius

Das Studium der »Geistlichen Übungen« ist schwierig. Sie sind nicht eine systematische Darstellung ignatianischer Spiritualität, sondern die praktische Anleitung zu ihrer Einübung. Das Büchlein umfaßt 1. Weisungen für den Leiter der Exerzitien wie für den Exerzitanten; 2. Betrachtungen zu Themen, die Aufbau und Fortschritt der geistlichen Übungen bestimmen; 3. Regeln für verschiedene Lebenssituationen. In all diesen Erwägungen und Anweisungen entfaltet sich eine umfassende Schau Gottes, unseres Lebens, unserer Welt.

Aber es kostet Mühe, in den nüchternen und knappen Worten des Textes diese Schau zu finden. Denn Ignatius hatte nicht die Gabe der Sprache wie die zeitgenössische Mystikerin Teresa von Avila. Ignatius kennt zwar machtvolle, inhaltsschwere Formulierungen, aber seine Darstellung ist oft spröde.

Der Zugang zu seinem Denken ist auch erschwert durch die soziale und kulturelle Umwelt, in der er lebte. Er stammt aus der feudalen Welt von Rittern und königlichen Höfen des 16. Jahrhunderts; dort herrschten Auffassungen von Ehre und Loyalität, die wir heute schwer nachvollziehen können. Auch die menschlichen Probleme sind in unserer Zeit anders und wohl differenzierter als in seiner Welt, und die Fragen nach einem wahrhaft christlichen Leben stellen sich anders als vor beinahe 400 Jahren.

Ferner mußte Ignatius seine Schau christlichen Lebens in der Begriffswelt damaliger Theologie ausdrücken, die von der Scholastik geprägt war. Seine Exegese ist von den Einsichten moderner Bibelauslegung unberührt.

Die apostolische Sendung sieht er in der von der Reformation bedrohten Kirche.
So begegnet Menschen des 20. Jahrhunderts in diesen Texten eine Welt, die ihnen weithin fremd geworden ist. Trotzdem kann die Tiefe und Eindringlichkeit des Büchleins zutiefst berühren. Ist es möglich – natürlich mit Hilfe weiterer Quellen –, die Schau des Ignatius wiederzugewinnen, der Kraft seiner Hingabe nachzuspüren und sie in uns selber neu zu wecken? Kann man mit Hilfe einer anderen Begrifflichkeit seine Vision wiederfinden?

Zum Aufbau dieses Buches

Das vorliegende Buch ist kein wissenschaftlicher Kommentar zu den »Geistlichen Übungen« des hl. Ignatius, sondern ein konkreter Versuch, die Spiritualität der ignatianischen Exerzitien Menschen von heute in ansprechender Weise nahezubringen. Eine moderne Darstellung des Ignatius muß auf Situation und Fragestellungen des heutigen Christen eingehen.
Wie das Exerzitienbüchlein selbst, so ist auch dieser Band in vier Teile gegliedert; sie entsprechen den »vier Wochen« der »Geistlichen Übungen«. Die *erste Woche* beginnt mit der konkreten Situation, in der wir uns vorfinden: Es ist die Frage nach dem Sinn des Menschseins in unserer Welt; die Gebrochenheit des Menschen und unserer Gesellschaft werden bewußt. Die *zweite Woche* enthält die Antwort auf diese Situation, wie sie uns von Gott in Jesus Christus gegeben wird. Ihm öffne und übergebe ich mein Leben. In der *dritten Woche* trete ich mit Jesus in die letzte Unerforschlichkeit Gottes ein, der ich am Kreuz begegne. In der *vierten Woche* soll ich in der Kraft des auferstandenen Herrn mein Leben annehmen und zur Vollendung reifen lassen.

Jedes Kapitel entfaltet ein Thema in einer einführenden Erklärung und kurzen Schriftbetrachtungen; durch sie soll sich der Leser selbst in Meditation und Gebet vertiefen. Das entspricht der Absicht des Ignatius: Dem Exerzitanten soll eine umfassende Schau seiner geistlichen Berufung vermittelt werden, doch in einer Weise, daß seine Eigentätigkeit voll zur Geltung kommt. Von der persönlichen Mühe erwartet Ignatius tiefere geistliche Wahrnehmung und reichere Frucht als von ausführlichen Erklärungen. Es geht ihm nicht um die Mitteilung neuer Gedanken, sondern um das »innere Verstehen und Verkosten der Wahrheit, die die Seele erfüllt und bereichert« (Nr. 2).

Die Ausführungen dieses Buches sind biblisch orientiert. Das II. Vatikanische Konzil hat neu bewußt gemacht, daß echte Theologie und Spiritualität auf Gottes Wort gründet; denn »solche Gewalt und Kraft weilt im Wort Gottes, daß es für die Kirche Halt und Leben, für die Kinder der Kirche Glaubensstärke, Seelenspeise und reiner, unversieglicher Quell des geistlichen Lebens ist« (DV, 21). Man wird freilich in diesen Betrachtungen nicht wissenschaftliche Exegese suchen, aber sie sollen doch die Schrifttexte in ihrem authentischen Sinn und in ihrer Aussageabsicht vorlegen und sie auf unsere Lebenssituation beziehen.

Das Buch ist in einer theologischen Perspektive geschrieben, die der des II. Vatikanischen Konzils entspricht. Die großen Themen unseres Glaubens (Gottes Offenbarung, Jesu Botschaft und Sendung, Kirche und Sakramente) sollen in bezug auf unser Leben und unsere Welt verstanden werden. Auch die soziale Dimension unseres Glaubens ist uns heute tiefer bewußt geworden. Wir sind nicht als isolierte Einzelmenschen erlöst, sondern in Gemeinschaft, als das Volk Gottes in verpflichtender Verbundenheit mit Umwelt und Mitmenschen.

Echte Spiritualität muß auch kirchlich sein. Christlicher Glaube muß in Gemeinschaft von Menschen gelebt werden, die sich gegenseitig stützen und bereichern. Christliche Spiritualität entfaltet sich im sakramentalen Leben der Kirche und in ihren Ordnungen. All das soll in den »Geistlichen Übungen« in den Blick kommen. Für Ignatius ist Kirchlichkeit der Prüfstein wahrer Spiritualität.

Vom Gebrauch des Buches

Das Buch hat seine Grenzen. Es bietet Betrachtungen und Erwägungen im Geist und entsprechend dem Aufbau der ignatianischen Exerzitien. Man darf keinen vollständigen Kommentar des Exerzitienbuches erwarten. Wo Texte interpretiert werden, sind Begründungen und Kontroversen weggelassen. Die praktischen Weisungen des Ignatius, die für den Fortgang der Exerzitien wichtig sind, werden nicht im einzelnen ausgelegt, sondern sind gelegentlich in den Text verflochten. Zweck des Buches ist die konkrete Entfaltung der umfassenden Schau christlichen Lebens, wie sie Ignatius zuteil wurde und wie er sie in den Exerzitien vermittelt. Dies soll erschlossen werden für Menschen, die heute ihr christliches Leben sinnvoll erfassen und verwirklichen wollen. Das Buch ist also kein Lese- oder Studierbuch, sondern es lädt ein zu Gebet, Besinnung, neuer Lebensorientierung. Das kann in verschiedener Weise geschehen. Zunächst dient es als Wegweisung für 30tägige Exerzitien. Der Aufbau schließt sich den »Geistlichen Übungen« des hl. Ignatius an. Wer bereit ist, dreißig Tage unter erfahrener Begleitung diese geistliche Schulung zu machen, wird Tag für Tag Erwägungen, Schriftbetrachtungen und weitere Schrifttexte finden, die ihm auf diesem Weg behilflich sein können. Es ist wichtig, daß er jeden

Tag bei diesem Thema bleibt und nicht andere Kapitel oder Texte vorausliest; das würde ein tieferes Eindringen verhindern. Wohl aber mag er Betrachtungen wiederholen und so seine Einsichten vertiefen und verinnerlichen.
Das Buch kann aber auch in anderer Weise benutzt werden, zunächst bei kürzeren Exerzitien. Dabei ist es ratsam, für jeden Tag bestimmte Kapitel auszuwählen. Man sollte aber nicht versuchen, mehrere Abschnitte des Buches in kurzer Zeit zu behandeln. Die Vielfalt der Themen würde zu Oberflächlichkeit führen.
Es gibt aber auch immer mehr Menschen, denen es unmöglich ist, sich eine längere Zeit für solche geistlichen Übungen freizuhalten, und die doch großes Verlangen nach einem vertieften inneren Leben haben. Sie können das Buch sinnvoll anwenden, wenn sie sich entschließen, täglich eine gewisse Zeit ganz, mit innerer Ruhe, diesen Erwägungen zu widmen. Um uns zu orientieren und innerlich zu erneuern, brauchen wir eine gewisse Distanz zur täglichen Betriebsamkeit. Wer also innere Klarheit und Orientierung sucht und bereit ist, mit Ernst und Freude regelmäßig einen Teil seiner Zeit diesem Ziel zu widmen, mag in diesem Buch Tag für Tag eine gute Hilfe finden. Der hier vorgelegte Vierwochenplan kann so auch auf eine längere Zeit ausgedehnt werden. Denn das Buch möchte in geordnetem Fortschritt zum Reichtum und zur lebenspendenden Kraft des Gotteswortes hinführen.

I. Teil: AUFBRUCH

1. In der Wüste

Die »Geistlichen Übungen« des hl. Ignatius sind nicht eine freie Folge spiritueller Tätigkeiten, sondern sie haben ein klares Ziel: Sie wollen zu einer Entscheidung führen, die das persönliche Leben, die Arbeit und die Sendung des Exerzitanten betrifft. Ist es sinnvoll, eine solche Entscheidung abseits von der gewohnten Umgebung zu treffen, in einer Atmosphäre des Schweigens und der Abgeschiedenheit? Sollte man nicht mit dem realen Leben Kontakt behalten, um zu einer konkreten und sinnvollen Einstellung zu kommen? Jeder Mensch ist doch von Gott in bestimmte Lebenssituationen gestellt, in denen er seinen Weg zu finden und seine Aufgabe zu erfüllen hat.

Exerzitien sollen kein Rückzug aus den Realitäten und Problemen des Lebens sein. Aber Erfahrung lehrt, daß wir Abstand von Spannung und Hektik gewinnen müssen, um zu ausgewogenen Entscheidungen zu kommen. Wir sollen uns nicht von »ungeordneten Anhänglichkeiten« (Ignatius) bestimmen lassen, von Temperament, Zuneigung und Abneigung, von äußerem Druck, ob offenkundig oder verborgen. Entscheidungen sollen aus der Tiefe des Herzens, aus der Mitte der Persönlichkeit wachsen. Sie müssen im Schweigen reifen.

So gehen wir in die Wüste. Dafür haben wir biblische Vorbilder: Jesus, der 40 Tage in der Wüste weilte, bevor

er in die Öffentlichkeit trat – und vor ihm die Wüstenerfahrung Israels. Die großen Entscheidungen im Gottesreich werden in Einsamkeit ausgetragen.
Am ersten Tag der geistlichen Übungen sollen wir uns also der besonderen Situation bewußt werden, in der wir uns im kommenden Monat befinden. Wir nennen sie Wüste, obgleich wir uns wohl in freundlicher Umgebung und friedvoller Atmosphäre vorfinden, ohne Sorge um unsere materiellen Bedürfnisse.

Distanz

Wüste bedeutet zunächst Absonderung. Das ist die erste Erfahrung dieser Tage: Wir sind weg von der gewohnten Umgebung, von den Menschen, an deren Umgebung wir gewöhnt sind, von Arbeiten, die das tägliche Leben füllen. Diese Entfernung vom Alltag ist Erleichterung, Freiheit von Streß und Drang, Freiheit von unmittelbarer Verantwortung. Wir empfinden etwas von der »Rast«, von der die Bibel spricht. Gott ruht aus von seinem Werk. Sein Wesen, seine Ruhe sind mehr als sein Werk. Auch wir sollen hinauswachsen über die Welt, ihn selber sollen wir in seinen Werken finden. Das ist unser »Sabbat«, die Teilnahme am Schweigen Gottes, die seinem Volk verheißen ist: »Dem Volk bleibt eine Sabbatruhe übrig, denn wer in seine Ruhe eingegangen ist, ruht auch selbst von seinen Werken, wie Gott von den seinigen« (Hebr 4,9f). Zu einer »Rast« lädt Jesus die Jünger ein: »Ich gebe euch Rast« (Mt 11,28).

Allein

Aber solche Rast sind wir nicht gewohnt. Wir kennen Ferien, das ist etwas anderes. Im Urlaub vertauschen wir die gewohnte Arbeit mit anderen Beschäftigungen; wir planen eine Reise, besuchen Freunde, wir lesen, wir hören Musik, schauen mehr fern als sonst... In Exerzitien sind wir allein; das sind wir nicht gewohnt. Sehr bald entdecken wir, wie sehr wir die Dinge und Menschen um uns brauchen: Zerstreuung, leichte Konversation... Das tägliche Arbeitspensum hilft uns auch, über die kleinen Enttäuschungen hinwegzukommen. Wir werden irgendwie mitgetragen, beschäftigen uns mit anderem und kommen so leichter von uns weg. In der Wüste sind wir allein, sollen uns selbst finden. Instinktiv greifen wir nach einem Buch oder drehen an unserem Radio, um der Wüste zu entrinnen. – Die erste Entscheidung dieser Exerzitien mag sein, die Einsamkeit anzunehmen. Nach einiger Zeit gewinnen wir sie vielleicht lieb.

Zwischen Engeln und Dämonen

Äußere Beschäftigung und Kontakte sind auch Selbstschutz. Wir fürchten uns vor der Einsamkeit, wir haben Angst vor dem Dunkel, das unter der Oberfläche des Bewußtseins lauert. In der täglichen Routine kommt es nicht so leicht zum Vorschein; aber in der Einsamkeit der Wüste steigt es auf wie Nebel aus den Tälern. Die tiefen Strömungen des Herzens, die meist verborgen sind, beginnen das Bewußtsein zu erfüllen. Es sind sehr verschiedene, oft gegensätzliche Mächte. Da sind die dunklen, zerstörenden Kräfte; alte Wunden brechen wieder auf; Bitterkeit gegen Menschen, die uns verletzt haben, kommt hoch, auch Gefühle der Leere, Hilflosig-

keit, des Nicht-angenommen-Seins. Phantasien beginnen ihr wildes Spiel; Bilder der Eitelkeit überfluten die seelische Landschaft, nicht selten in der Verkleidung großer Taten für Gott und die Menschen. – Da sind aber auch die Einladungen der Gnade: Gottes Freude und Friede, der Ruf zu einer tieferen Liebe und Ganzhingabe, das Verlangen nach einem wahren, echten Leben. Vieles, was sonst im Untergrund bleibt, wird lebendig. Wir müssen uns dem stellen.
In der Bibel ist die Wüste der Ort der Gegenwart Gottes, aber auch der Ort der Versuchung. Da sind Engel und Dämonen, Gottes liebende Sorge und die verführerische Werbung Satans. Ignatius legt großen Wert auf die Erkenntnis und Unterscheidung dieser Bewegungen des Herzens während der Exerzitien (Nr. 313–336). Wir sollen Fühlung nehmen mit den Tiefenschichten des Bewußtseins, unterscheiden zwischen verfremdenden und verwirrenden Irrlichtern und Gottes stiller Einladung. Wir sollen lernen, sinnvoll mit diesen Bewegungen umzugehen. Sicherlich dürfen uns diese Tage nicht vom wirklichen Leben entfernen. Sie sollen uns vielmehr die verborgenen Antriebe, die in uns wirksam sind, bewußt machen und uns zu klarer, grundsätzlicher Orientierung hinführen.

Mit Gott

Das ist nur in der Liebe und im Licht Gottes möglich. Die geistlichen Übungen wollen ja dazu führen, bei allen Bewegungen unseres Herzens Gottes Willen zu suchen und zu finden . »Der Herr wird vor dir hergehen, und er wird dich schützen von allen Seiten« (Jes 52, 12). Die Grundstimmung beim Eintritt in die Exerzitien ist deshalb: die Wüste annehmen, das Alleinsein, die Begegnung mit uns selber und mit allem, was in uns ist;

bereit sein zu einer vollen Übergabe an Gott. Ignatius artikuliert diese Grundstimmung mit zwei Worten: Weitherzigkeit, d.h. die volle Offenheit des Herzens, ohne Eingrenzung in enge Horizonte; und Großherzigkeit, d.h. die Bereitschaft, uns ihm ohne Bedingung zu übergeben (Nr. 5). Wir müssen der Versuchung widerstehen, die Leere dieser Tage zu füllen mit kleinen Dingen oder auch mit an sich wichtigen Beschäftigungen.

Mit Jesus in der Wüste

Auch Jesus hat die große Entscheidung seines Lebens in der Wüste getroffen. Wohl hat er seit Ewigkeit seinen einzigartigen Platz in Gottes Erlösungsplan, aber dieser ewige Plan soll von Jesus in seinem irdischen Leben wahrgenommen und erfüllt werden. Er ist ganz Mensch; wie wir alle muß auch er langsam in sein Leben und in seine Sendung hineinwachsen. Wir haben keine Beschreibung seines Werdegangs, aber die Evangelien geben uns doch Hinweise auf Situationen, die von Jesus eine klare Stellungnahme verlangen. Verdichtet sind die vielen Versuchungen seines Lebens in der Entscheidungssituation, die die Evangelien zu Beginn des Wirkens Jesu überliefern (Mk 1,12f; Mt 4,1–11; Lk 4,1–13). Was sich in jener Zeit in der Wüste tatsächlich zugetragen hat, ist uns schwer zugänglich und für unsere Situation auch nicht wichtig. Und doch bezeugen die Erzählungen eine Grundentscheidung Jesu gegen die Versuchung, sein Wirken und seine Sendung zu verfälschen. Jesus war mit der realen Möglichkeit konfrontiert, seine messianische Sendung in einer Weise zu sehen und zu verwirklichen, die anziehender und erfolgverheißender schien. Das ist genau die Situation des Exerzitanden: Er sucht Gottes Willen für sein Leben, unabhängig von persönlicher Neigung und pragmati-

schen Überlegungen. So verbringen wir den ersten Tag der Exerzitien mit Jesus in der Wüste.
Bevor Jesus den Menschen begegnet, muß er die Klarheit und Festigkeit haben, die sein ganzes Leben und Werk kennzeichnen. Er sucht sie in der Einsamkeit. Dort besteht er den bitteren Kampf gegen die Versuchung, sich an die Erwartungen seiner Umwelt anzupassen. Zuerst muß er die innere Entscheidung treffen, dann ist er bereit, vor das Volk zu treten: »Jesus kehrte, erfüllt von der Kraft des Geistes, nach Galiläa zurück« (Lk 4, 14) und verkündete die Frohe Botschaft vom Gottesreich.
Auch wir möchten in den Exerzitien den Sinn unseres Lebens finden und uns entscheidenden Fragen stellen: den Einladungen Gottes, aber auch den falschen Erwartungen, die in die Irre führen. In der Einsamkeit der Wüste suchen wir Klarheit und Festigkeit, die wir im Getriebe des täglichen Lebens brauchen.

Durch die Wüste ins »Gelobte Land«

Jesu »vierzig Tage« in der Wüste sind der Höhepunkt der biblischen Tradition von Israels Wüstenerfahrung. Jahwe führt sein Volk aus der Knechtschaft in Ägypten in sein eigenes Land. Die Bibel will in ihrer Darstellung des langen Weges durch die Wüste Gottes Plan mit seinem Volk zum Ausdruck bringen. Es heißt ganz einfach: »Gott ließ sie einen Umweg machen, der durch die Wüste zum Schilfmeer führte« (Ex 13, 18). Er prüfte sein Volk. Sie sollten ihre Abhängigkeit von ihm erfahren. Sie sollten, von ihm beschützt, unter seiner unmittelbaren Vorsehung leben.
Diese Wüstenwanderung wird für alle Zeiten das Modell bleiben, nach dem Gott die Seinen befreit und führt. Sie ist auch das Modell dieser Exerzitien. Wir ge-

wöhnen uns an unsere Umwelt, die uns mit vielfachen Banden der Anhänglichkeit oder wenigstens der Gewohnheit festhält, wo unser Denken und Planen sich auf die akzeptierten Formen der Gesellschaft beschränken, in der wir zu Hause sind. In den Exerzitien gehen wir aus dieser Welt hinaus in die Einsamkeit. »Ich werde sie aus jenem Land herausführen in ein schönes und weites Land, in ein Land, in dem Milch und Honig fließen« (Ex 3,8). Neue Horizonte sollen sich öffnen in diesen Tagen des Schweigens.
Diese Wanderung führt aber durch die Wüste. Wie Israel, so sollen auch wir lernen, auf den Herrn zu vertrauen, nicht auf unsere eigenen Mittel. Wir werden die Bequemlichkeiten, die »Fleischtöpfe Ägyptens« vermissen. Wir werden müde und durstig, aber der Herr wird uns erfrischen, weit über unsere Erwartungen hinaus: mit Manna, mit Wachteln, mit Wasser, das aus hartem Felsen fließt. Auch wir werden eine seltsame Verwandlung erfahren, wenn die Wüste zu blühen beginnt und Ströme auf den kahlen Hügeln hervorbrechen (vgl. Jes 41,1).
Wir beten, daß Gott mit uns sei, so wie er Israel begleitet hat: »Der Herr zog vor ihnen her, bei Tag in einer Wolkensäule, um ihnen den Weg zu zeigen, bei Nacht in einer Feuersäule, um ihnen zu leuchten. So konnten sie Tag und Nacht unterwegs sein« (Ex 13,21).

Die Geburt des Gottesvolkes in der Wüste

- Der Aufbruch aus Ägypten bleibt das Grunderlebnis in Israels Geschichte: »Eine Nacht des Wachens war es für den Herrn, als er sie aus Ägypten herausführte« (Ex 12,42).
- Die Israeliten sind schutzlos den Feinden preisgegeben: »Gab es denn keine Gräber in Ägypten, daß du uns zum Sterben in die Wüste holst?« (Ex 14,11). Aber Jahwe führt sein Volk in die Freiheit: »So rettete an jenem Tag der Herr Israel aus der Hand der Ägypter« (Ex 14,30).
- Sie dürsten, aber der Herr macht die bitteren Wasser süß (Ex 15,22–25) und gibt ihnen Wasser aus dem Felsen (Ex 17,3–7).
- Sie hungern, und Gott gibt ihnen Wachteln und Manna (Ex 16,2–15).
- Gott schließt den Bund: »Wenn ihr auf meine Stimme hört und meinen Bund haltet, werdet ihr unter allen Völkern mein besonderes Eigentum sein. Ihr sollt mir als ein Reich von Priestern und als ein heiliges Volk gehören« (Ex 19,5f).
- Sie sind unter Gottes Hut: »Er fand Israel in der Steppe, in der Wüste, wo wildes Getier heult. Er hüllte ihn ein, gab auf ihn acht und hütete ihn wie seinen Augenstern, wie der Adler, der sein Nest beschützt und über seinen Jungen schwebt, der seine Schwingen ausbreitet, ein Junges ergreift und es flügelschlagend davonträgt. Der Herr allein hat Israel geleitet« (Dtn 32,10–12).

Israels Wüstenerinnerungen

Israel bewahrt die Erinnerung an die Wüstenwanderung durch die Jahrhunderte hindurch. In der Wüste wurde es geboren, in der Wüste wird es immer wieder Erneuerung finden.

- »Wenn der Geist aus der Höhe über uns ausgegossen wird, dann wird die Wüste zum Garten, und der Garten wird zu einem Wald« (Jes 32, 15). »Die Wüste und das trockene Land sollen sich freuen, die Steppe soll jubeln und blühen« (Jes 35, 1–10; vgl. Jes 41, 18–20).
- Hosea beklagt den Verfall des Volkes. Im Land Kanaan hat Israel die Fruchtbarkeitsriten des Baal übernommen. Jahwe wird Israel zur Verantwortung ziehen (Hos 2, 2–13), aber in der Wüste seinen Bund erneuern: »Darum will ich selbst sie verlocken. Ich will sie in die Wüste hinausführen und sie umwerben... Ich traue dich mir an auf ewig« (Hos 2, 16. 21).
- Jeremia erzählt von den Rechabitern, die als Flüchtlinge vor den Assyrern nach Jerusalem kommen. Sie haben die Traditionen der Wüstenzeit bewahrt, trinken keinen Wein, wohnen in Zelten (Jer 35, 6–11).

Das Neue Testament beginnt in der Wüste

- Nochmals wird die Wüste Szene der Erneuerung, wenn der Täufer, die »Stimme des Rufenden in der Wüste«, das Volk zur Umkehr einlädt (Mk 1, 3–5).
- Jesus schließt sich der Erneuerungsbewegung an und läßt sich taufen (Mk 1, 9).
- Vor Beginn seines eigenen Wirkens geht Jesus, vom Geist geführt, in die Wüste. Auch er erfährt Einsamkeit, Unsicherheit, Hunger.
- Er lebt unter wilden Tieren, begegnet Engeln und dem Versucher (Mk 1, 13).

- Immer wieder erneuert Jesus die Wüstenerfahrung zur Zeit seines Wirkens und zieht sich in die Einsamkeit zurück (Mk 1,35.45; 6,31; Lk 6,12; Joh 6,15).

FRAGEN

- Warum habe ich mich zu diesen Exerzitien entschlossen? Was erwarte ich von diesen Tagen?
- Wie werde ich mit der Einsamkeit dieser Tage zurechtkommen?

Solche Fragen, die am Ende jeden Kapitels stehen, sollen zuerst persönlich beantwortet werden. Bei Gruppenexerzitien können sie Ausgangspunkt eines fruchtbaren Austausches werden.

ZUR ERWÄGUNG

»Man geht nie in die Wüste,
ohne vieles zu durchqueren,
ohne müde zu werden durch eine lange Reise,
ohne seine Augen loszureißen von dem,
was jederzeit zu ihrem Horizont gehört.
Die Wüste muß man sich erringen,
sie wird einem nicht geschenkt.
Nur wenn wir mit Gewalt gegen unsere Gewohnheiten,
gegen unsere Trägheit angehen,
erkämpfen wir sie uns.
Das ist schwierig,
aber wesentlich für unsere Liebe.«

Madeleine Delbrêl

(Der kleine Mönch, 7. Auflage 1986, Seite 90f, Verlag Herder, Freiburg–Basel–Wien)

2. Gott begegnen

»O Gott, mein Gott, dich suche ich,
meine Seele dürstet nach dir« (Ps 63,2).

Auf Gott warten, das ist der Sinn der geistlichen Übungen, das ist der Sinn des ganzen christlichen Lebens. Von Kindheit an haben wir von Gott gehört, zu Hause, in der Schule, in der Kirche. Bei manchen gehört es zum Beruf, über Gott zu sprechen. Es gibt aber auch andere, die als Kinder kaum von Gott gehört haben oder denen er später fremd geworden ist, die aber doch ein Verlangen nach dem Sinn ihres Lebens tief im Herzen tragen. Für alle stellt sich die Frage: Was wissen wir wirklich von Gott? Oder richtiger: Wir mögen allerhand über ihn wissen, aber kennen wir ihn wirklich? Finden wir ihn, hat seine Gegenwart, seine Macht, seine Liebe uns angerührt? Wer kann wirklich sagen, daß er ihn gefunden hat? Wehmut klingt in dem Wort des Evangelisten Johannes, mit dem er das Suchen und Verlangen von Generationen zusammenfaßt: »Keiner hat je Gott gesehen« (Joh 1,18).

Gott suchen

In unserer Zeit ist das Suchen nach Gott immer schwerer geworden. Wir leben unter dem Einfluß einer säkularen Kultur. Es gibt keinen rechten Platz mehr für Gott in der Welt des modernen Menschen, er braucht ihn nicht mehr. Er hat doch Erklärungen für Weltall, Natur, Menschheitsgeschichte und Gesellschaft. Naturwissenschaften, Soziologie und Psychologie haben den

Platz von Philosophie und Theologie eingenommen. Früher meinten Menschen, Gott zu brauchen, weil sie so wenig über die Mechanismen des Lebens, die Vorgänge der Psyche und die Gesetze des gesellschaftlichen Lebens wußten. Oft mußte Gott die Lücken der Erkenntnis ausfüllen. Heute wissen wir viel mehr über die Kausalzusammenhänge unserer Erfahrungswelt.

Die Mitte modernen Denkens ist nicht mehr Gott, sondern der Mensch. Auch das II. Vatikanische Konzil erklärt, daß »nach fast einmütiger Auffassung alles auf Erden auf den Menschen als seinen Mittel- und Höhepunkt hinzuordnen ist« (GS, 12). In der modernen Gesellschaft hat Religion ihre Schlüsselstellung verloren. Mit massiver Macht breitet sich Atheismus nicht nur bei einzelnen, sondern als Massenphänomen aus. Bei anderen überlebt Religion noch am Rande als soziale Verbrämung besonderer Kalendertage, aber ohne wirklichen Einfluß auf das Leben.

Selbst gläubige Menschen, auch Priester und Ordensleute, sind von diesem Klima der modernen Welt beeinflußt. Wir alle sind übermäßig beansprucht und mit Beschäftigungen überladen, stets überflutet von den modernen Massenmedien. Auch Menschen, die mit Ernst ihre Berufung leben, spüren das Verlangen, ihr Leben und ihre Arbeit auf praktische Dinge, z.B. auf soziale Probleme, hin zu orientieren. Viele nehmen die Ferne, die Abwesenheit Gottes als unvermeidlich hin; das scheint nicht so schwer zu sein, denn es gibt doch so viele Dinge zu tun und zu besorgen. Aber es entsteht eine Leere in ihnen, und auch die Worte der Verkündigung verlieren den Klang der Wahrheit und des Lebens.

Wir dürfen uns aber mit der Abwesenheit Gottes nicht abfinden. In der Tiefe des Herzens bleibt das Verlangen nach dem lebendigen Gott. Auch das gehört zum Geist unserer Zeit. Denn je mehr wir von der Welt wissen, ihre verborgenen Kräfte ausnützen, die Abgründe des

Menschenherzens ausloten, um so mehr brauchen wir Gott, in dem alles enthalten und erfüllt ist. Aber wir brauchen den lebendigen Gott. Wir wissen mit Worten und Formeln, wie man sie durch die Jahrhunderte benützt hat, wenig anzufangen. Sie kommen uns wie kostbare, ehrwürdige Gefäße vor, aber sie sind leer geworden. Was die Mystiker meinten, wenn sie vom unsagbaren Geheimnis Gottes redeten, muß wieder wirklich werden in unseren Herzen, in unserer Welt, für uns.

Worte und Lehrsätze sind nicht genug. Allenthalben beginnt ein Suchen nach Gotteserfahrung, nach der persönlichen Wahrnehmung seiner Gegenwart. »Gott, laß dein Angesicht leuchten« (Ps 80,4), das ist nicht nur ein altes Gebet der Psalmen, sondern ein Ruf der ganzen Menschheit. Begriffliches Wissen um Gott nützt wenig, es kann sogar von Gott wegführen. Wir brauchen die persönliche Begegnung. Nur Gott kann sie geben.

Aber beim Suchen nach der Wahrnehmung Gottes muß man eine Gefahr beachten: Was suche ich denn wirklich? Gott oder eine Erfahrung Gottes? Wenn ich Gott suche, dann muß ich mein ganzes Wesen öffnen, so daß er von meinem Leben Besitz ergreifen kann. Das ist eine radikale Forderung. Die Heiligen kannten sie: Johannes vom Kreuz lehrte uns, daß wir durch die Nacht all unserer Sinne gehen müssen, des Gedächtnisses, des Verstandes, der Gefühle, des Willens, damit Gott sie alle erfülle. Wenn man von der Erfahrung Gottes spricht, läuft man Gefahr, nur die eigene Erfüllung und Bereicherung zu suchen und nicht Gott. Dann erreichen wir nichts, denn unser Bemühen kreist ja um uns selber, und wir machen Gott zum Mittel unserer Befriedigung. Das ist unwürdig. Was würde ich wohl einem Menschen sagen, der zu mir kommt und mich um die Erfahrung von Freundschaft bittet? Möchte er mich zur Erfüllung seiner Gefühle benützen? Anders ist es, wenn er mich um meine Freundschaft bittet. Dann öffnet er sich zu mir hin, und er wird dann sicher auch echte Freundschaft erfahren. So ist es mit unserer Gottesbegegnung: Suche ihn mit ganzem Herzen, öffne dich zu ihm hin, laß ihn Besitz ergreifen von deinem ganzen Wesen – so wirst du Gott erfahren.

Wir begegnen Gott vor allem im Gebet. Es gibt viele Wege, unser Gebetsleben zu vertiefen und zu bereichern. Aber nochmals sei eine Warnung angebracht: Es gibt Leute, die viele Bücher über das Gebet lesen, Seminare besuchen, sich in östliche Meditation einführen lassen und trotzdem nicht weiterkommen. All diese Methoden mögen gut sein, aber es gibt kein allgemeingültiges Rezept. Jeder Mensch muß in ehrlichem Suchen und in treuer Beharrlichkeit seinen Weg finden. Schmetterlinge kosten von jeder Blüte, aber auf keiner rasten sie aus! Wir beten nicht, um erhabene Gefühle zu finden; wir suchen Gott. Ihm geben wir uns hin.

Die Betrachtungen dieses Tages sollen uns bei der Suche nach Gott helfen. Wir schauen auf die großen Vorbilder im Alten Testament, wie sie Gott begegnet sind; wir blicken auf Jesus selbst.

Moses Gottesbegegnung und seine Sendung (Ex 3, 1–12)

Wir kehren zur Wüste zurück. Mose begegnet Gott in der Wüste, am Berg Horeb. Diese Begegnung ist eine tief persönliche Erfahrung. Sie betrifft Mose nicht nur als einzelnen, sondern als Führer seines Volkes. Mit ihr beginnt seine Sendung.

Das ist auch für die »Geistlichen Übungen« bedeutsam. Unser Gottsuchen ist nicht bloß das Verlangen nach persönlicher Erfüllung. Nie können wir hoffen, Gott und unser wirkliches Leben in Isolation zu finden, abgetrennt von der Welt, in der wir leben und für die wir Verantwortung tragen. Auch in diesen Exerzitien ist das

Suchen nach Gott zugleich das Suchen nach dem rechten Platz in der Kirche, in der Gesellschaft, in der Welt. Jede Gottesbegegnung ist eine Sendung.
Mose begegnet Gott am Tiefpunkt seines Lebens. Das zweite Kapitel des Buches Exodus erzählt uns von der besonderen Vorsehung, die über seiner Kindheit wachte: Die Mutter suchte das Kind vor der ägyptischen Polizei zu retten; Pharaos Tochter fand es und zog es am königlichen Hof auf. Trotzdem blieb Mose seinem Volk treu und erhob seine Hand gegen die Unterdrücker. Er war enttäuscht, als er beim Volk kein Echo fand, und floh; die Hoffnungen waren zerbrochen. Der Bericht von seiner Gottesbegegnung beginnt mit den Worten: »Er weidete die Schafe seines Schwiegervaters.« Moses Berufung beginnt da, wo sein Leben verloren scheint.

Wer ist Gott?

Mose begegnet Gott im brennenden Dornbusch. Von alters her ist Feuer mit seiner verzehrenden Glut, ungreifbaren Form und unbezwinglichen Macht ein Symbol des Göttlichen. Dieses Feuer ist anders. Es zerstört und verzehrt nicht, es glüht durch die dornigen Zweige, aber nichts ist verbrannt, nichts scheint sich zu ändern. So mancher mag uns auslachen, wenn wir von Gott sprechen: »Wo hat er denn in dein Leben eingegriffen und etwas geändert? Wir haben doch gelernt, wie die Naturgesetze sich auswirken, auch wie sich menschliche Geschichte und Gesellschaft entwickeln. Nirgends kannst du einen Gott sehen.« Es gibt keine leichte Antwort auf diese Fragen, aber der Glaubende weiß, daß Gott da ist. Nichts scheint sich zu ändern, aber alles ist anders. Mose ist ein neuer Mensch, Israels Geschichte beginnt. Wir brauchen Augen des Glaubens, um Gottes

Gegenwart und Macht wahrzunehmen; dann werden wir den tiefen Wandel erfahren.

Zieh deine Schuhe aus

Die natürliche Reaktion auf ein seltsames Phänomen ist, genauer zu beobachten: »Ich will sehen, warum der Busch nicht verbrennt.« Es ist unser Recht und unsere Pflicht, die Dinge unserer Welt zu erforschen, Gott aber läßt sich nicht erforschen. Zu Gott kommen bedeutet, ihm persönlich begegnen. Gott ruft Mose beim Namen: »Mose, Mose!« So ruft er auch mich beim Namen. Mein Name ist meine konkrete Existenz, alles, was ich bin, alles, was ich in Gottes Plan werden soll. Wenn Gott meinen Namen ruft, kann meine Antwort nur sein: »Hier bin ich.« In Gottes Gegenwart beginnt mein wirkliches Leben, es ist aufgehoben in Gott, ich gehöre nicht nur mir. Ich gehöre Gott und den Menschen, zu denen ich gesandt bin.

»Leg deine Schuhe ab, denn der Ort, wo du stehst, ist heiliger Boden.« Warum tragen wir Schuhe? Eben um die Füße sauber und warm zu halten und uns gegen Steine zu schützen. Schuhe machen uns stärker, wenn wir in die Berge steigen, und schneller im Sport. Schuhe tragen zu unserem Aussehen bei, sie können ein Standessymbol werden. Alle diese Schuhe ziehen wir in Gottes Gegenwart aus. Vor Gott gilt kein Standessymbol, kein Versuch, besser oder stärker zu erscheinen. Wir sind barfuß, ohne Schutz. Wir begegnen ihm, wie wir sind: Hier bin ich – in der Anbetung.

Der lebendige Gott

Der Gott der Väter lebte in alten Erinnerungen. Nun aber spricht er persönlich zu Mose: »Ich bin der Gott deines Vaters, der Gott Abrahams, Isaaks und Jakobs.« Auch wir kennen den Gott der biblischen Geschichten, wie wir sie als Kinder gelernt haben, den Gott des Klassenzimmers und der Bücher, auch der Predigten. Hat er mich jemals berührt, zu mir gesprochen? War ich in seiner Nähe? Wenn ich glaubend vor Gottes Angesicht trete, mag es auch mir geschehen wie Mose: »Da verhüllte Mose sein Gesicht, denn er fürchtete sich, Gott anzuschauen.«

Gott lebt, er weiß um sein Volk. Das ist nicht vergangene Geschichte, das ist Gegenwart, Moses eigenes Leben, das Leben seines Volkes: »Ich habe das Elend meines Volkes gesehen... ich habe sein Schreien gehört... ich kenne seine Leiden. Darum bin ich herniedergestiegen, es aus der Gewalt der Ägypter zu erretten und es aus jenem Lande hinauszuführen in ein schönes, weites Land, wo Milch und Honig fließen.« Gottes Volk ist nicht verlassen. Gott lebt und sorgt. Was eben noch aussah wie hoffnungslose Verlassenheit, ist von Gottes Verheißung umschlossen. Gott lebt. Er kann bewirken, was menschlichem Vermögen unerreichbar war: die Befreiung seines Volkes.

Ich werde mit dir sein

Die nun folgenden Worte Gottes scheinen verwirrend, aber sie enthalten das Geheimnis des Waltens Gottes im ganzen Werk der Erlösung: »Und jetzt geh! Ich sende dich zum Pharao. Führe mein Volk, die Israeliten, aus Ägypten heraus!« Hat das einen Sinn? Was hat denn Mose zu tun, wenn Gott selbst sein Volk führen will?

Und hat er es nicht vergebens versucht? Wie kann er nochmals gegen Pharao aufstehen? Moses Antwort ist nur zu verständlich: »Wer bin ich, daß ich zum Pharao gehen und die Israeliten aus Ägypten führen könnte?« Gott aber sprach: »Ich bin mit dir.«
Gott wirkt durch uns. Immer ist unser Heil Gottes eigenes Werk und Geschenk, immer ist es aber auch unsere eigene Verantwortung. Es gibt keine Abgrenzung zwischen Gottes Werk und unserem eigenen Tun; es ist ganz sein Werk und ganz unser Tun. Exodus ist Gottes Großtat für sein Volk; durch alle nachfolgenden Jahrhunderte besingt Israel Gott für das Wunder seiner Macht (Ex 15). Aber Mose hat das Werk auszuführen in vierzig Jahren voll Kampf, Unsicherheit, Entmutigung. Er erhält keine handgreifliche Hilfe von Jahwe, weder materielle Mittel noch Waffen, nur die Versicherung: »Ich bin mit dir.« Nichts hat sich geändert, und doch ist alles anders und neu. So ist es auch bei unserer Begegnung mit Gott.

ZUR BETRACHTUNG

Mose begegnet Gott

In der Mosegestalt und im brennenden Busch sehe ich mich selbst, meine eigene Begegnung mit Gott in diesen Exerzitien. Es soll nicht eine Betrachtung über Mose sein, sondern ein Nachdenken über meine eigene Erfahrung, wie ich in Gottes Gegenwart komme und mich erfüllen lasse von seiner Nähe und Liebe. Auch meine Welt wird sich nicht ändern während dieser Exerzitien, alles wird sein wie zuvor, aber Gott ist mit mir.

Wie Samuel Gott fand (1 Sam 3, 1–18)

Jede biblische Berufungsgeschichte beschreibt, wie Gott unmittelbar in ein Menschenleben eintritt, nicht voraussehbar, nicht rational erklärbar. Gott nimmt einen Menschen, sein Leben und sein Wirken endgültig in seinen Dienst. Solche Berufung bringt ein neues Verhältnis zu Gott und zu den Mitmenschen mit sich: nicht eine privilegierte Stellung, sondern eine Sendung, die oft als drückende Last empfunden wird. Wir denken bei der Berufungsgeschichte des Samuel an unsere religiöse Umwelt, an die eigene religiöse Erfahrung.

- »In jenen Tagen waren Worte des Herrn selten«: Der religiöse Niedergang Israels unter dem Priester Eli ist Hintergrund der Erzählung (1 Sam 2, 12–26). Auch unserer Welt ist Gott fremd geworden.
- »Samuel schlief im Tempel des Herrn«: Zum letzten Mal kann er sich unbekümmert hinlegen. Von nun an wird die prophetische Sendung auf ihm liegen.
- »Da rief der Herr den Samuel, und er antwortete: Hier bin ich«: Samuel ist bereit, aber er weiß noch nicht, zu wem er wirklich spricht. Er kennt Gott nur in seinem Stellvertreter und läuft zu Eli. Noch nie ist er dem lebendigen Gott begegnet.
- »Rede, Herr, dein Diener hört«: Das ist Samuels erstes wirkliches Gebet, ins unerkannte Geheimnis Gottes gesprochen; der Anfang seiner Berufung. So soll mein Gebet in diesen Tagen der geistlichen Übungen sein.
- »Dann sprach der Herr zu Samuel«: Die prophetische Botschaft ergeht für Eli, für Israel; die Sünde wird nicht getilgt durch rituelle Opfer, nur durch die Umkehr zum Herrn.
- »Samuel fürchtete sich, Eli das Gesicht kundzutun«: Wie kann er vom Tempeldiener zum Propheten werden?
- »Da rief Eli Samuel«: Es ist Elis Größe, daß er die pro-

phetische Botschaft anerkennt und sich vor Gott beugt. So wird Samuel in seine prophetische Sendung eingeführt. Wie bei Mose ist seine persönliche Begegnung mit dem lebendigen Gott ein Neuanfang in Israels Geschichte.

Die Sendung Jesu (Mk 1,9–11)

Auch die Sendung Jesu wird von den Evangelisten durch eine Theophanie eingeführt: Der Himmel öffnet sich, die Stimme des Vaters anerkennt Jesus als den geliebten Sohn, der Geist steigt auf ihn herab. Jesus erfüllt seine irdische Sendung im Stil eines jüdischen Wanderpredigers. Die wahre Dimension seiner Sendung wird erst nach Ostern von seinen Jüngern erkannt. Sie wird im Bericht der Theophanie bei der Taufe vorausgenommen.

– »Jesus kam von Nazaret«: Er beginnt seine Sendung, indem er sich durch die Johannestaufe in die Bußbewegung eingliedert, in Solidarität mit dem sündigen Volk.
– »Er sah den Himmel sich öffnen«: Jesu Botschaft umfaßt nicht bloß soziale Programme; sie kommt von Gott und wird in Gott vollendet. Sie ist der Beginn der neuen Schöpfung.
– »Er sah den Geist wie eine Taube auf sich herabkommen«: Seine Verkündigung ist nicht ein von Menschen erdachtes Reformprogramm. Er wird vom Geist geführt, zuerst in die Wüste, dann nach Galiläa. Im Geist kündet er die Frohe Botschaft den Armen, im Geist besiegt er die Dämonen, im Geist wird Gott ihn auferwecken (Röm 1,4).
– »Du bist mein geliebter Sohn«: Sein ganzes Wesen ist von Gottes Liebe umschlossen – Worte und Werke, Konflikt und Leiden, Tod und Verherrlichung. In

ihm wird sichtbar, was wir Menschen sind, was wir in Gottes Plan sein sollen.
– »Ihr werdet den Himmel offen sehen« (Joh 1,51). Das ist Jesu Versprechen für die Jünger. Sie sollen an Jesu Leben, Sendung und Verherrlichung teilhaben.

Ich bete, daß über diesen Exerzitien, über jedem Tag meines Lebens der Himmel offen sei, daß ich lerne, über die engen Grenzen eines Alltags hinauszuwachsen, geleitet vom Geist Jesu, eingeschlossen in seine Sohnschaft, mit ihm gehorsam, getragen von der Liebe des Vaters.

Weitere Texte

Ps 8: Ein Lied von der Größe Gottes und der Würde des Menschen.
Ps 63: Verlangen nach Gott.
Ps 95: Einladung zum Preis Gottes.
Weish 9,1–14: Gebet um wahre Weisheit.
Eph 1,3–14; Kol 1,9–14: erwählt von Gott seit Ewigkeit.

FRAGEN

- Bin ich Gott in meinem Leben begegnet? Habe ich persönlich seine Macht, Führung, Liebe erfahren? Kenne ich den Unterschied zwischen dem Gott der Bücher und dem lebendigen Gott?
- Wie kann ich mein Gebetsleben vertiefen, bereichern?

ZUR ERWÄGUNG

»Erweise dich als ein hörender Gott.
Sei das große Ohr, in das ich alles hineinsagen kann.
Sei der Hörende, der auch das Ungesagte hört.
Sei der Verstehende, der da, wo ich mich selbst nicht mehr begreife, noch den geheimen Sinn entdeckt.
Sei der Zuhörer, der mir überhaupt erst den Mut gibt, den Mund zu öffnen.
Sei der Fragende, der endlich die richtigen Fragen stellt.
Sei das Wissen, das nicht wehtut.
Sei der Vorwurf, der brennt, aber nicht verzehrt.
Sei das Ja zu meiner ganzen Vergangenheit.
Sei der Blick, der die Hoffnung aufblühen läßt.
Sei die Antwort, die mich wirklich betrifft.
Sei die große, schweigende Antwort, die der Worte nicht mehr bedarf.«

Norbert Lohfink

(Hinter den Dingen ein Gott, 3. Auflage 1981, Seite 45. Verlag Herder, Freiburg–Basel–Wien)

3. Meine Lebensform

Die Wüste, die Entfernung von der Welt ist nur Durchgang. Wir müssen Gott in unserer eigenen Lebenssituation finden und hier auf seine Einladung eingehen. Es ist deshalb gut, am Anfang dieser geistlichen Übungen die Welt, in der wir leben und arbeiten, zu vergegenwärtigen – ihre Anforderungen, ihre Möglichkeiten. Für jeden ist diese Welt anders. Die Weise, wie sie erfahren wird, ist auch vom jeweiligen Lebensstand geprägt. Die drei hauptsächlichen Formen, in denen sich christliches Leben verwirklicht, sind das Leben in der Welt (meist mit Familie), im priesterlichen Amt und in gottgeweihter Ehelosigkeit. Dieser Tag der geistlichen Übungen ist der Erwägung über meinen Lebensstand gewidmet.

A) Christsein in der Welt

Laien sind Glaubende, die in der Gesellschaft leben und in ihr die christliche Sendung erfüllen. Oft ist der Laienstand in Abgrenzung gegenüber den anderen Ständen in der Kirche definiert worden: Laien gehören weder zum Klerus noch zum Ordensstand. Das Konzil hat die Laien aus ihrem eigenen Wesen heraus beschrieben als »die Christgläubigen, die, durch die Taufe Christus einverleibt, zum Volk Gottes gemacht und des priesterlichen, prophetischen und königlichen Amtes Christi auf ihre Weise teilhaftig, zu ihrem Teil die Sendung des ganzen christlichen Volkes in der Kirche und in der Welt ausüben« (Lg 31). Sie erfüllen also die Botschaft und Sendung Christi in ihrer sozialen Umwelt und in ihrem Beruf.

Jesus, ein Laie

In der jüdischen Gesellschaft war Jesus ein einfacher Laie. Er gehörte weder zur Klasse der Priester, die aus bestimmten Familien bestand und besondere Funktionen im Tempel ausübte, noch hat er sich einer der exklusiven Gruppen seiner Zeit angeschlossen – etwa den Mönchen von Qumran, die an den Ufern des Toten Meeres lebten, in einer Gemeinschaft mit aszetischem Lebensstil, abgeschieden vom profanen Leben. Jesus wuchs unter der Jugend von Nazaret auf, in einem unbekannten Dorf im rückständigen Galiläa. Später war er ein Wanderprediger, der seine Botschaft ohne jeden institutionellen Rückhalt verkündete, einzig in der Kraft seiner prophetischen Sendung. Er vertraute allein auf seinen Vater im Himmel.

Als Laie gehört Jesus zum Volk. Er ist bei den frohen Festen dabei, in Kana, und sieht, daß man dort mehr Wein braucht. Er ist gern bei den Armen, aber er weiß sich auch in den Kreisen der gehobenen Schichten zu bewegen. Er hat ein Auge und ein Herz für die Leiden der Leute, für die Bedrückung unter den Römern, für die Willkürakte innerhalb des Steuersystems, für die Hilflosigkeit in Familientragödien, wenn eine Witwe ihren einzigen Sohn verliert oder ein bedrückter Vater sehen muß, wie ein lieber Sohn von zu Hause weggeht in die verlockende und trügerische Fremde. Er spürt die Kälte der allgemeinen Gleichgültigkeit gegenüber dem Volk, wenn er sieht, wie die Leute wie Schafe ohne Hirten sind (Mt 9,36). Jesus spricht die Sprache des Volkes, nicht der Gelehrten. Seine Botschaften verkündet er nicht in Vorlesungen, sondern er erzählt Geschichten,

die jeder versteht – und die doch niemand ausloten kann.
Jesus ist auch als Laie gestorben, vielleicht kann man sogar sagen: weil er bloß ein Laie war. Wie kann es ein einfacher Laie wagen, die Thora auszulegen? Wer gab ihm das Recht, ohne Erlaubnis der Tempelpolizei mit einer Geißel in der Hand die Händler aus dem Tempel zu jagen? Und doch hat Jesus Macht, unwiderstehliche Macht, die ganz aus seinem Innern kommt. Er bedroht die amtliche Autorität. Aber stammt denn diese Autorität nicht von Gott? Laien sollen still sein und sich fügen, so dachten jene Machthaber. So ist also die religiöse Hierarchie des Tempels gegen ihn; die Regierung mag den Unruhestifter nicht; für die Frommen ist Jesus nicht gesetzestreu genug. Keiner steht für ihn ein, Jesus ist allein. Er hat keine Chance. Er wird verurteilt und getötet.

Jesu Botschaft und die Laien

In dieser Verbundenheit mit dem Volk verkündet Jesus die Botschaft von der Herrschaft Gottes. Es ist die Verheißung einer neuen menschlichen Gesellschaft, in der Gott lebt, wo Gottes Liebe höchstes Gesetz ist. Jesus hat sich nicht mit einer Reform des Tempeldienstes abgegeben oder mit ritueller und kanonistischer Kasuistik. Er hat zur wahren Bekehrung der Herzen eingeladen: Aus neuen Herzen soll eine neue Gesellschaft wachsen, die nicht auf Macht und Ausbeutung gegründet ist, sondern auf gegenseitige Achtung und Liebe. So wichtig gute Gesetze sind, die Welt wird nicht durch Gesetzgebungen erneuert, sondern durch Menschen, die wissen, daß Gott der Vater aller ist und will, daß die Menschen durch Gerechtigkeit und Liebe als Brüder und Schwestern geeint seien und in wahrer Gemeinschaft leben. Es ist Sache der Laien, in ihren Lebenssituationen diese Botschaft Jesu zu erfassen und zu verwirklichen.

Laien in der Kirche

Jahrhundertelang war die Kirche eine Angelegenheit des Klerus und der Hierarchie. Laien spielten keine aktive Rolle, und den Frauen war eine untergeordnete Stellung zugewiesen. Das christliche Vollkommenheitsideal wurde vom Mönchtum abgeleitet. Von Christen, die nach Heiligkeit strebten, erwartete man, daß sie den Lebensformen der Mönche möglichst nahe kamen, indem sie regelmäßige Gebetszeiten einhalten und aszetisch leben. Unter solchen Bedingungen konnte sich keine eigentliche Laienspiritualität entwickeln.
Neue Perspektiven haben sich im II. Vatikanischen Konzil geöffnet: In der Kirche ist Jesu Sendung und Botschaft für alle Menschen verkörpert. Sie ist »Sakrament des Heils« für die Welt, sichtbares Zeichen und Werkzeug, wodurch Jesu Heil in unserer Welt gegenwärtig und wirksam werden soll (LG, 1). So ist es Aufgabe der christlichen Gemeinde, Jesu Vision vom Reich Gottes und der neuen menschlichen Gesellschaft wirklich und sinnvoll für unsere Welt darzustellen. Die Menschen heute sollen im Leben der Christen greifbar wahrnehmen, daß Jesu Botschaft Sinn und Hoffnung für unsere Gesellschaft und für ihre Erneuerung bedeutet.
Das kann nur durch Laien geschehen, durch Frauen und Männer, die in der heutigen Welt leben und an ihren Nöten, Problemen, Leiden mittragen, die ihre Sehnsucht und Hoffnung teilen. So sagt die Pastoralkonstitution des Konzils den Laien, daß ihre christliche Berufung nicht in Absonderung von weltlichen Geschäften besteht: »Sache der Laien ist es, kraft der ihnen eigenen Berufung in der Verwaltung und gottgemäßen Regelung

der zeitlichen Dinge das Reich Gottes zu suchen. Sie leben in der Welt, das heißt in all den einzelnen irdischen Aufgaben und Werken und den normalen Verhältnissen des Familien- und Gesellschaftslebens, aus denen ihre Existenz gleichsam zusammengewoben ist. Dort sind sie von Gott gerufen, ihre eigentliche Aufgabe, vom Geist des Evangeliums geleitet, auszuüben und so wie ein Sauerteig zur Heiligung der Welt gewissermaßen von innen her beizutragen und vor allem durch das Zeugnis ihres Lebens, im Glanz von Glaube, Hoffnung und Liebe Christus den andern kund zu machen« (LG 31).

So muß also Gottes Reich, wie es Jesus verkündet und gelebt hat, von Laien in der heutigen Welt dargestellt werden. Die Neuheit des Gottesreiches gründet in der einzigartigen Würde, die Gott uns gibt. Vor ihm sind wir Schwestern und Brüder in einer neuen Solidarität, mit gleichen Grundrechten für alle, in Gerechtigkeit, gegenseitiger Annahme und Achtung, in Versöhnung und Liebe. Durch Jesus sind die Wunden der Trennung und Entfremdung geheilt, eine neue Welt ist im Werden.

ZUR BETRACHTUNG

Lebendige Steine im Tempel Gottes (1 Petr 2,4–10)

Der erste Petrusbrief richtet sich an Christen in der Diaspora, an arme Gemeinden, eingeschüchtert von der überlegenen Kultur und Macht ihrer heidnischen Umgebung. Wie sollen sie ihre christliche Berufung selbstbewußt, mit Vertrauen leben? Wie können sie ihren Glauben vor dieser Mitwelt vertreten, ihn mitteilen?

Der Brief erläutert die neue Identität, die die Christen in der Taufe empfangen:

- »Kommt zu ihm, dem lebendigen Stein, der von den Menschen verworfen, aber von Gott auserwählt und geehrt worden ist«: Der Tempel von Jerusalem ist Symbol für die christliche Gemeinde. Auch sie ist fest gebaut, aber nicht aus materiellen Steinen, sondern als menschliche Gemeinschaft mit Jesus als Mitte; er gibt ihr Einheit und Festigkeit.
- »Dieser Stein, den die Bauleute verworfen haben, ist zum Eckstein geworden«: Dieses Zitat spricht von einem Schwerbedrängten, der von Gott beschützt und gerettet wurde; die Gemeinde geleitet ihn in festlicher Prozession zum Tempel. So ist Jesus von seinem Volk verworfen, von Gott aber erhöht worden.
- »Laßt euch als lebendige Steine zu einem geistigen Haus aufbauen, zu einer heiligen Priesterschaft«: Der Christ ist in diese Gemeinschaft eingefügt, verbunden mit Christus, dem Eckstein, teilnehmend an seinem Leben und Werk. Auch er hat den Konflikt mit der Umwelt zu tragen, auch er lebt in der Kraft der Verheißung.
- »Um durch Jesus Christus geistige Opfer darzubringen, die Gott gefallen«: Das wahre Opfer besteht nicht in rituellen Gaben, die auf dem Altar des Tempels niedergelegt werden, sondern in der Ganzhingabe des Menschen an Gott: »Bringt euch selbst als lebendiges und heiliges Opfer dar, das Gott gefällt« (Röm 12,1).
- »Damit ihr die großen Taten dessen verkündet, der euch aus der Finsternis in sein wunderbares Licht gerufen hat«: Durch ein Leben, das in Glaube und Taufe Gott geweiht ist, nimmt der Christ an Jesu Sendung teil. Christliche Existenz ist Verkündigung der Frohen Botschaft, da in ihr Reichtum und Freude der christlichen Berufung sichtbar werden. Es ist nicht

mehr ein Leben in Leere und Dunkelheit, sondern in sicherer Hoffnung, in der Gemeinschaft von Schwestern und Brüdern, in der Kirche, in der ganzen Welt.

Ich bin getauft

Durch die Taufe bin ich in die Gemeinschaft der Glaubenden aufgenommen. Ich gehöre zur neuen Schöpfung. Im Taufritus wird die Neuheit des christlichen Lebens bewußt gemacht:

- »Mit großer Freude nimmt dich die christliche Gemeinde auf. In ihrem Namen bezeichne ich dich mit dem Zeichen des Kreuzes«: Die Taufe ist eine Feier der ganzen Gemeinde, die mich begrüßt.
- »Entreiße dieses Kind durch die Kraft des Leidens und der Auferstehung deines Sohnes der Macht der Finsternis, stärke es mit deiner Gnade«: Mein Leben ist von der heilenden und segnenden Liebe Gottes umfangen.
- Im Namen des Kindes widersagen die Eltern der Macht des Bösen und bekennen den Glauben an Gott den Vater, an Jesus Christus und den Heiligen Geist. Diese Grundentscheidung der Taufe soll im ganzen Leben ausgetragen werden.
- »Ich taufe dich im Namen des Vaters und des Sohnes und des Heiligen Geistes«: So ist mein Leben in die Tiefe des dreieinigen Gottes hineingenommen.
- »Dieses weiße Kleid soll dir ein Zeichen dafür sein, daß du in der Taufe neu geschaffen worden bist ... Bewahre diese Würde für das ewige Leben.«
- »Empfange das Licht Christi«: Der Täufling empfängt eine brennende Kerze, er soll im Licht Gottes leben.

Meine Welt

Wende dich in betrachtender Besinnung den verschiedenen Bereichen deines Lebens (Familie, Nachbarschaft, Freunde, die berufliche Welt) zu und suche Antwort auf diese Fragen:

- Welchen Platz nehme ich in jedem dieser Bereiche ein, welche Aufgabe fällt mir zu?
- Was sind die Bedürfnisse, Probleme, Erwartungen, Ängste in diesen Bereichen? Bin ich mir ihrer bewußt – bin ich von ihnen betroffen?
- Wie kann diese Welt, in der ich lebe und arbeite, von Jesu Geist erfüllt werden?

Weitere Texte

Joh 17,9–19: Jesu Gebet für seine Jünger.
II. Vatikanisches Konzil: Pastoralkonstitution 10; 30–38. Missionsdekret 11; 21.

ZUR ERWÄGUNG

»Wir Leute von der Straße glauben aus aller Kraft, daß diese Straße, daß diese Welt, auf die uns Gott gesetzt hat, für uns der Ort unserer Heiligkeit ist.
Wir glauben, daß uns hier nichts Nötiges fehlt, denn wenn das Nötige fehlte, hätte Gott es uns schon gegeben.«

Madeleine Delbrêl

(Wir Nachbarn der Kommunisten, Johannes Verlag, Einsiedeln)

B) Amtsträger

Über die Identitätskrise der Priester ist nach dem Konzil viel gesprochen worden. Das herkömmliche Bild des »Seelsorgers« als einzigem verantwortlichen Führer der Gemeinde ist in Frage gestellt, da doch das ganze Gottesvolk an Christi Priestertum Anteil hat und für seine Sendung in unserer Welt Verantwortung trägt. Das II. Vatikanische Konzil hat, besonders in der Konstitution über die Kirche in der modernen Welt, diese Sendung neu ausgelegt: als Verantwortung für die Welt, für Menschenrechte und menschliche Gemeinschaft, für das rechte Verständnis menschlicher Arbeit, für Fragen des Familienlebens, der Kultur, Wirtschaft, Politik und des Friedens. Welche Rolle hat da noch der Priester? Predigten, Meßfeiern und Sakramente werden gar nicht erwähnt, all das scheint an den Rand der modernen Kirche geschoben zu sein. Soll der Priester denn seine Weihe vergessen und einfach mitwandern mit dem Pilgervolk Gottes auf der Suche nach Lösungen für die brennenden Fragen unserer Welt?
Wenn ein Bischof oder Priester diese »Geistlichen Übungen« macht, soll er zuerst versuchen, sich über den Sinn seines priesterlichen Dienstes in unserer Welt klar zu werden. Das gilt ebenso für den Diakon, der auch für den kirchlichen Dienst geweiht ist.

Bruder unter Schwestern und Brüdern

Priester sind zunächst Christen und gehören zur Gemeinschaft der Glaubenden. Zusammen mit allen Jüngern Jesu haben sie Anteil an der gemeinsamen christlichen Berufung und Sendung. Das Konzil sagt: »Zusammen mit allen Christgläubigen sind sie Jünger des Herrn, die dank der Berufung durch Gott seines Reiches teilhaftig geworden sind. Mit allen nämlich, die wiedergeboren sind im Quell der Taufe, sind die Priester Brüder unter Brüdern, da sie ja Glieder ein und desselben Leibes Christi sind, dessen Auferbauung allen anvertraut ist« (PO 9). Laien sollen deshalb die Priester nicht als abgesonderten, privilegierten Stand betrachten: »Sie haben die geweihten Amtsträger zu Brüdern, die in Christi Autorität die Familie Gottes durch Lehre, Heiligung und Leitung so weiden, daß das neue Gebot der Liebe von allen erfüllt wird. Daher sagt der hl. Augustinus sehr schön: Wo mich erschreckt, was ich für euch bin, da tröstet mich, was ich mit euch bin. Für euch bin ich Bischof, mit euch bin ich Christ. Jenes bezeichnet das Amt, dieses die Gnade, jenes die Gefahr, dieses das Heil« (GS 32).

Teilnahme an der Sendung Jesu

Die geschwisterliche Gemeinschaft von Priestern und Laien darf die besondere Sendung des amtlichen Priestertums in der Kirche nicht verdunkeln. In den Anfängen der Kirche war es Aufgabe der Apostel, die Gemeinde der Glaubenden im Geist Jesu zu leiten. Diese Verantwortung wurde dann in der christlichen Frühzeit in verschiedenen Formen ausgeübt, bis die gegenwärtige Struktur des dreifachen Amtes von Bischof, Priester und Diakon im 2. und 3. Jahrhundert allgemein anerkannt wurde.
Heute werden sich christliche Gemeinschaften aller Konfessionen mehr und mehr der Bedeutung von Amt und Autorität in der Kirche bewußt. Der von der Kommission für Glaube und Kirchenverfassung verabschiedete Text, das sogenannte Limadokument, das 1982 an alle Mitgliedskirchen des Weltkirchenrates geschickt wurde, schlägt eine allgemein annehmbare Formel für

das kirchliche Amt vor: »Um ihre Sendung zu erfüllen, braucht die Kirche Personen, die offiziell und dauernd verantwortlich sind, auf ihre fundamentale Abhängigkeit von Jesus Christus hinzuweisen und dadurch einen einigenden Beziehungspunkt in der Vielfalt der Geistesgaben darzustellen. Der Dienst solcher Personen, die seit sehr früher Zeit geweiht wurden, ist für das Leben und Zeugnis der Kirche konstitutiv« (Nr. 8). »Nie war die Kirche ohne solche Personen mit spezifischer Autorität und Verantwortung« (Nr. I, 9).
Es gehört also zum Wesen der Kirche, daß Jesu Sendung sichtbar in ihr vergegenwärtigt wird. In Gottes Plan enthält sie beides: Gottes Wort, das uns die frohe Kunde des Heils bringt, uns zur Umkehr ruft, sammelt und zum Volk Gottes macht; und eben die Gemeinschaft der Glaubenden, die die Einladung gehört haben und ihr gefolgt sind. Beides ist auch in ihrer gesellschaftlichen Struktur sichtbar – denn sie ist eben sakramental, d. h., ihr gottgewolltes Wesen muß auch in ihrer Sichtbarkeit erscheinen und wirksam werden. So gibt es in der Kirche die im Amt verkörperte Verantwortung, damit sie immer Gemeinde der Jünger Jesu sei und in seiner Wahrheit und Liebe verharre, und die Gemeinschaft der Gläubigen, in der sich das Gottesreich auf Erden in unserer Gesellschaft zu verwirklichen beginnt. Die Bischofssynode von 1971 in Rom, die das Priestertum zum Thema hatte, formulierte es so: »Nach dem Neuen Testament gehört zur ursprünglichen und unabänderlichen Struktur der Kirche (1) ein Apostel und (2) eine Gemeinde der Gläubigen, durch ein gemeinsames Band miteinander verbunden unter Christus als Haupt und unter der Führung des Heiligen Geistes.« Diese verantwortliche Aufgabe wurde von den Aposteln weitergegeben: »Nach der Tradition der Kirche selbst war und bleibt diese wesentliche Struktur der Kirche als Herde und Hirten, die für diese Aufgabe bestimmt sind, die

Norm. Gerade durch diese Struktur kann die Kirche nie in sich selber geschlossen sein; stets bleibt sie Christus, ihrem Ursprung und Haupt, gehorsam. Unter den verschiedenen Charismen und Diensten ist es das amtliche Priestertum allein..., das die wesentliche Aufgabe der Apostel weiterträgt: durch die wirksame Verkündigung der Frohen Botschaft, durch Sammlung und Führung der Gemeinde, durch Vergebung der Sünden und besonders durch die Feier der Eucharistie macht es Christus, das Haupt der Gemeinde, in seiner Sendung zur Erlösung der Welt und zur Verherrlichung Gottes gegenwärtig« (Synodaldekret, Nr. 4).

Jesu Priestertum

So soll der Priester Jesu Sendung in und für seine Kirche verkörpern, in und für die Welt von heute. Er wird sein Priestertum im gleichen Maß verstehen, wie er Jesu Sendung versteht.
Jesu Priestertum ist anders als das des Alten Bundes. Man nannte Jesus Rabbi (obgleich er keine Qualifikationen für den Titel hatte), viele hielten ihn für einen Propheten oder gar den Messias, aber keiner hätte in ihm einen Priester gesehen, weil er ja nicht aus einer priesterlichen Familie stammte und nichts mit dem Tempeldienst zu tun hatte. Erst nach Ostern, nachdem sie dem Herrn begegnet waren und den vollen Sinn seines Lebens und Wirkens erfaßt hatten, kam den Jüngern zum Bewußtsein, daß in Jesus und seiner Sendung der wahre Sinn von Priestertum verwirklicht war. Aber auch da blieb die Vorstellung von Jesus als Priester sekundär, und nur im Hebräerbrief wird er Hoherpriester genannt, nicht in Fortsetzung, sondern als endgültige Ablösung des levitischen Priestertums, als seine Erfüllung.

Priestertum bedeutet Mittlerschaft zwischen Gott und den Menschen. Im herkömmlichen Verständnis des Priestertums bestand diese Mittlerschaft hauptsächlich in rituellen Opfern, die im Tempel von beauftragten Priestern dargebracht wurden; die Lehrtätigkeit der Priester war zur Zeit Jesu an Laien, an die Schriftkundigen übergegangen. Jesus ist Mittler in der Tiefe seines Wesens: Er ist Gott-mit-uns, Immanuel, er ist mit uns beim Vater; in ihm haben wir Erlösung von der Sünde (Hebr 9,12), in ihm ist der neue ewige Bund mit Gott begründet (Hebr 8,7–13). Er ist Mittler in seinem ganzen, konkreten, leiblichen Dasein, denn dieser Leib, sein ganzes Wesen, gehört ja dem Vater. Der Hebräerbrief versteht Psalm 40 als Jesu Morgengebet; er spricht »bei seinem Eintritt in die Welt: Schlacht- und Speiseopfer hast du nicht gefordert... doch einen Leib hast du mir geschaffen... Ich komme, um deinen Willen, Gott, zu tun« (Hebr 10,5–7). Dieser selbe Leib Jesu aber, sein ganzes Leben, gehört auch uns, ist ganz für uns da als unsere Speise. Denn das ist sein letztes Vermächtnis: »Nehmet und esset, dies ist mein Leib.« Er gehört also Gott und nimmt uns mit zum Vater, er gehört zu uns und ist unser göttliches Heil. Das ist Jesu Priestertum, seine Mittlerschaft.

Diese Mittlerschaft Jesu ist in seinem irdischen Leben ausgefaltet. Seine Sendung beginnt mit der Verkündigung der Frohen Botschaft: »Der Geist des Herrn ruht auf mir, ... damit ich den Armen die Frohe Botschaft bringe« (Lk 4,18). Er sammelt Jünger und lehrt sie. Er sorgt sich um die vielen, die wie Schafe ohne Hirten sind (Mt 9,36). Aber diese Sendung führt in Bereiche, die sich nicht mehr in Kategorien menschlicher Beziehungen beschreiben lassen. Sie öffnet sich in das Geheimnis Gottes hinein, in eine letzte Hingabe, in der Jesus sein Leben und Werk aus der Hand gibt, ganz dem Vater überantwortet. Denn in seiner irdischen Sendung bleibt der Erfolg aus. Die maßgebenden Kreise wenden sich gegen ihn und auf das Volk kann er sich nicht verlassen. Die Saatkörner seines Wortes sind auf unfruchtbaren Grund gefallen – so scheint es. Was er gesammelt und zu einer ersten Gemeinde verbunden hat, ist wieder zerstreut. Es ist das Geheimnis seines Lebens: Das Saatkorn muß sterben, damit es viel Frucht trägt. Erst wenn er am Kreuz erhöht ist, kann er alle an sich ziehen. Das ist Jesu völlige Hingabe an den Vater, das ist seine Hingabe für uns. Er ist der Hirte, der sein Leben hingibt für die Herde (Joh 10,11).

Priestertum nach dem Neuen Testament ist die Verwirklichung der Sendung Jesu für die christliche Gemeinde, in einem dreifachen Sinne: In seiner prophetischen Botschaft verkündet der Priester die Botschaft vom Gottesreich für die Gesellschaft von heute; als Leiter der Gemeinde eint er die Gläubigen; in der Ganzhingabe an Gott weiht er sein Leben dem Dienst an seinen Schwestern und Brüdern.

Priesterliche Heiligkeit

Wenn der Priester Jesu Sendung in der Gemeinde verwirklichen soll, kann sich offensichtlich seine Heiligkeit nicht nach der Menge der geistlichen Übungen bemessen – obwohl er natürlich sein Gebetsleben sinnvoll planen muß. Priesterliche Heiligkeit besteht ganz einfach in der vollen Verwirklichung seiner Sendung. Das Konzil sagt: »Die Priester gelangen auf ihnen eigene Weise zur Heiligkeit, nämlich durch aufrichtige und unermüdliche Ausübung ihres Amtes im Geiste Christi« (PO 13). Der Text führt dann weiter aus, wie sie im Geiste wachsen, indem sie die Frohe Botschaft verkünden, am Leben und Ringen der Gläubigen, aller Mitmenschen teilnehmen, mit ihnen Eucharistie feiern.

Wie soll ein Priester Gott begegnen? Von Gott her gibt es viele Wege zu uns Menschen, und wir sollen für sein Kommen bereit sein. Von uns her muß diese Begegnung aus unserer Lebenssituation erwachsen: Der Priester kann nie allein vor Gott stehen; er findet Gott mit seiner Gemeinde, für die Seinen. Er lebt Jesu Sendung, und so ist er dann nahe bei Gott, wenn er nahe beim Volk Gottes ist.

ZUR BETRACHTUNG

Jesus beruft die Zwölf (Mk 3,13–19)

Es ist eine entscheidende Stunde: Jesu Sendung muß Menschen anvertraut werden in ihrer Unzulänglichkeit, Unzuverlässigkeit. Wie die erste Schöpfung uns Menschen anvertraut ist (Gen 1,26f), so auch die neue Schöpfung, das Gottesreich.

- »Jesus stieg auf einen Berg«: Der Berg ist Ort der Gottesnähe. Er betete während der Nacht (Lk 6,12). In Entscheidungsstunden ist Jesus immer beim Vater.
- »Er rief die zu sich, die er erwählt hatte«: Nicht die Jünger suchen sich einen neuen Beruf, sondern Jesus ruft sie. Es geht um die Fortsetzung und Ausweitung seiner Sendung.
- »Und sie kamen zu ihm«: Dieser Beruf ist Einladung, die in Freiheit angenommen werden muß.
- »Er setzte Zwölf ein, die er bei sich haben wollte«: Bedingung der apostolischen Berufung ist lebenslange Jüngerschaft.
- »Die er aussenden wollte, damit sie predigten« – zur Verkündigung der Botschaft Jesu vom Gottesreich, durch Wort, Tat, Leben.

– »Mit seiner Vollmacht, Dämonen auszutreiben«: Jesus stand gegen die Mächte der Finsternis. So sendet er auch seine Jünger gegen alle Mächte, die unser Leben, die menschliche Gesellschaft zerstören.
– »Die Zwölf, die er einsetzte, waren: Petrus...«: Jeder hat und behält seinen Namen, *er* ist in seiner Einmaligkeit berufen, um seinen unersetzbaren Beitrag in die Gemeinschaft des Gottesreiches einzubringen.
– »Und Judas Iskariot, der ihn dann verraten hat«: Gott wagt es, freie, wandelbare Menschen zu berufen, die Heilsbotschaft einer menschlichen Kirche anzuvertrauen.

Verantwortliche Hirten (Apg 20,28–31)

In dieser ganzen Rede (20,17–38) stellt uns Lukas die Gestalt des Paulus in seinem Leben und Wirken vor Augen; in ihm erscheint der Sinn priesterlicher Berufung und Sendung.
– »Gebt acht auf euch«: Die Verantwortung des Apostels beginnt bei ihm selbst.
– »Und auf die ganze Herde«: Das Gleichnis vom Hirten gilt auch für die Apostel. Ihnen ist die Sorge für das Volk Gottes anvertraut.
– »In der euch der Heilige Geist zu Bischöfen bestellt hat«: Die Autorität kommt von Gott, vor ihm ist der Amtsträger verantwortlich.
– »Damit ihr als Hirten für die Kirche Gottes sorgt« – lehrend, führend, heiligend.
– »Die er sich durch das Blut seines Sohnes erworben hat«: Die Gemeinde gehört nicht ihm; sie gehört dem Herrn. Immer soll der Priester transparent sein; durch ihn soll Jesus der Gemeinde gegenwärtig sein.
– »Reißende Wölfe werden bei euch eindringen«: Be-

drohung von außen, brutale Gewalt, zersetzende Ideologien.
- »Selbst aus eurer eigenen Mitte werden Männer auftreten, die mit ihren falschen Reden die Jünger auf ihre Seite ziehen«: Seit Anbeginn ist die Kirche von zersetzenden Kräften bedroht, von Irrlehre, Streit, Spaltung.
- »Seid also wachsam«: Das ist das Schlüsselwort priesterlicher Verantwortung.

Das Charisma des Hirten (1 Petr 5, 1–4)

In allen Diskussionen um Autorität können diese Zeilen Orientierung geben.
- »Eure Ältesten ermahne ich, da ich selber ein Ältester bin«: Die folgenden Anweisungen sind nicht in autoritärer Form gegeben, sondern im Geist der Kollegialität.
- »Da ich ein Zeuge der Leiden Christi bin und auch an seiner Herrlichkeit teilhaben soll«: Nur wer in der Teilnahme an Jesu Passion selbst gehorsam geworden ist, nur wer im Auferstandenen die Macht und Liebe Gottes erfahren hat, darf mit Gottes Autorität sprechen.
- »Sorgt als Hirten für die euch anvertraute Herde Gottes«: Gott bleibt immer der alleinige Hirte seines Volkes; nie kann das Hirtenamt in der Kirche autoritär ausgeübt werden.
- »Nicht aus Zwang, sondern freiwillig«: Das Hirtenamt ist nicht Bürde, sondern Charisma, Geistesgabe zum Wohl der Gemeinde.
- »Nicht aus Gewinnsucht«: Das Amt ist Dienst; wo Aussicht auf materiellen Gewinn oder Streben nach sozialem Prestige vorherrschen, ist es nicht mehr Dienst.

- »Seid nicht Beherrscher eurer Gemeinde, sondern Vorbilder für die Herde«: Wie Jesus soll auch der Priester sich nicht bedienen lassen, sondern dienen und in seinem Leben die Botschaft Jesu verkörpern.
- »Wenn der oberste Hirt erscheint, werdet ihr den nie verwelkenden Kranz der Herrlichkeit empfangen«: Wie der Priester an Jesu Sendung und Leiden teilhat, so trägt er in sich auch die Verheißung der Vollendung. Die sieghafte Kraft des Auferstandenen soll durch den Priester in der Gemeinde leuchten.

Weitere Texte

Lk 22, 31–34: Jesus betet für Petrus, daß er seine Brüder stärke.
2 Kor 4, 1–15: Gottes Kraft in zerbrechlichen Gefäßen.
2 Tim 1, 3–14: Stärkung in der Krise.
II. Vatikanisches Konzil, Pastoralkonstitution 18; 28. Priesterdekret 13.

FRAGEN

- Wie hat sich mein Verständnis des Priestertums seit der Kindheit, seit dem Eintritt ins Seminar entwickelt? Welche neuen Einsichten habe ich gewonnen?
- Ich denke an konkrete Erfahrungen: Hat mich die Gemeinschaft mit meinen Mitbrüdern im Priestertum und mit meiner Gemeinde gefördert oder entmutigt?
- Bin ich durch die Ausübung meiner priesterlichen Tätigkeit im Geist Jesu gewachsen? Wo sind meine Prioritäten?

ZUR ERWÄGUNG

»Der Bischof wird mir die Hände auflegen und dann wird er sie wieder schweigend von meinem Haupte nehmen.

Aber deine Hand, o mein Gott, wird auf mir ruhen bleiben. Deine Hände werden auf mir bleiben.

Die Hände des Allmächtigen, die milder sind als Mutterhände.

Die Hände, die alles geschaffen haben und erhalten.

Die Hände, die schwer auf den Menschen lasten können und oft drückend in meinem Priesterleben auf mir lasten werden.

Die Hand, die schlägt und heilt.

Die Hände des lebendigen Gottes, in die zu fallen furchtbar ist.

Die Hände, in die ich beim Tod meinen Geist empfehlen werde.«

Karl Rahner

(Gebete des Lebens, 7. Auflage 1987, Seite 149, Verlag Herder Freiburg–Basel–Wien)

C) Ordensleben

Für Ordensleute und alle, die in gottgeweihter Ehelosigkeit leben, ist es scheinbar leicht, Gott zu begegnen; ihr ganzes Leben ist ja auf Gott hingeordnet, in kontemplativen Gemeinschaften oder im aktiven Dienst an Schwestern und Brüdern. Doch auch sie haben Probleme. Hier soll nicht von den alltäglichen Schwierigkeiten die Rede sein, die alle kennen, wenn das Gebet schwerfällt, wenn die Versuchung zu Mittelmäßigkeit und Oberflächlichkeit über uns kommt, Gefühle der Vergeblichkeit und Leere auftauchen. Es soll vielmehr etwas über die besondere Situation des Ordenslebens gesagt werden.

Auch das Ordensleben scheint in der Perspektive des Konzils etwas von seiner Sonderstellung in der Kirche eingebüßt zu haben. Alle Christen sind zur Vollkommenheit berufen, denn »der Herr Jesus ... hat die Heiligkeit des Lebens ... allen und jedem einzelnen seiner Jünger in jedweden Lebensverhältnissen gepredigt ... Die Anhänger Christi sind ... in der Taufe des Glaubens wahrhaft Kinder Gottes und der göttlichen Natur teilhaftig und so wirklich heilig geworden ... Jedem ist also klar, daß alle Christgläubigen jeglichen Standes oder Ranges zur Fülle des christlichen Lebens und zur vollkommenen Liebe berufen sind« (LG, 40). Frühere Bezeichnungen des Ordenslebens wie »Stand der Vollkommenheit« sind vom Konzil fast ganz (bis auf LG, 45) vermieden worden. So werden Ordensleute heute gefragt: Was ist denn der Sinn dieser Lebensform, verglichen mit dem Leben der Christen in der Welt? Was bedeutet die besondere Weihe in den Gelübden der evangelischen Räte für die Entfaltung der Taufgnade? Wo ist der Platz der Ordensleute in der Kirche, in der heutigen Welt?

Der Sinn der drei Gelübde scheint in Frage gestellt. Jesus sah doch die Heiligkeit im Gottesreich als Fülle des Lebens: »Ich lebe, und auch ihr werdet leben« (Joh 14, 19). In diesem Sinn sagt das Konzil, daß »durch diese Heiligkeit auch in der irdischen Gesellschaft eine menschlichere Weise zu leben gefördert (wird)« (LG, 40). Nun scheint es aber, daß durch die drei Gelübde menschliches Leben nicht gemehrt, sondern gemindert wird.
Leben wächst in Gemeinschaft, in dem immer neuen Anruf von Mensch zu Mensch. Wir finden und verwirklichen uns selbst in der Begegnung mit dem andern. Durch Leben, Mitteilen, Dienen wachsen wir über uns selbst hinaus. Die höchste Erfüllung menschlicher Gemeinschaft ist die Verbindung von Frau und Mann im Bund der Ehe – so ist es Gottes Plan. In ihrer wechselseitigen Ergänzung sind die beiden Gottes Bild (Gen 1, 27). Ist also der Verzicht auf die Ehe nicht eine radikale Minderung menschlichen Lebens, eine Isolierung des Einzelnen, die ihn der schöpferischen Kraft der Liebe beraubt?
Nahrung und Wohnung sind die materiellen Grundlagen menschlicher Existenz. Das Leben des Einzelnen und der Gemeinschaft entfaltet sich in der Mühe um unsere Existenz. Auch das ist Gottes Plan für uns, wenn er den Menschen mitten in die geschaffene Welt stellt und ihm die Sorge für sie überträgt (Gen 1, 26f). Indem der Mensch durch seine Arbeit die Erde zur Entfaltung bringt, wird er ganz Mensch. In seinem Rundschreiben über die menschliche Arbeit (»Laborem exercens«) sagt Papst Johannes Paul II., daß der Mensch durch seine Arbeit »nicht nur die Umwelt verwandelt, sondern seine Erfüllung als Mensch findet, ja gleichsam mehr Mensch wird« (Nr. 9). Durch die mühsame Kultivierung der materiellen Welt weiten wir gleichsam unsere Persönlichkeit in die Umwelt hinein aus. Der Mensch wird Bauer

durch das Land, das er besitzt und bebaut, der Mensch wird Techniker durch seine Werkzeuge und Maschinen. – Dürfen wir durch das Gelübde der Armut auf die Basis unserer materiellen Existenz verzichten? Ist es möglich, unser Menschsein ohne die Verantwortung und Sorge um das tägliche Brot und unser irdisches Fortkommen zu verwirklichen?

Wir Menschen sind frei, verschieden von allen Geschöpfen rings um uns, die ein Stück Natur sind, hineingewoben in ihre Kreise ohne ein Eigenziel über die Natur hinaus. Wir sind anders: Wir halten unser Leben in unseren eigenen Händen. Wohl sind wir abhängig von der materiellen Welt und von der Gesellschaft, in der wir leben, aber wir sind für uns und für sie verantwortlich. Wir müssen unserem Leben Richtung und Sinn geben. Das ist unsere Würde, unsere Verantwortung, die wir nie auf andere Schultern abschieben können. Wer diese Verantwortung aufgeben und andern übertragen möchte, würde den Kern seiner Persönlichkeit verlieren. Wie ist es also möglich, ein Gelübde des Gehorsams sinnvoll abzulegen?

Solche Fragen sind nicht akademisch, und theologische Antworten allein befriedigen nicht. Diese Fragen betreffen zutiefst die Praxis des religiösen Lebens, besonders in manchen traditionellen Formen, gegen die sich das Konzil gewendet hat. Gibt es nicht Ordensleute, in denen die lebendigen Quellen der Liebe ausgetrocknet sind, deren Verhalten zur Umwelt formell korrekt, vielleicht freundlich ist, aber ohne die persönliche Frische, die Wärme und Farbe in unsere menschlichen Beziehungen bringt? Manche Ordensleute reifen nie zu Persönlichkeiten mit dem Selbstvertrauen, Entscheidungen zu treffen. Ihre Weihe wurde nicht Quelle neuen Lebens für sie. Es gibt verschiedene Gründe für ein solches Versagen, aber oft liegt ein falsches Verständnis der evangelischen Räte zugrunde. Was ist ihr Sinn?

Zeugnis der christlichen Berufung

Es war gar nicht leicht für das Konzil, eine klare Wesensbestimmung des Ordenslebens zu geben. Das Ergebnis der langen Überlegungen und Kontroversen ist in einem der letzten Konzilsdokumente zusammengefaßt, im Missionsdekret. Es sagt, daß das Ordensleben »schon von der Pflanzung der Kirche an eifrig gefördert werden soll«, d.h., man soll es nicht als eine Art Anhang, etwa als eine abschließende Verzierung christlichen Lebens betrachten, sondern es gehört zu seiner Substanz. Denn es leistet »wertvolle und unbedingt notwendige Dienste für die Missionstätigkeit«. Entscheidend aber ist, daß die Ordensleute »durch ihr Gelöbnis der evangelischen Räte vor allem einem göttlichen Ruf geantwortet haben, um Gott allein zu leben" (PC, 5).

Eine werdende Gemeinde braucht nicht nur die christliche Botschaft und Lehre, sie braucht vor allem das christliche Zeugnis. Immer hat es Christen gegeben, die die Tiefe und Kraft des Evangeliums neu und persönlich verstanden und in ihrem Leben verwirklicht haben, als Einzelne und als Gruppen. Aus ihnen ist das Ordensleben entstanden. In ihm soll auch heute der Sinn der christlichen Berufung sichtbar werden. Ordensleute sollen Christen sein, die wissen, was Jüngerschaft Jesu bedeutet, und die sich mit ganzem Ernst einem Leben nach dem Evangelium geweiht haben. Jesu Botschaft vom Gottesreich ist eben nicht in erster Linie eine Lehre über Gott, sondern die frohe Kunde von einer neuen Schöpfung, die von Gott kommt und die in unserer Welt von uns verwirklicht werden soll. Wie sollen Menschen diese Botschaft verstehen, wenn sie nicht greifbar verwirklicht wird?

Nun ist freilich jeder Christ durch die Taufe Gott geweiht und zur Heiligkeit berufen. Aber die Antwort auf diesen Ruf bleibt oft äußerlich; sie besteht dann in der

Beobachtung christlicher Traditionen, ohne daß sie das wirkliche Leben beeinflußt. Das genügt nicht, wenn Gottes Herrschaft wirklich kommen und unsere Welt erneuern soll. Es muß Christen geben, die mit ganzem Herzen Jesus nachfolgen.

Solche Christen findet man in allen Ständen, mitten in der Welt. Schon früh aber wurde diese Ganzhingabe an Jesus Christus in Gemeinschaft gelebt. Grundlage der gemeinsamen Lebensform waren seit alter Zeit die evangelischen Räte. Man soll sie nicht als zusätzliche Verpflichtungen ansehen, die Ordensleute über die Gebote hinaus auf sich nehmen – so wurden sie weithin vor dem II. Vatikanischen Konzil dargestellt –, sondern als radikale Form christlichen Lebens, als Zeugnis für die Botschaft Jesu.

Die drei evangelischen Räte als Zeugnis christlichen Lebens

Das also ist der Sinn eines in Ehelosigkeit Gott geweihten Lebens: Jeder Christ ist dazu berufen, Gott zu lieben mit ganzem Herzen und ganzer Seele (Dtn 6,6–8; Mk 12,28f). Wer zum Ordensleben berufen ist, hat die Macht der göttlichen Liebe erfahren, die das ganze Wesen des Menschen ergreifen und erfüllen kann und durch ihn hinausströmt zum Nächsten, zu allen. Für einen solchen Menschen ist das Gelübde gottgeweihter Keuschheit nicht eine Minderung von Leben und Liebe, sondern ein Öffnen des Lebens über die Grenzen des eigenen Heims und der Familie hinaus zu allen Schwestern und Brüdern und besonders zu denen, die keine Liebe finden. Dieses Hinausreichen zum Nächsten in der Liebe Gottes ist für sie eine stete Quelle der Freude.

Ebenso das Gelübde der Armut: Alle Jünger Jesu müssen lernen, daß der Wert des Lebens und die Sicherung der Zukunft nicht in materiellem Besitz begründet ist. Wir brauchen Nahrung und Wohnung; Jesus selbst ist um die Hungernden und Verlassenen besorgt. Aber er wird auch nicht müde, auf den trügerischen Schein materieller Sicherheit hinzuweisen. Das Gleichnis vom Großbauern, der den Ertrag seiner reichen Ernte berechnet und am gleichen Abend stirbt, zeigt die Torheit solchen Vertrauens (Lk 12,13–21; vgl. Mt 6,21). Die Begegnung mit dem reichen Mann, der etwas Höheres sucht, aber sich nicht von seinem Besitz trennen kann, zeigt, wie Reichtum zur Fessel werden kann, die den Durchbruch zu echtem Leben verhindert (Mk 10,17–22). Gottes Macht und Liebe sind die tragenden Kräfte unseres Lebens; sie befreien uns von angstvoller Sorge (Mt 6,25–34).

Durch ihr Armutsgelübde zeigen Ordensleute, daß es möglich ist, sich von Besitz zu trennen und so in Gott reich zu werden. Gewiß ist es heute nicht leicht, ein glaubwürdiges Zeugnis der evangelischen Armut zu geben, besonders in der Dritten Welt, wo die Kirche immer noch als zu reich erscheint. Aber sicher können Ordensleute die rechte Einstellung zu materiellem Besitz, zu irdischen Gütern bezeugen, wenn sie für den Dienst an den Mitmenschen verfügbar sind und in ihrem Lebensstil die Freiheit, die innere Lösung von Gütern, die für die moderne Gesellschaft wichtig scheinen, sichtbar machen.

Auch das Gehorsamsgelübde soll im Zusammenhang der modernen Welt verstanden werden. Der heutige Mensch ist sich seiner Freiheit und Würde bewußt geworden und sucht die Entfaltung seiner Persönlichkeit. Zugleich erfahren wir, daß jeder seine Freiheit nicht nur zur Förderung der eigenen Interessen, zum Aufbau seiner sozialen Stellung und seines Einflusses gebrauchen darf. Wir sind abhängig von Gott, wir sind Glieder der menschlichen Gesellschaft. Jesus hat Gottes Herrschaft als eine neue menschliche Gemeinschaft verkündet, gegründet auf Gerechtigkeit, Friede, Liebe. Wahres Menschsein gibt es nur in dieser erneuerten Gemeinschaft: »Euch muß es zuerst um sein Reich und um seine Gerechtigkeit gehen; dann wird euch alles andere dazugegeben« (Mt 6,33).

Durch das Gehorsamsgelübde ist das Leben der Ordensleute ganz auf die Verkündigung und Verwirklichung der Gottesherrschaft ausgerichtet. So geben sie dafür Zeugnis, daß der Sinn des Lebens sich nicht in einer persönlichen Karriere erschöpft. Wahres Leben ist mehr: Unter Gottes Herrschaft, in einer menschlichen Gesellschaft, wie Jesus sie sah, werden alle menschlichen Beziehungen, alle Bande der Gemeinschaft zu Kanälen, durch die Gottes Liebe fließt. So ist also religiöser Gehorsam, richtig verstanden, nicht ein Verzicht auf Freiheit und Verantwortung, sondern die Eingliederung in unsere menschliche Gemeinschaft, wie Gott sie wollte. Es ist möglich und sinnvoll, sein ganzes Leben der Sendung Jesu für das Heil, die Erneuerung unserer menschlichen Familie zu weihen. So sah auch das Konzil den religiösen Gehorsam. Durch ihn werden Ordensleute »fester und sicherer dem göttlichen Heilswillen geeint« (PC, 14). Solcher Gehorsam ist letzte Freiheit und Würde des Menschen.

Wie also begegnen Ordensleute Gott? Ihr Leben ist nicht abgeschnitten von der christlichen Gemeinschaft. Sie sind Gott geweiht – nicht nur um ihrer selbst willen, sondern als Glieder der Kirche, für die Kirche, für die Welt. Ihre Gegenwart unter den Menschen soll Beispiel und Ansporn zu wahrem christlichem Leben sein. Für Ordensleute ist die Begegnung mit Gott nicht Privatsache. Es ist ihre besondere Berufung, das Evangelium ganz und in vollem Ernst zu leben, mit seinem Reichtum und seinen Forderungen, und so glaubhaftes Zeugnis für die christliche Botschaft zu geben.

Wer ist zu solchem Leben berufen? Man verwechselt oft den emotionalen Enthusiasmus mancher Jugendlicher mit der Berufung zu einem bleibenden Lebensstand. Das ist gefährlich, weil ein ganzes Leben falsch orientiert werden kann. Jesus hat Jünger gesucht, die bereit waren, ihr ganzes Leben zu schenken. Habe ich etwas von Gottes Größe und Liebe erfahren? Habe ich gelernt, im Dienst an den Nächsten über mich selbst hinauszuwachsen und in ihrem Interesse auf den eigenen Vorteil zu verzichten? Spüre ich, daß ich in einem solchen Leben meine Erfüllung finde, mein wahres Leben verwirklichen kann? Werde ich auf diesem Weg glücklich, für mich und für andere? Dann kann es der Weg sein, den Gott für mich vorgesehen hat.

ZUR BETRACHTUNG

Die ungeteilte Nachfolge Jesu (Mk 10, 17–31)

Christliches Leben ist mehr als Erfüllung der Gebote. Es führt zur persönlichen Antwort auf Jesu Einladung.

- »Was muß ich tun, um das ewige Leben zu gewinnen?« Ewiges Leben heißt »dich, den einzigen wahren Gott zu erkennen und Jesus Christus, den du gesandt hast« (Joh 17, 3). »Erkennen« heißt mehr als Gesetzestreue, es heißt Teilnahme am Leben Gottes.
- »Alle diese Gebote habe ich von Jugend an erfüllt«: Er wußte nichts Besseres als die Beobachtung der Thora.
- »Eines fehlt dir noch«: Gesetzestreue muß in der persönlichen Hingabe an Gott erfüllt werden. Gott will nicht nur unsere Werke, sondern den ganzen Menschen.
- »Geh und verkaufe – gib den Armen – komm und

folge mir nach«: Das sind die drei Schritte der persönlichen Nachfolge Jesu: Befreiung von Anhänglichkeit und Besitz, Teilen mit den Armen, Nachfolge Jesu in Freiheit.

- »Der Mann war betrübt... und ging traurig weg«: Viele sind bereit, ihre Zeit, ihre Arbeit zu geben; wenige geben sich selbst.
- »Wie schwer ist es für Menschen, die viel besitzen, in das Reich Gottes zu kommen«: Besitz wird zur Fessel; er kann in materiellem Reichtum bestehen, aber auch in sozialer Würde oder Macht.
- »Für den Menschen ist das unmöglich, aber nicht für Gott«: Die Berufung zur vollen Nachfolge ist nicht menschliche Errungenschaft, sondern Geschenk Gottes.

Leben im Geist (Joh 3, 1–8)

Alles Leben in der Kirche ist vom Heiligen Geist erweckt und geleitet. In Taufe und Firmung ergreift Gottes Geist Besitz von unserem Leben. Ordensleben bedeutet die Einladung des Geistes zur Ganzhingabe an Jesus Christus. Es wird zuinnerst nicht von Gesetzen geregelt, sondern von den immer neuen Impulsen des Geistes zu steter Offenheit für immer neue Aufgaben.

- »Nikodemus, ein Pharisäer, ein führender Mann unter den Juden«: also ein Mann des öffentlichen Lebens, von persönlicher Integrität. Sind menschliche und soziale Vorzüge ausreichend, um Jünger Jesu zu werden?
- »Wenn jemand nicht von neuem geboren wird, kann er das Reich Gottes nicht sehen«: Reich Gottes ist nicht nur eine höhere Stufe menschlicher Vervollkommnung, sondern neues Leben, das von Gott kommt. Sein Quellgrund ist das Geheimnis Gottes.

- »Wie kann ein Mensch, der schon alt ist, geboren werden?«: Nikodemus' Vorstellungen bewegen sich im Rahmen seiner sozialen und religiösen Traditionen. Wer am Reich Gottes teilhaben will, muß für die immer neuen Antriebe des Geistes bereit sein.
- »Der Wind weht, wo er will... Du weißt nicht, woher er kommt und wohin er geht«: Geistliche Menschen – und das sind Ordensleute – suchen ihre Orientierung von innen, vom Geist. Die Macht dieser Impulse kann man wahrnehmen, aber ihre Bedeutung kann nicht rein rational begriffen und beurteilt werden. Der geistliche Mensch ist offen für Gottes immer neue Initiativen.

Gottes Licht in seinen Boten (2 Kor 3,18–4,7)

Paulus erfährt die Last und den größeren Reichtum eines gottgeweihten Lebens.

- »Wir alle spiegeln mit enthülltem Angesicht die Herrlichkeit des Herrn wider und werden in sein Bild verwandelt«: Es ist Gottes Liebe, daß er sich durch Menschen offenbart und mitteilt.
- »Daher erlahmt unser Eifer nicht in dem Dienst, der uns durch Gottes Erbarmen übertragen wurde«: Alles Gerede über Paulus, die Anklagen, die gegen ihn erhoben wurden, entmutigen ihn nicht.
- »Wir handeln nicht hinterhältig... So empfehlen wir uns vor dem Angesicht Gottes«: Nur deshalb kann er die Anschuldigungen zurückweisen, weil er mit reinem Gewissen vor Gott steht.
- »Das Evangelium ist denen verhüllt, die verlorengehen«: Für viele bleibt die Heilsbotschaft verborgen, weil ihnen das Licht des Glaubens fehlt.
- »Wir verkündigen nicht uns selbst, sondern Jesus Christus als den Herrn, uns aber als eure Knechte um

Jesu willen«: Der Apostel soll transparent für Jesu Botschaft sein. In ihm soll Gottes Heil sichtbar werden. – »Aus Finsternis soll Licht aufleuchten«: Das ist christliche Berufung: Immer neu muß Gottes Licht in unserer Welt aufleuchten.

Weitere Texte

Lk 14,25–35: die Kosten berechnen.
1 Kor 2,1–9: Weisheit der Welt – Weisheit Gottes.
1 Kor 7,32–35: besorgt um die Sache des Herrn.
2 Kor 4,7–12; 12,7–10: Gottes Kraft erweist sich in unserer Schwäche.

FRAGEN

- Habe ich das Evangelium als Herausforderung empfunden? Wann? Welche Texte waren dabei wichtig?
- Fühle ich den Konflikt zwischen meinem Verhalten und den Einladungen Jesu? Zwischen dem Evangelium und meinem Ordensleben?
- Wie möchte ich das Evangelium in meinem konkreten Leben verwirklichen?

ZUR ERWÄGUNG

»Die evangelischen Räte sind, positiv gesehen, ein Zeichen der Weltbejahung. Diese Welt ist auf ein Mehr, auf Vollendung angelegt. Negativ gesehen, ein Zeichen der Weltrelativierung: Sie ist nicht alles, sie vergeht – verliert euch nicht an sie!«

Johannes Bours / Franz Kamphaus

(Leidenschaft für Gott. Ehelosigkeit, Armut, Gehorsam, 6. Auflage 1986, Seite 70, Verlag Herder Freiburg–Basel–Wien)

4. Leben in der Welt

»Laßt uns Menschen machen als unser Abbild,
uns ähnlich.
Sie sollen herrschen ... über die ganze Erde« (Gen 1,26).

Die ersten drei Tage der »Geistlichen Übungen« dienen grundsätzlicher Orientierung: Die Bedeutung der Wüstenerfahrung in unserem Leben, die Begegnung mit dem lebendigen Gott, der soziale Rahmen unseres Lebens als Laien, Priester, Ordensleute sind zu überlegen. Dieser vierte Tag führt uns zur Erwägung über den Sinn menschlicher Existenz, unseres Lebens in der Welt.
Es geht also um Fragen, die Menschen zu allen Zeiten, in allen Kulturen tief bewegt haben, um das niemals endende Suchen nach Wahrheit, Sinn, Erfüllung. Wir brauchen eine solche Orientierung auch am Beginn der Exerzitien: Was wollen wir eigentlich in diesen Tagen, in unserem ganzen Leben? Antwort auf diese Grundfrage suchen wir nicht so sehr in einem philosophischen System, als in einem authentischen Zeugnis. Gibt es eine zusammenfassende Schau, die unser Leben tragen kann, eine Formel, die unsere menschliche Existenz so artikuliert, daß wir uns in ihr finden, uns mit ihr identifizieren können?
Ignatius bietet uns am Eingang der »Geistlichen Übungen« eine solche Formel, die auf den folgenden Seiten kommentiert wird. Auf den ersten Blick scheint dieser Text, das »Prinzip und Fundament«, schlecht geeignet, uns den Sinn unserer Existenz zu erschließen, denn er ist in der knappen Begriffssprache der Scholastik abgefaßt, die uns fremd geworden ist. Man hat den Eindruck, daß Ignatius diese Form gewählt hat, weil er so übervoll ist von seiner eigenen mystischen Erfahrung. Diese Erfahrung kann er niemandem mitteilen. So muß

er sich zwingen, in einer nüchternen Formel die Klarheit und Geschlossenheit dessen auszudrücken, was er erlebte. – Das stellt uns aber vor die Aufgabe, diese Begriffe gleichsam wieder mit seinem Geist zu füllen, soweit wir eben seine Schau nachvollziehen können, so daß wir uns die grundsätzliche Orientierung, die in ihr gegeben ist, aneignen können. Wir versuchen also, den Schlüsselworten seines Textes zu folgen:

»Der Mensch ist geschaffen«

Für Ignatius sind diese Worte die Zusammmenfassung der unaussprechlichen Erfahrung, die ihm in Manresa zuteil wurde. In seinem später verfaßten »Bericht des Pilgers« (Nr. 29) erzählt er, daß er »mit großer geistlicher Freude die Weise, in der Gott die Welt geschaffen hatte, wahrnahm.« Diese Erleuchtung war für ihn der Ursprung eines neuen Verständnisses der Welt und eines neuen Verhältnisses zu den geschaffenen Dingen. Im ersten Eifer seiner Bekehrung hatte er sich ganz von der Welt abgewandt; er übte harte Buße und vernachlässigte seine äußere Erscheinung. Nach der Erleuchtung in Manresa sieht er Welt und Menschen in ihrem göttlichen Ursprung: Die Schöpfung erscheint ihm als Geschenk »von oben«, und alle geschaffenen Dinge werden ihm »transparent« für das Geheimnis Gottes. Hugo Rahner sieht in diesen oft wiederkehrenden Ausdrükken Schlüsselworte ignatianischer Spiritualität: »Alle irdische Schönheit, Weisheit, Heiligkeit ist für ihn nur der reflektierte Widerschein dessen, was er schon unmittelbar in seiner mystischen Schau Gottes gesehen hatte.«
Kein Geschöpf hat letzten Sinn in sich selber, und unser menschliches Leben ist leer, wenn es nicht von Gott erfüllt und umfaßt ist. Gott ist nicht nur der verhüllte

Ursprung aller Dinge; in ihm haben alle Dinge ihre Harmonie und ihren Sinn. In der umfassenden Schau in Manresa, so sagt Ignatius, »haben sich ihm die Augen des Verstandes zu öffnen begonnen; nicht daß er irgendeine Vision gehabt hätte, sondern er verstand und erkannte viele Dinge, sowohl geistliche Einsichten wie auch Wahrheiten des Glaubens und der Wissenschaft, und dies mit einer so großen Erleuchtung, daß ihm alle Dinge neu erschienen« (Nr. 30). Später muß er noch Theologie studieren und diese umfassende Schau begrifflich artikulieren. Aber die innere Erfahrung liegt seinem Studium voraus und bleibt die maßgebende Orientierung seines Lebens. Er hat die Welt in Gott gefunden; die Welt ist »von oben«, ist durchscheinend für das Geheimnis Gottes.
Dieses Weltverständnis liegt den »Geistlichen Übungen« zugrunde. Freilich können wir die mystische Erfahrung des Heiligen nicht für uns in Anspruch nehmen. Was aber Ignatius in überwältigender Klarheit geschaut hat, das ist uns im Glauben gegeben, in der dämmernden Wahrnehmung der Gegenwart und Liebe Gottes. Es mag in den kommenden Wochen mehr zum Leuchten kommen, da sich doch diese Exerzitien ganz aus dem Wort Gottes und aus der Führung des Heiligen Geistes nähren. Mehr und mehr mögen wir wahrnehmen, wie die Welt und unser eigenes Leben Ursprung und Ziel nur in Gott haben.
Der Sinn unseres Daseins ist nun in drei Worten zusammengefaßt: Lob, Ehrfurcht, Dienst.

»Gott zu loben«

»Der Mensch ist geschaffen, um Gott, unsern Herrn, zu loben.« Was heißt das, Gott loben? Braucht er unsere Anerkennung?

Das ganze Heilsgeschehen, wie es in der Bibel erzählt wird, wie wir es selber erleben, ist Gottes Offenbarung in unserer Welt und Geschichte und unsere Antwort auf diese Offenbarung. Gott offenbart seine Herrlichkeit (hebräisch kabod) zu unserem Heil. Für Israel wurde die Herrlichkeit Gottes greifbar in der Wüstenwanderung, in seiner Sorge für das Volk, wenn er ihm Manna zur Nahrung gibt. »Morgen werdet ihr die Herrlichkeit des Herrn schauen« (Ex 16,7). Das sichtbare Zeichen der Gegenwart Gottes ist die Wolke, die das heilige Zelt füllt (Ex 40,34) und auf dem Weg vor ihnen hergeht. Gott selbst führt sein Volk.

Durch Jesus ist uns Gottes Herrlichkeit neu erschienen: »Wir haben seine Herrlichkeit gesehen« (Joh 1,14). Noch mehr: In ihm ist uns die Teilnahme an Gottes Herrlichkeit verheißen, »in ihm rühmen wir uns unserer Hoffnung auf die Herrlichkeit Gottes« (Röm 5,2); in der Auferstehung werden wir Anteil an seiner Herrlichkeit haben (1 Kor 15,43), und schon jetzt »spiegeln wir mit enthülltem Angesicht die Herrlichkeit des Herrn wider und werden so in sein eigenes Bild verwandelt... durch den Geist des Herrn« (2 Kor 3,18).

Was heißt also Gott loben? Wir begegnen der Macht und Liebe Gottes, wir erkennen sie im Glauben, wir lassen uns von ihr ergreifen, umformen. Wir tun das im Gebet: »Durch ihn laßt uns Gott allezeit das Opfer des Lobes darbringen, nämlich die Frucht der Lippen, die seinen Namen preisen« (Hebr 13,15). Worte aber sind leer, wenn sie nicht aus einem neuen Leben kommen. Gottes Verherrlichung ist unser Leben: nicht was wir reden, nicht einmal was wir tun, sondern was wir sind. Das sollen wir bedenken, besonders in unserer modernen Gesellschaft, wo wir gewohnt sind, Menschen nach ihren sichtbaren Leistungen einzustufen.

Gott loben ist also der erste Sinn unseres Lebens: dieses unser Leben zu entfalten in seinem Reichtum und seiner Tiefe, durchsichtig zu werden für die Gegenwart und Liebe Gottes. Unser Dasein hat einmaligen Wert, unverletzliche Würde nicht aus einer äußeren Zweckbestimmung, sondern in sich selbst. Frag eine Blume nicht, warum sie blüht; das ist ihr Wesen. Heute blüht sie, morgen welkt sie. So hat Jesus die Blumen, so hat er uns gesehen (Mt 6,25–34). Wir loben Gott, wenn wir im Leben, das er uns gab, Gottes eigenes Leben und Lieben entfalten.

»Gott Ehrfurcht zu erweisen«

Furcht vor einer Gefahr oder vor Feinden ist die natürliche Reaktion des Menschen, der sich bedroht fühlt. Sie wird durch Mut überwunden. Wenn die Bibel von der Furcht Gottes spricht, meint sie etwas ganz anderes. Gottesfurcht ist das erschreckende Bewußtsein, dem unendlichen Geheimnis gegenüberzustehen, das jenseits unseres Verstehens liegt. Wir können es nie in unsere Berechnungen einkalkulieren oder gar kontrollieren. Es ist der letzte unergründete Grund von allem, was ist. Andere Dinge, die wir nicht verstehen, können wir beiseite schieben. Gott können wir nicht ausweichen. Wir können uns ihm verschließen, aber er ist immer da. Wenn ein Frommer im Alten Testament sich vor diesem Geheimnis beugte, wurde er gottesfürchtig genannt, und Gottesfurcht galt als »der Anfang aller Weisheit« (Spr 1,7; Ps 111,10).
Oft ist diese Gottesfurcht mit Angst vor seinem Gericht, seiner strafenden Hand verbunden. Je mehr Gottes Liebe offenbar wird, umso mehr schwindet aber das Angstgefühl: »Furcht gibt es in der Liebe nicht, sondern die vollkommene Liebe vertreibt die Furcht« (1 Joh 4,18). Es bleibt die Ehrfurcht.
Ehrfurcht wächst mit der größeren Nähe zu Gott. Nur

oberflächliche Menschen gehen mit Gott um wie etwa mit einem gutherzigen Nachbarn, den wir von Zeit zu Zeit brauchen, den wir beeinflussen können, so daß er unseren Standpunkt einnimmt, oder dem wir auch einmal einen Streich spielen. Ganz anders versteht Ignatius die »Vertrautheit mit Gott«. Für ihn ist Gott immer die göttliche Majestät. Gott allein ist Herr. Das hat freilich nichts mit bedrückender Willkür zu tun. Gottes Gegenwart umfaßt und erfüllt alles. Die alles belebende und vollendende Liebe schließt auch mein kleines Leben ein und schenkt eine Geborgenheit, die kein Geschöpf geben kann.
Ehrfurcht ist also nicht bloß ein äußeres Verhalten vor Gott, etwa in der Liturgie, sondern das Bewußtsein des Jenseitigen, Unfaßbaren, der Macht von oben, die unser Leben leitet und das All erfüllt. Sie ist Schweigen und Anbetung vor dem Wunder Gottes.

»Gott zu dienen«

Vielleicht glauben wir, daß wir dieses dritte Schlüsselwort ignatianischer Spiritualität heute wohl verstanden haben. Denn das Wort ist uns doch geläufig geworden. Das Konzil sieht im Dienst das charakteristische Merkmal des kirchlichen Amtes (GS, 18); in sozialen und politischen Programmen ist es zum Schlagwort geworden. Ohne die Gesinnung des Dienstes gibt es keine Erneuerung der Kirche, der Gesellschaft.
Das Wort Dienst kann mißverstanden werden, wenn man es bloß auf Dienst-Leistungen bezieht, in denen Gott vielleicht gar keinen Platz mehr hat. Es kann sogar zum Ersatz der Beziehung zu Gott werden, wenn Arbeit das Gebet ersetzt.
Nun bedeutet Dienst sicher auch Arbeit, aber er ist mehr. Jesus weilte unter seinen Jüngern »wie der, der

bedient« (Lk 22, 27). Diesen Dienst aber kann man nicht an der Zahl seiner Dienstleistungen messen, sondern an seiner Grundhaltung des Gebens, Heilens, Versöhnens, des Aufbauens der Gemeinde. In seiner Person verkörpert er die Gestalt des Gottesknechtes, der gesandt ist, Recht und Gerechtigkeit zu bringen in Israel und bis an die Grenzen der Erde (Jes 42, 1–4; 49, 5f). Mit Christus beginnt die neue Schöpfung, durch seinen Dienst der Versöhnung (2 Kor 5, 17f).
Gott dienen heißt also: sein Leben in das Wirken Gottes einfügen, in Schöpfung und Erlösung. Immer neu sammelt und vollendet Gott unsere Welt in sich. Mein kleines Leben ist in Gottes Wirken hineingenommen, so daß ich nicht für mich allein lebe, sondern im weiten Reich Gottes.

»Und so seine Seele zu retten«

Damit meint Ignatius nicht bloß jenseitiges Heil, sondern Sinn und Erfüllung unseres Lebens. Unser menschliches Leben erfüllt sich, wenn wir Gott preisen, und in ehrfürchtiger Anbetung unsere Lebenssituation und die Aufgaben annehmen, die uns von oben zugefallen sind. So nehmen wir wahr, wie unser Leben hineingewoben ist in Gottes eigenes Wirken, in das Werden von Erde und Himmel. Das ist der einzige Weg, Heil und Sinn unseres Lebens zu finden.

»Die übrigen Dinge auf dem Angesicht der Erde sind für den Menschen geschaffen, damit sie ihm bei der Verfolgung des Zieles helfen, zu dem er geschaffen ist.«

In diesem »für den Menschen« schwingt die große Liebe Gottes zu uns und unserer Welt mit, ähnlich wie bei den Worten des Vaters in Jesu Parabel vom verlorenen Sohn: »Mein Kind, du bist immer bei mir, und alles, was mein ist, ist auch dein« (Lk 15,31). Damit ist eigentlich alles über unseren Platz in der Welt gesagt. Wir sollen daheim sein in unserer Welt. Wenn wir einmal erfaßt haben, wie alle Dinge von Gott kommen, dann ist es selbstverständlich, daß sie nie zwischen ihm und uns stehen können. Durch die geschaffenen Dinge sorgt er für uns, durch sie sollen wir ihn finden.

Gott hat uns verantwortlich dafür gemacht, daß seine Schöpfung ihren Sinn erfülle, und so ist es unsere Aufgabe, »in der Verwaltung und gottgemäßen Regelung der zeitlichen Dinge das Reich Gottes zu suchen« (LG, 31). Die Erfüllung dieser Aufgabe verlangt tiefe Einsicht in Gottes Schöpfungsplan und immer neue persönliche Entscheidungen. Alles, was wir tun, soll Lob, Ehrfurcht und Dienst Gottes sein. So kommt Ignatius zur knappen Formel über den rechten Gebrauch aller Dinge:

»Deshalb soll der Mensch sie gebrauchen, soweit sie ihm bei der Erreichung dieses Zieles helfen. Er muß sich ihrer entledigen, soweit sie ihn daran hindern.«

Diese Formel klingt so rational, daß sie wirkliches Leben zu ersticken scheint. Wenn wir alle Entscheidungen nach diesem Maßstab abwägen wollen, scheinen wir uns einen Standort außerhalb des wirklichen Lebens zu suchen, wie ein Betriebsleiter,der in kühler Berechnung sein Geschäft organisiert, oder wie ein Gärtner, der die Blumenbeete anlegt. Aber sollten wir nicht lieber wie Blumen sein, die ohne Berechnung blühen? Tatsächlich hat man ignatianischer Spiritualität den Vorwurf gemacht, daß sie Leben zu rationalem Planen reduziert und so freies Schaffen verhindert.

Was Ignatius in dieser Formel ausdrückt, ist nur das abstrakte Prinzip eines Vorgangs, der sich im konkreten

Leben abspielt. Tatsächlich werden in den »Geistlichen Übungen« Entscheidungen nicht auf rein rationaler Ebene getroffen (obwohl das rationale Element immer eingeschlossen ist), sondern in der Tiefe der Person, in der innersten Sphäre, wo Gottes Geist am Wirken ist. In einer gereiften Persönlichkeit wachsen Entscheidungen aus einer inneren Dynamik, die auf ihr Ziel ausgerichtet ist, wobei sie sich aber stets an die konkreten Umstände anpaßt. Man könnte diese Ausrichtung mit einem Bergpfad vergleichen: Er bricht nicht mit Gewalt durch die Felsen, sondern umgeht sie; manchmal scheint er die Richtung zu verlieren, oft kann man den Gipfel gar nicht mehr sehen. Aber mit unbeirrbarer Zielstrebigkeit führt er zum Ziel. Das ist die Kunst christlichen Lebens: Es ist ganz menschlich, eingewoben in die Umwelt, sich immer der wechselnden Situation bewußt, aber nie läßt es sich einfach treiben; immer bewegt es sich auf das Ziel hin. Jeder Schritt führt näher zu Gott.
Die in der ignatianischen Formel ausgedrückte Norm gilt für alle Bereiche des Lebens: Nahrung, Schlaf, Kleidung, Arbeit, Muße. Sie gilt auch in der persönlichen Sphäre unseres Lebens, für Gebet, Studium, Beziehungen zu Mitmenschen. Sie muß uns endlich in den großen Entscheidungen, die unser Leben auf weite Sicht bestimmen, rechte Orientierung geben.

»Wir müssen uns allen geschaffenen Dingen gegenüber frei machen«

Ein Leben nach dieser Norm, in steter Offenheit zu Gott hin, ist nur möglich, wenn wir innere Freiheit gefunden haben. Das Wort »Indifferenz«, mit dem diese Haltung oft wiedergegeben wird, drückt nicht recht aus, was Ignatius sagen will; es ist zu kalt und kann leicht

mit einer inneren Distanzierung von der Welt und dem Geschehen in ihr verwechselt werden, was Ignatius völlig fremd ist. Auch das in der Mystik oft gebrauchte Wort »Gelassenheit« kann mißverstanden werden, weil es eben nur die negative Seite einer Grundhaltung ausdrückt, die unsere ganze Beziehung zu Welt und Menschen bestimmen soll. Freiheit scheint das rechte Wort zu sein. Es stammt aus der Bibel, in ihm erklingt die Freude am Sieg über lähmende und fesselnde Mächte, über Dunkelheit, die unser Leben einzuhüllen droht, über Verlockungen, die uns auf Irrwege führen oder uns zu Kompromissen verleiten. Freiheit bedeutet auch die Zuversicht eines Lebens, das von Christus ergriffen und Gott geweiht ist: »Zur Freiheit hat uns Christus befreit. Bleibt daher fest und laßt euch nicht von neuem das Joch der Knechtschaft auflegen« (Gal 5, 1).
Diese Freiheit, die von Gott kommt, muß sich in den vielen Sphären unseres Lebens bewähren. Sie zeigt sich in der Annahme der wechselnden Gezeiten des Lebens, in Gesundheit oder Krankheit, in Besitz oder Armut, Erfolg oder Fehlschlag. Sie gibt Frieden und innere Ruhe, die wir bei Entscheidungen brauchen. Sie weiß von der Schönheit und den hohen Werten unseres Menschseins, aber sie hat Gott als Mitte, in dessen Gegenwart die irdischen Dinge ihren rechten Stellenwert erhalten.
Nur ein Verlangen bleibt; es ist im Schlußsatz des Textes genannt:

»Unter allen Dingen soll ich das allein suchen und wählen, was mehr zum Ziel hinführt, für das ich geschaffen bin.«

Der Akzent liegt auf dem »mehr«. Die ganze Schöpfung hat nur *ein* Ziel: Alles Geschaffene ist hineingezogen in die gewaltige Bewegung auf dieses letzte Ziel, auf Gott hin. In den »Geistlichen Übungen« wird dieses Ziel aller

Kreatur zum persönlichen Anliegen der Exerzitanden. So endet dieser scheinbar so sachliche, rationale Text des »Prinzips und Fundaments« mit einer persönlichen Entscheidung: Ich will nicht zurückfallen in träge Selbstzufriedenheit und Mittelmäßigkeit, sondern immer offen bleiben, bereit für Gott.

ZUR BETRACHTUNG

Der Mensch, die Krone der Schöpfung (Gen 1,26–2,3)

Die Schöpfungserzählung im Buch Genesis ist nicht ein Bericht über vergangene Ereignisse, sondern Deutung des Menschseins in dieser Welt. Es geht also nicht um ein erstes Menschenpaar, sondern um Menschen und Welt zu allen Zeiten, auch in unserer Zeit. So sollen sich die Schlüsselworte des Textes tief meinem Bewußtsein einprägen; sie handeln von mir; ich sehe mich am Schöpfungsmorgen, zu mir hat Gott gesagt: »Von allen Bäumen des Gartens darfst du essen« (Gen 2,16).

- »Laßt uns Menschen machen nach unserem Abbild, uns ähnlich«: Abbilder machen sichtbar und gegenwärtig, was fern ist. Israel wehrte sich gegen Versuche, Gott in Bildern festzuhalten. Der Mensch allein ist Gottes Abbild, macht ihn sichtbar, gegenwärtig in der Schöpfung.
- »Sie sollen herrschen über die ganze Erde«: Wir sollen die Welt zu unserer Welt machen, ihr das menschliche Antlitz einprägen; aus Natur soll Kultur werden.
- »Als Mann und Frau schuf er sie«: in gegenseitiger Ergänzung und Erfüllung, zum Leben in Familie und Gemeinschaft; so ist es Gottes Plan. Keiner darf sich in seine Individualität abschließen.

- »Seid fruchtbar und vermehrt euch, bevölkert die Erde und unterwerft sie euch«: Der Mensch hat die Aufgabe, Gottes Schöpfungswerk weiterzuführen. Wenn aber der Mensch aufhört, Gottes Bild zu sein, zerstört er die Natur, statt sie zu vermenschlichen.
- »Gott sah alles an, was er gemacht hatte: Es war sehr gut«: Gott steht zu seiner Schöpfung; trotz des Übermaßes von Leid und Sünde, das wir erfahren, ist die Welt gut, und sie hat die Verheißung der Vollendung.
- »Gott ruhte am siebten Tage, nachdem er sein ganzes Werk vollbracht hatte«: Gott ist in seinem Werk, und in seiner Schöpfung sollen wir ihn finden und ihm dienen. Er ist aber größer als sein Werk: Auch wir sollen über die geschaffenen Dinge hinauswachsen, seine Ruhe feiern am Sabbat, Gott selber finden, und in ihm uns selbst.

Die Welt als Versuchung

Die Welt ist gut; aber die Güte der Welt wird zur Versuchung, wenn sie nicht mehr über sich hinausweist.
- Die Schöpfung fasziniert den Menschen durch die Majestät ihrer Größe und Schönheit. Seit alters vermag sie das Sinnen des Menschen in ihren Bann zu ziehen, so daß er den Schöpfer vergißt: »Beim Anblick der Werke erkannten sie den Meister nicht« (Weish 13, 1–9). So ist es auch heute!
- Besitz gibt falsche Sicherheit und läßt uns vergessen, daß unser Leben in Gott geborgen ist. »Sammelt nicht Schätze hier auf Erden...« (Mt 6, 19). Beispiele sind der reiche Tor (Lk 12, 13–21) und der reiche Mann, den sein Besitz von der Nachfolge Jesu zurückhält (Mk 10, 17–22).

- Das ganze Johannesevangelium sieht Jesu Leben im Widerstreit von Licht und Nacht. Wir können uns in Finsternis einschließen: »Das Licht kam in die Welt, und die Menschen liebten die Finsternis mehr als das Licht, denn ihre Taten waren böse« (Joh 3, 19).
- Jesus betet für seine Jünger: »Sie sind in der Welt, und ich gehe zu dir. Heiliger Vater, bewahre sie in deinem Namen« (Joh 17, 11). In unserem Leben soll Gott wirklicher sein als die Geschöpfe, damit wir mit reinem Auge Gott in allen Dingen sehen.

Das ungeteilte Herz (Mt 6, 24–33)

Es geht um die grundsätzliche Orientierung in unserem Leben: Ist Gott die Mitte oder ist mein Dasein auf Geschöpfe gebaut?

- »Niemand kann zwei Herren dienen«: Jesus verlangt eine klare Entscheidung, wie sie schon im Alten Bund Israel vorgelegt wurde: »Ich lege dir heute das Leben und das Glück, den Tod und das Unglück vor« (Dtn 30, 15). Bauen wir unser Leben auf Gott oder auf die geschaffenen Dinge?
- »Sorgt euch nicht um euer Leben ...«: Wer Gott zur Mitte seines Lebens gemacht hat, findet Freiheit. Arbeit und Mühe bleiben, aber Furcht und Sorge haben ihren Stachel verloren.
- »Ist nicht das Leben wichtiger als die Nahrung, und der Leib wichtiger als die Kleidung?«: Leib und Leben sind Gottes Gabe, Kleidung und Nahrung brauchen wir. Wenn wir Leib und Leben als Gottes Geschenk anerkennen, können wir auch Kleidung und Nahrung erhoffen.
- »Seht euch die Vögel des Himmels an ... Lernt von den Lilien, die auf dem Felde wachsen«: Jedes Geschöpf hat seinen Platz in Gottes Schöpfung und er-

füllt seine Aufgabe in sorgenfreiem Gehorsam. Schönheit und Harmonie der Welt ruhen auf dem Grundvertrauen in die Weisheit der Weltordnung.

- »Seid ihr nicht viel mehr wert als sie?«: Nur durch das Grundvertrauen auf Gott, die Weltordnung, Gottes persönliche Sorge für jeden Menschen können Unsicherheit und Angst überwunden werden, die uns lähmen.
- »Euch aber muß es zuerst um sein Reich und seine Gerechtigkeit gehen, dann wird euch alles andere dazugegeben«: Das Grundvertrauen auf Gott verlangt von uns die Anerkennung der gottgegebenen Ordnung. Wenn wir als Einzelne und in Gemeinschaft diese Ordnung in geschwisterlicher Solidarität verwirklichen, werden auch unsere irdischen Bedürfnisse befriedigt werden. Dieser Text weicht also nicht den brennenden Fragen unserer Welt aus, wo es furchtbare Not und Angst gibt. In Fortsetzung der prophetischen Tradition tritt Jesus gegen Unrecht, Ausbeutung und Unterdrückung auf. Wenn wir echte menschliche Gemeinschaft finden, wenn wir Gottes Reich suchen, gibt es auch für die sozialen und ökonomischen Probleme unserer Welt Lösungen.

Weitere Texte

Ps 8 und 104: Gottes Größe und die Würde des Menschen.
Sir 16,24–17,32: Gottes Majestät und Vorsehung.
II. Vatikanisches Konzil, Pastoralkonstitution 4–10; 36; 59.

FRAGEN

- Welche Grundsätze sind in meinen Entscheidungen maßgebend? Nach welchen Gesichtspunkten ordne ich mein Leben: meine Tagesordnung, meinen Kalender?
- Ich mache einen Rundgang in meiner Umgebung, meiner Arbeit, bei den Menschen, die mir nahe sind: Helfen sie mir beim Finden meines Lebenssinnes oder hindern sie mich? Fördere ich sie oder hindere ich sie?

ZUR ERWÄGUNG

»Nur frei kann der Mensch sich zum Guten hinwenden. Diese Freiheit schätzen unsere Zeitgenossen hoch und erstreben sie leidenschaftlich. Mit Recht. Oft jedoch vertreten sie sie in verkehrter Weise, als Berechtigung, alles zu tun, wenn es nur gefällt, auch das Böse. Die wahre Freiheit aber ist ein erhabenes Kennzeichen des Bildes Gottes im Menschen... So daß er seinen Schöpfer aus seinem eigenen Entscheid suche und frei zur vollen und seligen Vollendung in Einheit mit Gott gelange. Die Würde des Menschen verlangt daher, daß er in bewußter und freier Wahl handle, das heißt personal, von innen her bewegt und geführt und nicht unter blindem innerem Drang oder unter bloßem äußerem Zwang.«

II. Vatikanisches Konzil, Pastoralkonstitution, 17

5. Die gebrochene Welt

»Die Zeit ist erfüllt, das Reich Gottes ist nahe. Kehrt um und glaubt an das Evangelium« (Mk 1,15).

Wir haben über unsere Welt nachgedacht, so wie Gott sie wollte. Das aber ist nicht die Welt, in der wir leben. Es sind keine langen Beweise nötig, um zu zeigen, daß mit unserer Welt etwas nicht stimmt. Wir sind Zeugen des ungeheuren Anwachsens unseres Reichtums; das Tempo der Produktion beschleunigt sich immer mehr, weit über unsere Bedürfnisse hinaus, und trotzdem gibt es die hungernden und heimatlosen Millionen. Unsere Bibliotheken enthalten unermeßliche Schätze von Wissen; wir können unser Leben bequem und freundlich einrichten; in unserer Wohnung haben wir Kunst und Musik; immer neue Heilmittel gegen alle drohenden Krankheiten überfluten unseren Markt. Aber sind wir nun wirklich weiser geworden, glücklicher, gesünder? Wir haben ein dichtes Netz von Verkehr und Nachrichten über Kontinente und Meere geworfen, und doch sind wir tiefer gespalten als je zuvor, wir verstehen uns immer weniger.
Wenn wir realistisch unser Leben und unsere Umwelt in Ordnung bringen wollen, dann müssen wir zuerst über unsere gebrochene Welt nachdenken. Auch Jesu Verkündigung beginnt mit dem Ruf zur Umkehr (Mk 1,15).

Warum wir über Sünde nachdenken

Einige Vorfragen sollen zuerst bedacht werden: Sünde ist keineswegs die Mitte der christlichen Botschaft. So mochte es vielleicht in der Vergangenheit manchmal er-

scheinen, wenn Prediger die Sünde zu ihrem Hauptthema machten und vor ihren schrecklichen Folgen warnten. Jesu Botschaft weiß nichts von düsterer Angst. Er verkündet das nahende Reich Gottes, seine Liebe und Macht in der neuen Welt von Frieden und Brüderlichkeit. Seine Botschaft unterscheidet sich deutlich von der Predigt Johannes' des Täufers: Dieser hatte die Aufgabe, das Volk aus seiner zufriedenen Selbstgerechtigkeit aufzurütteln: »Schon ist die Axt an die Wurzel der Bäume gelegt« (Mt 3, 10). Jesus spricht eine neue Sprache. Schlüsselworte seiner Predigt sind Liebe und Freude, so daß das Johannesevangelium seine Botschaft zusammenfassen kann: »Dies habe ich euch gesagt, damit meine Freude in euch ist und damit eure Freude vollkommen wird« (Joh 15, 11). Freude ist die Atmosphäre christlichen Lebens, sie ist auch die Atmosphäre unserer Sündenbetrachtung.
Als Christen schauen wir mit den Augen Gottes auf die Sünde: »Gott hat die Welt so sehr geliebt, daß er seinen einzigen Sohn hingab, damit jeder, der an ihn glaubt, nicht zugrunde geht, sondern ewiges Leben hat« (Joh 3, 16). Gott ist größer als die Sünde. Unsere gebrochene Welt ist und bleibt immer eingeschlossen in seine Liebe und Macht. Manchmal möchte uns mitten in unserer gespaltenen und verworrenen Welt ein Gefühl der Hilflosigkeit überfallen. Das aber ist nicht Jesu Geist. Er kämpfte mit ungebrochenem Mut gegen die Gewalten der Finsternis. Überwunden wurden sie erst in der Auferweckung.
Ebenso falsch ist es, den Ernst der Sünde zu verschleiern. Sicher haben wir viel von den Wissenschaften für das Verständnis persönlichen Lebens und des menschlichen Zusammenseins gelernt. Wir können menschliches Tun nicht mehr auf die einfachen Kategorien von gut und böse zurückführen. Aber man darf Sünde nicht auf soziales Fehlverhalten reduzieren und so verharmlo-

sen. Zwar ist menschliche Freiheit vielfach beeinträchtigt. Aber es gehört zum Wesen des Menschen, daß er in seinem Tun eine letzte persönliche Orientierung ausspricht, die jenseits der unmittelbaren sozialen und psychologischen Sphäre liegt. Diese Tiefendimension macht den Kern der Persönlichkeit aus. Aus dieser Tiefe wächst das Verhalten gegenüber dem Nächsten; in ihr entscheidet es sich, ob ein Leben letztlich Sinn hat, ob es aufbaut oder zerstört. Mit dieser Tiefendimension also sind wir hier befaßt: Haben wir die Mächte, die unser Leben zerstören, in uns eindringen lassen?

Es gibt noch eine weitere Gefahr: Viele Menschen haben eine geheime Bewunderung für die Sünde. Vergleiche den Raum, der in populären Zeitungen für Gewalt und Verbrechen eingeräumt wird, mit den Berichten über Versöhnung und Aufbau! Die Leser verbinden Gewalt und Terror oft mit Phantasie und Mut, während ernste Arbeit und gute menschliche Beziehungen uninteressant, langweilig sind; die Medien richten sich oft nach diesem Geschmack. Wie dem auch sei, oft ist Gewalt eine feige Flucht vor persönlichem Versagen; man weicht dem fordernden Einsatz für den Aufbau einer besseren Gesellschaft aus. Der Dienst an einer besseren Welt aber verlangt schöpferisches Denken und echten Mut. Jesus selbst ist ein Beispiel dafür. Man hat ihm allerhand Vorwürfe gemacht: daß er das Gesetz nicht treu halte, daß er gern esse und trinke, daß er sich in schlechter Gesellschaft bewege. Keiner aber hat ihn langweilig genannt. Wenn er sein Leben in phantasielosem Konformismus mit seiner Umwelt zugebracht hätte, wäre er nicht gekreuzigt worden.

Was ist Sünde?

Eine überzeugende Antwort auf die Mißdeutungen von Sünde kann nur aus einem vertieften Verständnis ihres Wesens kommen. Einst hat man uns gelehrt, Sünde sei eine Übertretung der Gebote Gottes. Das ist richtig, trifft aber nicht das Wesen. Oder: Sünde sei Verweigerung der Gottes- und Nächstenliebe. Das ist besser, denn Gott ist doch nicht ein Herr, der uns willkürliche Gesetze auferlegt, sondern er ruft uns zur Liebe, und in Liebe weist er uns den Weg zur ewigen Gemeinschaft mit ihm. Sünde ist also Abkehr von Gott, der uns in Liebe an sich zieht. Viele von uns haben das Gespür für das tiefe Geheimnis der Gottesliebe verloren, und so kommt es, daß uns auch das Bewußtsein unserer Sündhaftigkeit abhanden gekommen ist.

Aber Sünde ist auch Abkehr von Mitwelt und Umwelt. Wir müssen Sünde wieder in dem weiten, umfassenden Sinn verstehen, wie die Schrift sie sieht: die dunkle, alles durchdringende Macht, die die ganze Schöpfung durchwachsen hat, zerstörend, vergiftend, die in alle Menschen eindringt, auch in mich, lähmend, zersetzend, entstellend, die sich in unserer menschlichen Gesellschaft verkörpert, in unseren sozialen Strukturen verfestigt, unsere ökonomischen Systeme zu Mitteln der Ausbeutung macht, die Gottes Ebenbild zu einer Karikatur entstellt und alle Schönheit und Würde der Schöpfung verhöhnt: die Sünde der Welt.

Sie stammt aus dem Herzen des Menschen, aus seiner Freiheit. Wir wollen autonom sein, Leben und Zukunft selber in die Hand nehmen, unsere eigene Welt bauen. Das ist der Kern des biblischen Berichtes über die Ur-Sünde (Gen 3). Das ist keine geschichtliche Erzählung, sondern die Darstellung, wie Sünde in die Welt kommt, zu allen Zeiten, und auch heute: »Aus dem Herzen kommen böse Gedanken, Mord, Ehebruch, Unzucht,

Diebstahl, falsche Zeugenaussagen und Verleumdungen« (Mt 15,19). Durch die Sünde trennt sich der Mensch von Gott, von der Quelle allen Lebens. Er macht sich selbst zu Mitte und Ziel seines Lebens.
Sünde läßt sich nicht ins Innere des Menschen einschließen. Zuerst zerstört sie den Sünder selbst. Er hat sich zum Mittelpunkt gemacht, und so verliert er die rechte Perspektive: »Sie verfielen in ihrem Denken der Nichtigkeit, und ihr unverständiges Herz wurde verfinstert. Sie behaupteten, weise zu sein und wurden zu Toren« (Röm 1,21f). In Blindheit beginnen sie, sich selbst zu rechtfertigen und verstricken sich so immer mehr in ihre Schuld. Wie schwer ist es, seine Fehler anzuerkennen und sich von ihnen abzuwenden!
Wenn der Mensch sich selbst zur Mitte macht, kommt er auch mit der Umwelt in Konflikt. Er sieht sich nicht mehr in Gemeinschaft, sondern in feindlichem Wettstreit. Sünde wird zur sozialen Entfremdung. Statt Gerechtigkeit, Wahrheit, Friede gibt es Haß, Lüge, Neid und Rache. Im Buch Genesis folgt auf die Erzählung von der Sünde im Paradies die vom Brudermord Kains (Gen 4).
Sünde zerstört nicht nur persönliche Beziehungen zwischen Menschen, sondern vergiftet die ganze menschliche Gesellschaft. Gruppen mit gemeinsamen sozialen, ökonomischen, kulturellen Interessen schließen sich zusammen und kämpfen für ihre Vorteile. Nationen, Rassen, religiöse Gemeinschaften organisieren ihre Streitkräfte. Gegensätze verhärten sich. Menschen werden blind für die Rechte und Nöte der andern. Die Welt ist voll von Kriegen mit tödlichen Waffen; aber vielleicht sind die Massenmedien noch tödlicher. Sünde hüllt unsere Menschenfamilie ein und vergiftet die Atmosphäre, in der wir leben und atmen.
Sünde ist also nicht bloß individuelle Entgleisung, sondern die zerstörende Macht in Welt und Gesellschaft.

Ignatius läßt uns die Betrachtung über die Sünde mit der Erwägung über drei Stufen beginnen, auf denen Sünde bis ins Herz vordringt: (1) Die Sünde der Engel – der Mythos von Empörung und Sturz der Engel: Sünde gehört also nicht bloß in den begrenzten Bereich unserer Erfahrung, sondern hat kosmische Dimensionen (2 Petr 2,4; Jud 6). (2) Die Sünde der Stammeltern im Paradies: Die Sünde bricht mit zerstörender Macht in unsere Menschheitsgeschichte ein. (3) Die Sünde des einzelnen Menschen, der sich den Mächten der Dunkelheit überantwortet und Sünde zu seiner persönlichen Entscheidung macht. Denn die weltweite Sicht der Sünde, ihre Verkörperung in Geschichte und Gesellschaftsstrukturen, soll in keiner Weise den Menschen von seiner Eigenverantwortung entlasten. Meine Sünde ist persönliche Entscheidung, aber ich soll mir bewußt sein, daß meine Entscheidung nicht eine harmlose Privatsache ist, sondern daß ich mich durch die Sünde mit den Mächten der Zerstörung, die unsere menschliche Existenz bedrohen, verbünde. So sehe ich mich in diesen Betrachtungen als Teil der sündigen Menschheit. Der Strom der Sünde, der aus unergründlichen Tiefen aufsteigt und in unsere Welt eingebrochen ist, hat auch mein Herz überflutet.
Es geht also in den »Geistlichen Übungen« nie um bloß subjektive Spiritualität, eingeengt auf das individuelle Verhältnis zu Gott. Wir leben in einer gebrochenen Welt und sind berufen, eine neue Schöpfung zu werden. In dieser weltweiten Solidarität aber habe ich meine einmalige, persönliche Verantwortung. Nur wenn ich mich als Sünder bekenne, kann ich das Wort der Gnade vernehmen und darauf antworten.

Vor Jesus, dem Gekreuzigten

Bei all diesen Erwägungen bleibt es doch oft schwer, in der Tiefe des eigenen Herzens zu erfahren, was Sünde ist. Wir sehen ihren zerstörenden Einbruch in unsere Welt; wir spüren auch ihren verdunkelnden, lähmenden, zersetzenden Einfluß auf uns selbst. All das rührt nicht an den letzten Grund unseres Wesens. Gott selbst muß sprechen, er allein kann uns sagen, was Sünde ist in seinen Augen, in seinem Herzen.

Gott hat gesprochen in Jesus Christus, seinem Sohn, in seinem Kreuz. So schließt Ignatius die Meditation über die Sünde im Gespräch mit Jesus am Kreuz (Nr. 53). Dieses Zwiegespräch läßt rationale Überlegungen hinter sich und wendet sich direkt an Jesus. Das ist die ureigene Welt des Ignatius; so hat er Sünde gesehen, so hat Jesus sie erlitten.

Wenn wir uns einmal von Gott, von der Quelle allen Lebens abgeschnitten haben, sind wir allein. Wir können zwar immer noch unsere Welt mit tausend Dingen und Tätigkeiten ausfüllen, aber sie können uns nicht tragen und erfüllen. Wir gleiten in die Öde, in die Leere, immer tiefer, bis in den Tod. Es gibt keinen Halt, keine Hoffnung. Das ist die sündige Welt.

Aber in dieser Hoffnungslosigkeit sind wir nicht allein. Jesus ist mit uns und teilt unsere Verlorenheit. So ist Gottes Liebe, daß er uns seinen Sohn gab. So leidet Jesus unser Leid und stirbt unseren Tod, nicht weil er gesündigt hat, sondern weil er in Liebe bei uns sein will, um uns aus der Sünde heimzuholen in Gottes Liebe: »Gott hat den, der keine Sünde kannte, für uns zur Sünde gemacht, damit wir in ihm Gerechtigkeit Gottes würden« (2 Kor 5,21). Jesus wurde unser Bruder, Glied unserer zerbrochenen Familie, damit wir in ihm wieder Gottes Kinder werden.

Warum ist er hier bei uns? Das ist die Frage, mit der das

Zwiegespräch des Ignatius beginnt: »Wie ist es möglich, daß er, der Schöpfer, sich zu uns neigt und Mensch wird, ewiges Leben mit unserem Tode vertauscht, und daß er für uns stirbt?« Gott antwortet in seinem Sohn. Er hat uns Jesus gegeben, damit wir nicht allein seien in unserer Verbannung, damit wir mit Sicherheit wissen sollten, daß wir ein Heim haben bei Gott, daß Gottes Liebe bei uns ist in aller Nacht.

Was kann ich antworten? Wenn wir geliebt werden, gibt es nur eine Antwort: daß wir wieder lieben. Wenn Gottes Liebe zu uns kommt, wollen auch wir uns auf den Weg machen und zu ihm kommen. So frage ich mich selber: Was habe ich getan in meinem Leben, fern von Gott? Was will ich tun in diesen Exerzitien – in meinem Leben, wie es vor mir liegt?

So führt die Sündenbetrachtung zu Jesus. Er ist bei uns in unserer gebrochenen Welt, wo die Mächte der Nacht herrschen. Er ist nicht ein machtvoller Retter (das sind die ewig alten und immer neuen Mythen von Heilbringern); er ist einfach als unser Bruder bei uns, in unserem Leben, Kämpfen, Leiden und Sterben, in unserer Bedrohung von den Gewalten der Dunkelheit. In seiner Todesnot sehen wir, was Sünde ist; in seiner Liebe sehen wir, wer Gott ist. Vor dem Kreuz erfahren wir, daß es eine Macht gibt, die stärker ist als Sünde, daß es eine neue Schöpfung gibt in Jesus Christus. Das werden die Betrachtungen der folgenden Wochen zeigen.

ZUR BETRACHTUNG

Was ist Sünde? (Mt 23,37–24,2)

Das 23. Kapitel des Matthäusevangeliums enthält Jesu Anklage gegen die Führer des Volkes. Die Schlußsätze fassen Israels Ablehnung der Heilsbotschaft zusammen.

– »Jerusalem ... wie oft wollte ich deine Kinder um mich sammeln, wie eine Henne ihre Küken unter ihre Flügel nimmt«: Israels Geschichte ist eine stete Einladung zum Heil. In Jesus ist es dem Volk, der ganzen Welt endgültig angeboten. Auch ich bin eingeladen.
– »Aber ihr habt nicht gewollt«: Jesu Verurteilung ist der Abschluß einer langen Folge von Murren, Untreue, Verweigerung von Einzelnen, von Führern des Volkes. Auch die Ablehnung Jesu hat viele »Gründe«: Erstarrung, Treue zum Bisherigen, Blindheit für das Neue. Schließlich fällt der Hohepriester sein Urteil im Namen Gottes.
– »Darum wird euer Haus (von Gott) verlassen«: Die heilige Stadt, der Tempel ist der Zerstörung verfallen. Nicht Gott verdammt, sondern »wer nicht glaubt, ist schon gerichtet, weil er an den Namen des einzigen Sohnes Gottes nicht geglaubt hat« (Joh 3, 18). Wer sich von der Quelle des Lebens abschneidet, verdorrt. Gott gibt Freiheit, Gott achtet unsere Freiheit. Wir wählen unseren Weg; das ist unsere Würde, das ist unsere Verantwortung: zu wählen zwischen Tod und Leben (vgl. Dtn 30, 15).
– »Kein Stein wird hier auf dem anderen bleiben; alles wird niedergerissen werden«: Noch ist Jerusalem das sichtbare, leuchtende Symbol des erwählten Volkes, aber es hat seine Lebensquelle verloren. Was immer ich bin in der Gesellschaft, in der Kirche, in beruflicher Karriere – alles ist hohl, wenn Gott nicht in meinem Herzen lebt.

Wie Sünde in die Welt kam (Gen 3)

Ein volles Verständnis dieses Textes setzt eingehendes exegetisches Studium voraus. Hier geht es nur um die Gegenwartsbedeutung dieses Berichtes von der Ursünde, also um unsere Sünde.

- »Hat Gott wirklich gesagt: Ihr dürft von keinem Baum des Gartens essen?« Das ist die verfängliche Frage, die zur Versuchung wird: Hat Gott die Flügel unserer Freiheit beschnitten? Ist er ein neidischer Rivale unserer wachsenden Macht? Nicht nur Religionskritik kennt diese Frage; wir spüren, wie sie immer wieder auch in uns selbst aufkommt.
- »Von den Früchten der Bäume im Garten dürfen wir essen. Nur von den Früchten des Baumes, der in der Mitte des Gartens steht, hat Gott gesagt: Davon dürft ihr nicht essen..., sonst werdet ihr sterben«: In der Mitte des Gartens steht der Baum der Erkenntnis von Gut und Böse (Gen 2,17). Die ganze Schöpfung gehört uns, aber nur in Gott, in seiner Ordnung, kann sich unsere Freiheit fruchtbar entfalten. Unser Leben und Tun bleiben eingewoben in Gottes Schöpfung. Außerhalb dieser Ordnung ist nur Tod.
- »Nein, ihr werdet nicht sterben. Gott weiß vielmehr: Sobald ihr davon eßt, gehen euch die Augen auf; ihr werdet wie Gott und erkennt Gut und Böse«: Es ist die uralte Illusion, daß Emanzipation und Fortschritt letzte Erfüllung bringen. Leben und Geschichte haben sie schon oft entlarvt, aber sie tritt in immer neuen Formen an uns heran.
- »Da gingen beiden die Augen auf, und sie erkannten, daß sie nackt waren«: Sie sehen die Wahrheit: nicht die Gottgleichheit, sondern was sie sind ohne Gott; Gutes verkehrt sich ins Gegenteil (vorher hatten sie sich nicht schämen müssen). Oft dauert es lange, bis die Augen geöffnet werden.

- »Als sie Gott, den Herrn, im Garten... hörten, versteckten sich Adam und seine Frau«: Gottes Gegenwart ist nicht mehr Geborgenheit, sondern Bedrohung.
- »Die Frau, die du mir beigesellt hast, sie hat mir von dem Baum gegeben«: Die gottgegebene Gemeinschaft verkehrt sich in die Versuchung zur Sünde.
- »Gott, der Herr, schickte ihn aus dem Garten von Eden weg«: Die Erde wird Ort der Verbannung; was Garten war, wird Wüste; Gemeinschaft wird Bedrükkung; schöpferische Arbeit wird Frondienst. Das ist die Perversion der Sünde. All das geschieht heute in unserer Welt; ich bin daran beteiligt.

Heil und Sünde in unserer Gesellschaft (Mt 25,31–46)

So wird Sünde zur zerstörenden Macht in unserer Gesellschaft. Jesus mißt Sünde an unserem Verhalten zum Nächsten.

- »Alle Völker werden vor ihm zusammengerufen werden, und er wird sie voneinander scheiden«: Entscheidungen in unserem Leben sind vorläufig, aber sie führen auf eine letzte, endgültige Scheidung hin, auf das Gericht. Was in der Innerlichkeit der Menschen verborgen war, wird offenbar.
- »Kommt her, die ihr von meinem Vater gesegnet seid, nehmt das Reich in Besitz, das seit Erschaffung der Welt für euch bestimmt ist«: Reich Gottes, die Gemeinschaft aller Menschen in der Liebe Gottes wird denen zuteil, die lieben und dienen.
- »Ich war hungrig und ihr habt mir zu essen gegeben«: Alle, die sich die helfende, heilende, gemeinschaftbauende Sendung Jesu zu eigen machen, gehören in sein Reich, zur neuen Schöpfung.
- »Was ihr für einen meiner geringsten Brüder getan

habt, das habt ihr mir getan«: Es geht nicht bloß um sozialen Dienst. Gottes Liebe, verkörpert in Jesus, fließt durch unsere Gemeinschaft. In meinem Nachbarn begegne ich Jesus; in seinem Dienst diene ich Gott.

- »Weg von mir, ihr Verfluchten, in das ewige Feuer... Denn ich war hungrig, und ihr habt mir nichts zu essen gegeben«: Wer sich der Gemeinschaft und Verantwortung für den Nächsten verweigert, gehört nicht ins Gottesreich. Wo dieses Nein zur verfestigten Entscheidung wird, schließt sich der Mensch aus der Gemeinschaft der Liebe und des Heils aus.
- »Auch sie werden antworten: Herr, wann haben wir dich hungrig oder durstig... gesehen und haben dir nicht geholfen?«: Wer seine Augen vor der Not seiner Mitmenschen verschließt, wird blind für das Reich der Gnade und Liebe.

Weitere Texte

Jes 5,1–7: Der Weinberg, den der Herr gepflanzt hat, bringt saure Trauben (vgl. Ps 80,8–19).
Ez 16: Israels Erwählung, Sünde, Erlösung.
Mt 22,1–14: die Einladung zum Hochzeitsmahl; das Fernbleiben der Geladenen.
Lk 13,6–9: der Feigenbaum, der keine Frucht trägt.
Offb 2,1–7: die erste Liebe, die verloren ging.

FRAGEN

- Bin ich in meinem Leben der zerstörenden Macht der Sünde begegnet, bei Einzelnen, in Familien...?
- Wie spüre ich die lähmende, vergiftende Macht der Sünde in meinem eigenen Leben?

ZUR ERWÄGUNG

»Vor dir, o Herr, liegt der Abgrund des Menschenherzens offen. Was wäre vor dir verborgen, auch wenn ich es nicht bekennen würde? Ich würde dich vor mir verbergen, nicht mich vor dir.«

Augustinus, Bekenntnisse 10,2

6. Meine Sünde

*»Du behauptest: Ich bin reich und wohlhabend,
und nichts fehlt mir.
Du weißt aber nicht, daß gerade du elend
und erbärmlich bist,
arm, blind und nackt«* (Offb 3,17).

Die Sündenbetrachtung muß zu uns selber hinführen. In den »Geistlichen Übungen« geht es nicht um Klagen über unsere sündige Welt und Gesellschaft. Wir sollen uns selber erkennen. Das ist der einzige gültige Ansatz einer Erneuerung. Ich muß in mein Herz schauen. Dazu brauche ich Ehrlichkeit und Mut.

Wahre und falsche Demut

Erwägungen über die Sünde sollen nicht unser gesundes Selbstgefühl verdunkeln. Viele Christen haben ein negatives Bild von sich selbst und halten es für Demut. Sie sind sich ihrer Grenzen und Fehler bewußt, aber übersehen ihre Begabung und die in ihnen schlummernden Möglichkeiten; sie verkleinern ihre Anstrengungen und Erfolge. Was immer die Gründe dieser negativen Selbsteinschätzung sein mögen: Mit wahrer Demut hat sie nichts zu tun. Demütig bin ich, wenn ich mein Leben, meine Möglichkeiten und Grenzen dankbar und mutig von Gott annehme und mich treu für Gott und den Nächsten einsetze. Bedrückende Gefühle der Minderwertigkeit, des Nicht-Angenommenseins, der Unfähigkeit haben keinen Platz in einem christlichen Leben.

Die Sündenbetrachtung soll auch nicht Schuldgefühle hervorrufen, die mit wahrer Reue wenig zu tun haben. Schuldgefühle sind der Ausdruck des verwundeten

Selbstbewußtseins. Ich fühle mich unsicher, bedroht, weil ich den Anforderungen, die an mich gerichtet wurden, nicht gewachsen war. Ich habe es nicht fertig gebracht, das Ideal, das ich mir selber zurechtgelegt habe, zu erreichen. Ich habe die Achtung meiner Umgebung verloren. In all diesen Gefühlen also geht es um mich selbst und mein Image. Auch Skrupel gehören zu diesen Schuldgefühlen. Ein Skrupulant bangt um seine eigene Sicherheit, er ist mit sich selber beschäftigt, nicht mit Gott, nicht mit dem Nächsten, nicht mit der Welt.
Es ist nicht leicht, solche Gefühle oder sogar Zwänge zu überwinden. Klare Einsicht, geduldiges und ausdauerndes Bemühen, kluge Leitung können über Ängste hinweghelfen. Gott ruft aus unseren Ängsten heraus: Euch muß es zuerst um Gottes Reich und um seine Gerechtigkeit gehen, dann wird er sich eurer Anliegen annehmen (vgl. Mt 6,33). Unsere Gerechtigkeit besteht nicht in einem sauberen Zeugnis fehlerlosen Betragens, sondern in der glaubenden Hinwendung zu Gott. Diese »Geistlichen Übungen« sollen aus der Ichbefangenheit heraushelfen zur freien Hingabe an Gott in Jesus Christus.

Mich selber erkennen

Wir müssen uns selber erkennen, frei von Selbstgerechtigkeit und Vortäuschungen. Die falschen Vorstellungen, die wir von uns haben, stammen aus der Tiefe unseres Selbst, aus dem ureigenen Drang, unser Selbstbild zu schützen und zu fördern. Allem Leben ist ein Mechanismus des Selbstschutzes, der Selbstverteidigung eingebaut. Wie der Körper seine Instinkte hat, mit denen er Bedrohungen wittert, meidet und abwehrt, so schützt sich unsere Persönlichkeit und wehrt alles ab, was das Selbstgefühl gefährdet. Wie kann ich zugeben, daß ich träge, gierig, eifersüchtig, neidisch, rachsüchtig bin, unfähig, mein Temperament zu beherrschen? Wenn solche Gefühle aufsteigen, verdränge ich sie, oder ich gebe ihnen einen harmlosen Namen, wenn möglich sogar einen Ehrennamen, und verbinde sie mit edlen Grundsätzen. Wie viel von unserer Intelligenz verbrauchen wir im Suchen von Entschuldigungen, im Ausbau unserer Illusionen, in der Flucht vor der nüchternen Wahrheit über uns selbst!

Nicht nur Einzelne, auch soziale Gruppen schützen ihr Selbstwertgefühl, suchen es zu steigern und zu verteidigen: Völker, Rassen, Religionsgemeinschaften. Sie haben ihr kollektives Ego, ihre gemeinsamen Interessen; sie möchten auch vor anderen ein günstiges Bild präsentieren.

Die Evangelien erzählen uns nichts über persönliche Feindseligkeiten gegen Jesus, wohl aber über die kollektiven Vorurteile gegen ihn in den religiösen Gruppen seiner Umwelt. Die Pharisäer, Sadduzäer, Schriftgelehrten sind uns bekannt. Vieles von den Berichten der Evangelien reflektiert die spätere Situation der Kirche in Palästina. Es gab in diesen Kreisen durchaus ernste und tief religiöse Menschen. Die Kritik an ihnen, die wir in den Evangelien finden, kann uns aber vor kollektiven Vorurteilen und Verhaltensweisen warnen. Jesu Gegner sind die Lehrer des Volkes. Er wirft ihnen vor: »Sie reden nur, tun selbst aber nicht, was sie sagen.« Sie müssen das Ansehen ihres Standes und Amtes aufrechterhalten: »Was sie tun, tun sie nur, damit die Menschen es sehen.« Sie wollen durch treue Erfüllung der Gesetzesvorschriften den Eindruck gewissenhaften Gehorsams erwecken. Sie errichten Denkmäler für die Propheten alter Zeiten, aber verschließen sich gegen Gottes Botschaft, die heute zu ihnen kommt. So sind sie wahrhaft »Söhne der Prophetenmörder« (Mt 23).

All das wiederholt sich auch in der Geschichte der Kirche. Ja, die Versuchung, sich eine illusorische, selbstgerechte Traumwelt zu bauen, scheint mit der christlichen Botschaft selbst zusammenzuhängen. Wir glauben an Jesus Christus, der den Tod überwunden und die Sünde der Welt hinweggenommen hat. Es geschieht immer wieder, daß wir uns mit unserem Beten und Singen von dem wunderbaren Leben, das wir in Christus gefunden haben, und von der Gemeinschaft der Liebe, die uns verbindet, in eine Traumwelt flüchten, als ob das alles schon die uneingeschränkte Wirklichkeit wäre. Manchmal suchen wir vielleicht einen festlichen Gottesdienst auf, um der drückenden Monotonie des Alltags für einen kurzen Augenblick zu entrinnen. Aber wir sind immer noch Pilger und müssen mit Jesus in seiner Sendung und seinem Kampf ausharren, auch in Mißerfolg, Scheitern, Ablehnung. Das neue Leben, das er uns gab, müssen wir in dieser irdischen Stadt leben, in Geduld, oft in schmerzlichem Gegensatz zu unserer Mitwelt.

Jesu irdisches Leben ist auch für uns Norm. Alle großen Worte des Neuen Testamentes – Freude, Friede, Liebe – können nur im Licht des irdischen Lebens Jesu richtig verstanden werden. Wenn wir von Freude reden, dürfen wir nicht die Millionen vergessen, die von den Lasten und Ungerechtigkeiten unserer Welt erdrückt werden. Friede heißt in Jesu Sprache nicht fauler Kompromiß oder feiges Ausweichen vor Konflikten, sondern das Bewußtsein, daß Gott mit uns ist im Widerstand gegen Unrecht; Jesus brachte nicht nur Frieden, sondern auch das Schwert der Entscheidung. Und Liebe gibt es nicht ohne Gerechtigkeit; sie ist nicht ein Hafen gesicherter Geborgenheit, sondern die göttliche Macht, die eine neue Schöpfung hervorbringt, trotz Konflikt und Niederlage.

Der Christ lebt also nicht in einer Traumwelt, abseits von den Wirklichkeiten des Lebens. In ihm beginnt die neue Schöpfung, Gottes Herrschaft. Sie wird in seinem Herzen geboren, in seiner Umkehr und glaubenden Hinkehr zu Gott; und wo es neue Menschen gibt, ändert sich auch unsere Welt. Gott läßt uns zur neuen Schöpfung werden durch Jesus, durch sein Leben bis zum Tod: »Um einen teuren Preis seid ihr erkauft. Verherrlicht also Gott in eurem Leib« (1 Kor 6,20). Es gibt keine Teilnahme an der Freude, am Frieden, an der Liebe des auferstandenen Herrn, wenn wir nicht mit Jesus in seinem Leben und Leiden verbunden sind.

Wege zur Selbsterkenntnis

Wir sehen uns immer nur mit den eigenen Augen und hören uns mit den eigenen Ohren. Wie sehen und hören uns die andern? Wir können Freunde bitten, uns ihre Beobachtungen mitzuteilen. Langsam werden wir lernen, das Bild, das wir von uns selber haben, zu ergänzen, vielleicht zu ändern. Jede Kritik, die auf uns zukommt, sollen wir prüfen, auch wenn sie uns verletzt. Sie mag unberechtigt sein, kann uns aber doch vielleicht etwas darüber sagen, wie andere uns sehen. Unsere Stimmungen sollen wir registrieren, und mit innerer Freiheit, auch mit etwas Humor, die Gründe für Hoch und Tief suchen.
Die Tradition religiöser Praxis bietet viele Gelegenheiten, tiefer in uns selbst hineinzuschauen. Immer ist das Gotteswort der Spiegel, in dem wir uns selbst erkennen und prüfen sollen (Jak 1,22–25). Der tägliche Rückblick auf unser Tagewerk ist dabei eine große Hilfe. Ich soll dankbar anerkennen und annehmen, was Gott mir gab, mich selbst und meine Welt. Ich werde mir bewußt, daß Gott mich liebt und daß ich selbst mich lieben darf, auch wenn ich mir häßlich vorkomme und vieles in mir dunkel ist. Ich erforsche nicht nur mein Gewissen

nach begangenen Fehlern, sondern suche zu verstehen, was Gott mir heute sagen wollte in Ereignissen und Begegnungen, was er von mir erwartet hat und wie ich ihm geantwortet habe.

All diese Bemühungen nützen wenig, wenn sie nicht mit persönlichem und beharrlichem Gebet verbunden sind. Wir müssen offen sein vor Gott; sein Licht will unser Inneres erhellen. Daher rät Ignatius, die Betrachtung über die persönliche Sünde mit der Bitte um eine dreifache Gnade zu schließen:

(1) Daß ich meine Sünden erkenne und mich von ihnen distanziere. Das eben ist das Anliegen dieser Betrachtungen, daß wir aufhören, Sünde zu verschleiern, zu verharmlosen, zu rechtfertigen. Ich soll die Diskrepanz zwischen meinem Leben und der Botschaft Jesu anerkennen und mich klar für Jesus entscheiden.

(2) Daß ich die Unordnungen in meinem Innern erkenne. Meine Entscheidungen wachsen ja aus dem Innern und sind von den Strömungen getragen, die mich bewegen, die mein Denken und Handeln bestimmen. Diese Selbsterkenntnis ist nicht leicht und verlangt einige Erfahrung. Oft merken wir, daß Fehlhaltungen gegen andere, Aggressionen, Eifersucht aus tief verwurzelten Gefühlen der Verunsicherung stammen, aus Verwundungen, Erfahrungen der Ablehnung, die wir vielleicht in längst vergessener Kindheit erlebt haben. Nun sind die »Geistlichen Übungen« nicht die Zeit für eine solche Analyse. Grundlegende Persönlichkeitsprobleme sollen außerhalb der Exerzitien, womöglich vorher, einigermaßen geklärt werden. Trotzdem sind die schweigenden Tage der Exerzitien eine Gelegenheit, sich der verborgenen Bewegungen des Innern bewußt zu werden; das eben soll unser Gebet sein, daß Gottes Licht in diese Tiefen eindringe, damit wir sehen, wie immer wieder Sünde und Dunkelheit aus ihnen aufsteigen, aber auch all das Schöne, Lichte in meinem Leben.

(3) Endlich sollen wir um die Erkenntnis der Welt bitten; »Welt« in dem Sinn, wie sie im Johannesevangelium verstanden wird: die Welt, die sich dem Licht verschlossen hat, die die Finsternis mehr liebt als das Licht (Joh 3,19). Unser Leben ist hineingewoben in das Denken und Treiben unserer Umgebung, in ihre Hoffnungen und Ängste. Aus der Mitwelt übernehmen wir immer wieder die Werte, die unser Handeln bestimmen. Wir brauchen eine innere Freiheit anderen Einflüssen gegenüber und ein klares Auge für die Kräfte, die da am Werk sind. Durch billige, unkritische Anpassung machen wir uns die Sünde der Welt zu eigen und werden mitschuldig an der Gebrochenheit unserer Gesellschaft. Wir brauchen Gottes Licht, um die Sünde rings um uns zu sehen, aber auch ein offenes Auge für neue, hoffnungsvolle Ansätze in unserer Welt, vor allem in der heutigen Jugend.
Ignatius lädt uns ein, diese dreifache Bitte um eine tiefere Einsicht in mich selbst und die Kräfte, die mein Leben bestimmen, zuerst an Maria, dann an Jesus, endlich an Gott Vater zu richten. An Maria: Denn sie wird uns im Evangelium als die Frau gezeigt, die ihr Leben ohne Vorbehalt von Gottes Licht und Liebe bestimmen ließ. An Jesus Christus, den Sohn Gottes und unseren Bruder: Er weiß um das Geheimnis der Liebe seines Vaters und die Gebrochenheit unserer Welt. An Gott, unseren Vater: Von ihm strömt alles Licht und alles Leben in unsere Welt, in unser Herz.

Meine Sünde

Ich gehe mit Jesus von Ort zu Ort, wo ich lebe und arbeite, zu den Menschen, mit denen ich verbunden bin. Ich sehe mein Leben, mein Verhalten mit seinen Augen:

- Kirche: meine Feier der Eucharistie, mein persönliches Gebet, meine Weihe an Gott in der Taufe, seine Liebe und Vorsehung über mein Leben.
- Mein Zuhause: Familie, Gemeinschaft oder allein; mein Beitrag zur Gemeinschaft, meine Verantwortung für jeden Einzelnen, wie ich mit Spannungen umgehe.
- Mein Arbeitsplatz: meine Pflichten, Verantwortungen, das Verhältnis zu meinem Beruf, meine Zusammenarbeit mit Kollegen.
- Mein Freundeskreis, jede meiner persönlichen Beziehungen: Bin ich gewachsen? Helfe ich andern, ihr eigenes, einmaliges Leben aufzubauen?
- Meine Gespräche, Korrespondenz, die Ausweitung, die Vertiefung persönlicher Beziehungen: Habe ich sie vernachlässigt? Sind meine Kontakte oberflächlich, bloße Formalität? Habe ich andere gefördert oder ihnen geschadet, sie verletzt?

Ein solcher Überblick über mein Leben soll nicht bloß »Gewissenserforschung« sein, die nach Fehlern sucht. Ich möchte meine Umwelt, Mitmenschen, Arbeit mit Jesu Augen sehen.

Der nüchterne Alltag

Der Jakobusbrief mißt christliches Leben an seiner täglichen Bewährung.

- Die christliche Botschaft muß der Spiegel für christliches Verhalten sein: »Jeder Mensch soll schnell bereit sein zu hören, aber zurückhaltend im Reden, und nicht schnell zum Zorn bereit ... Hört das Wort nicht nur an, sondern handelt danach« (1,19–25).
- Glaube muß in guten Werken wirksam werden: »Was nützt es, wenn einer sagt, er habe Glauben, aber es fehlen die Werke? Kann etwa der Glaube ihn retten? (2,14–24).
- Die Zunge: »Wer sich in seinen Worten nicht verfehlt, ist ein vollkommener Mann ... Die Zunge ist ein Feuer ... Die Zunge kann kein Mensch zähmen, dieses ruhelose Übel ... Mit ihr preisen wir den Herrn, mit ihr verfluchen wir die Menschen« (3,2–12).
- Über Ärger und Bitterkeit: »Wenn euer Herz voll ist von bitterer Eifersucht und von Ehrgeiz, dann prahlt nicht und verfälscht nicht die Wahrheit ... Die Weisheit von oben ist heilig, friedlich, freundlich, gehorsam, voll Erbarmen und reich an guten Früchten« (3,13–18).
- Große Träume: »Prahlen ist schlecht. Wer also das Gute tun kann und es nicht tut, der sündigt« (4,13–17).

Die Blindheit des Herzens (Offb 3,14–20)

Für Jesus ist die Blindheit der Augen ein Symbol für die Dunkelheit des Herzens, das sich gegen Gottes Licht verschließt. Der Brief an die Gemeinde von Laodizea in der Geheimen Offenbarung hat die Blindheit des Herzens und ihre Heilung zum Thema (Offb 3,14–22):

- »Ich kenne deine Werke, du bist weder kalt noch heiß ... Ich will dich aus meinem Munde ausspeien«: In Jesu Nachfolge gibt es keinen Platz für Unentschiedenheit, Mittelmäßigkeit.
- »Du behauptest: Ich bin reich, wohlhabend, nichts fehlt mir«: Je weiter wir uns von Gott entfernen, umso weniger spüren wir unseren Verlust. Wir lenken uns ab mit Projekten, Arbeitsprogrammen, Kontakten, aber die Quelle des Lebens versiegt.
- »Kaufe von mir Gold ... und weiße Kleider ... und Salbe für deine Augen«: Gott allein kann uns wahrhaft reich machen, unsere Armut und Nacktheit bekleiden, unsere Blindheit heilen.
- »Wen ich liebe, den weise ich zurecht und nehme ihn in Zucht«: Immer zieht Gott uns zu sich, aber in verschiedener Weise: Er gibt Frieden denen, die Jesus nachfolgen, Unruhe denen, die sich von ihm entfernen. (Vgl. die Regeln des Ignatius zur Unterscheidung der Geister, Nr. 314).
- »Ich stehe vor der Tür und klopfe an«: Es liegt an mir, zu öffnen oder mich einzuschließen.

Weitere Texte

Mt 7,15–20: falsche Propheten.
Mt 12,33–37: An den Früchten unterscheiden sich gute von schlechten Bäumen.
Lk 13,22–30: die enge Tür.

FRAGEN

- Wo sehe ich die Gefahren für ein Leben in Jesu Nachfolge?
- Welches sind die Entschuldigungen, Verschleierungen für meine Fehler? Wie bringe ich es fertig, Verantwortung abzuschieben?

ZUR ERWÄGUNG

»Nimm alles mir, was mich hindert von dir,
Gib alles mir, was mich fördert zu dir,
Nimm mich mir, und gib mich ganz zu eigen dir.«

Bruder Klaus von Flüe

7. Das neue Herz

»Erschaffe mir, Gott, ein reines Herz« (Ps 51,12).

Gott tilgt unsere Schuld. Schon die Propheten wußten es: »Ich fege deine Vergehen hinweg wie eine Wolke, und deine Sünden wie Nebel« (Jes 44,22). »Ich verzeihe ihnen die Schuld, an ihre Sünde denke ich nicht mehr« (Jer 31,34). Jesus ist »das Lamm Gottes, das die Sünde der Welt hinwegnimmt« (Joh 1,29).
Es ist nicht genug, wenn Sünde vergeben und vergessen wird; sie muß getilgt werden. Was nützte es uns, wenn Gott sie mit seiner Güte zudeckt, aber ihr Gift mit seiner zerstörenden Wirkung in uns bliebe? Unsere Welt muß erlöst werden, frei von den verkrüppelnden, lähmenden, auflösenden Mächten des Bösen. Gottes Schöpfung soll erneuert werden. In unserem Herzen muß die Verwandlung beginnen.

Die Verheißung der neuen Schöpfung

Das ist ein uralter Traum der Völker: die Hoffnung auf ein goldenes Zeitalter, auf eine erneuerte Welt, so wie sie am Morgen der Schöpfung von Gott kam. Die Bibel hat diese Erwartung in ihrer endzeitlichen Hoffnung aufgenommen. Ihren machtvollsten Ausdruck hat sie zur Zeit des Exils gefunden: »Ich hole euch heraus aus den Völkern, ich sammle euch aus allen Ländern und bringe euch in euer Land. Ich gieße reines Wasser über euch aus... Ich schenke euch ein neues Herz und lege einen neuen Geist in euch, ich nehme das Herz von Stein aus eurer Brust und gebe euch ein Herz von Fleisch« (Ez 36,24–26).
Diese Hoffnung blieb auch in der frühen Kirche leben-

dig. Wohl hatten die ersten Christen Jesus als Messias erkannt, aber es war doch zu deutlich, daß sein Werk noch nicht vollendet war. So warteten sie auf sein endgültiges Kommen, auf die Vollendung seiner Sendung: »Wenn ihm dann alles unterworfen ist, wird auch er, der Sohn, sich dem unterwerfen, der ihm alles unterworfen hat, damit Gott herrscht über alles und in allem« (1 Kor 15,28). Gott hat die Welt geschaffen, sie ist gut. Sie darf nicht seinen Händen entgleiten und in Chaos und Tod versinken. Gottes Werk geht nicht verloren.

Nun ist gewiß unser Verhalten weithin beeinflußt von den sozialen und wirtschaftlichen Strukturen, unter denen wir leben. Sie müssen vermenschlicht werden, so daß alle Menschen menschlich leben können; das sind dringende Aufgaben. Aber wir sollen uns nicht der Illusion hingeben, daß die Welt durch einen bloßen Wandel politischer oder wirtschaftlicher Verhältnisse erneuert wird. Das eben ist die christliche Botschaft, daß zuerst unser Herz neu werden muß.

Neu geboren

Diese Neuheit kommt von Gott. Sie ist Reich Gottes. Nur Gott, der Schöpfer, kann sagen: »Seht, ich mache alles neu« (Offb 21,5). Das ist nicht so leicht zu verstehen, denn in unserem technischen Zeitalter haben wir gelernt, die Dinge selbst anzupacken und unsere Probleme mit den uns gegebenen Mitteln anzugehen. Wir warten nicht auf Lösungen, die vom Himmel fallen.

Aber um unsere Probleme richtig zu lösen, brauchen wir ein neues Herz. Wir müssen neu geboren sein. Johannnes schreibt am Eingang zu seinem Evangelium:»Allen aber, die ihn aufnahmen, gab er Macht, Kinder Gottes zu werden, allen, die an seinen Namen glauben... die aus Gott geboren sind« (Joh 1,12f). Wir brauchen neues Leben mit neuen Augen, neuem Verstehen. Jesus sagt zu Nikodemus: »Wenn jemand nicht von neuem geboren wird, kann er das Reich Gottes nicht sehen« (Joh 3,3).

Nach den Synoptikern (Matthäus, Markus, Lukas) sagt Jesus das gleiche in einfacherer Sprache. Er sieht bei Kindern die Schlichtheit, die wir brauchen, um die Botschaft von Gottes Liebe zu verstehen und anzunehmen: »Wer das Reich Gottes nicht so annimmt wie ein Kind, der wird nicht hineinkommen« (Mk 10,15). Kinder haben noch nicht gelernt, ihre Beziehungen zu anderen zu berechnen, wie Erwachsene es zu tun pflegen: Alles hat seinen Preis, jede Gunst muß bezahlt werden. Kinder leben von Geschenken und von Liebe. So ist es im Gottesreich: Wir können es nicht verdienen, wir können nur unser Herz für sein Kommen, für Gottes Geschenk öffnen. Vor Gott müssen wir Kinder werden.

Das ist nicht leicht; es erfordert eine radikale Hingabe an Gott, die erwachsenen, erfolgreichen oder auch vom Leben geschundenen Menschen schwerfällt. Für Paulus war es der große Durchbruch in seiner »Bekehrung«, als er plötzlich erkannte, daß seine Gerechtigkeit nicht im Halten des Gesetzes und in der Treue zu den Traditionen bestand, sondern allein in der Begegnung mit Jesus Christus: »Nicht meine eigene Gerechtigkeit suche ich, die aus dem Gesetz hervorgeht, sondern jene, die durch den Glauben an Christus kommt, die Gerechtigkeit, die Gott aufgrund des Glaubens schenkt« (Phil 3,9). Sie ist Gottes freie Liebesgabe, sie muß mit offenem Herzen angenommen werden.

Die Erneuerung unseres Lebens beginnt also nicht mit einem neuen Plan für die Zukunft, sondern mit der tiefen Wahrnehmung von Gottes Macht und Liebe, die in meinem Herzen wirksam sind. Ich lasse Gott von mir Besitz ergreifen, von meinem Denken und Planen, von meinem ganzen Selbst. Das ist der Sinn dieser »Geistlichen Übungen«.

Meine Aufgabe

Dieses Vertrauen auf Gott, die Hingabe an ihn, nimmt nichts von meiner persönlichen Verantwortung weg. Gott hat uns Menschen seine Schöpfung anvertraut als unsere Welt und unsere Aufgabe. Das ist die Würde des Menschen.
Die Aufgabe wächst aus dem eigenen Herzen. Wir suchen gern Ausflüchte: Wir wollen den Nächsten ändern; wir machen Reformpläne und stürzen uns in die Arbeit – all das mag nötig sein, aber es ist sicher nicht der Anfang. Jede Erneuerung beginnt bei mir: Im Ernst meiner Hingabe an Gott, in meinen vielen Beziehungen zu andern, in meiner beruflichen Arbeit.

Das Sakrament des neuen Herzens

Bei der Erneuerung christlichen Lebens spielen die Sakramente eine wichtige Rolle, vor allem das Sakrament der Versöhnung, der heilenden Liebe Gottes. Weithin waren sowohl Spendung wie Empfang dieses Sakramentes zu mechanisch, gewohnheitsmäßig geworden, ohne tieferen Einfluß auf die Einzelnen und auf die Gemeinden. Der Rückgang in der Häufigkeit des Empfangs hat viele schockiert. Im Konzil und in den darauffolgenden Jahrzehnten waren ein erneuertes Verständnis und eine sinnvolle pastorale Praxis dieses Sakramentes ein dringendes Anliegen der Kirche. Aber die Versuche der Wiederbelebung waren weithin erfolglos.
Eine theologische oder pastorale Analyse dieser Probleme ist hier nicht am Platz. Aber wir haben gesehen,

wie die Erneuerung des Herzens gleichzeitig die freie Gabe Gottes und unsere eigene Antwort ist. Das ist auch der Sinn dieses Sakramentes. Es ist die Begegnung Gottes, seiner heilenden, lebenspendenden Liebe mit uns sündigen Menschen, die immer wieder umkehren müssen. Das Bußsakrament ist das Sakrament des neuen Herzens. Diese Erwägungen mögen zu einer sinnvollen Feier des Sakramentes in diesen Exerzitien und in unserem ganzen christlichen Leben behilflich sein.

Jesus ist nicht nur Verkünder der erbarmenden Liebe Gottes; in ihm ist diese Liebe wirklich und wirksam geworden. Er nimmt die Sünde der Welt hinweg. Diese Sendung geht in der Kirche weiter, denn »Gott hat uns durch Christus mit sich versöhnt und uns den Dienst der Versöhnung anvertraut« (2 Kor 5,18). Die Evangelien schließen mit der Sendung der Apostel, damit sie das Heil verkünden (Mk 16,16), Jünger sammeln und sie taufen (Mt 28,19). Am ausdrücklichsten spricht das Johannesevangelium: »Empfangt den Heiligen Geist! Wem ihr die Sünden vergebt, dem sind sie vergeben. Wem ihr die Vergebung verweigert, dem ist sie verweigert« (Joh 20,22f). Es ist Jesu Ostergeschenk an die Kirche. In der sakramentalen Feier verkündet die Kirche nicht nur Vergebung, sie versöhnt, schenkt Leben im Geist Gottes. Gottes Liebe und Frieden fließen durch die Gemeinschaft der Gläubigen.

Das also ist der Sinn der sakramentalen Lossprechung: Gottes Geist mit seiner heilenden und belebenden Kraft strömt in unser Herz; wiederum sind wir in die volle Gemeinschaft der Gläubigen hineingenommen, so wie der Sohn in der Parabel Jesu, der ins Vaterhaus zurückkehrt: Es ist die Überraschung seines Lebens, wie er den Vater auf sich zukommen sieht und von ihm umarmt wird, wie sie ein Festgewand bringen und einen Ring an seinen Finger stecken, so daß jeder sehen kann, daß er der Sohn geblieben ist, und wie sie anfangen, vor

Freude zu singen und zu tanzen (Lk 15, 11–32). Das soll jeder erfahren, der sich erneut Gott zuwendet; das meint das Sakrament der Versöhnung und Heilung.
Diese heilende Liebe Gottes muß aber auf ein offenes, bereites Herz treffen, auf ein bußfertiges Herz. Das Wort »Buße« ist oft mißgedeutet worden, als ob Gott den Sünder strafen wollte und Sühnetaten forderte. Wir müssen uns endgültig freimachen von einem Bild Gottes, der sich am Schmerz seiner Kinder freut. Nein, es ist anders: Gott achtet unsere Freiheit, unsere Würde. Wir selber müssen eine Entscheidung treffen und die Riegel unserer selbstsüchtigen Isolierung aufbrechen. Das tut weh. Wir müssen liebgewordene Gewohnheiten aufgeben und Gefühle, die sich tief in unserem Herzen eingenistet haben, wie Neid, Haß, Bitterkeit, ernstlich ablehnen. Das ist ein schwerer Kampf, in dem uns Gottes Geist Kraft gibt und in dem wir von der ganzen Gemeinschaft der Gläubigen, vom Gebet der Kirche getragen werden. Das also will Gott: uns mit seiner Gnade herausführen aus der Dunkelheit. Wir müssen die Mühe der Umkehr, den Ernst eines neuen Anfangs auf uns nehmen.
In der Praxis der frühen Kirche waren die Anstrengungen von seiten des Sünders das Hauptanliegen. Durch Gebet und Fasten sollte er den Ernst seiner Umkehr sichtbar machen. Heute ist kaum etwas von der alten Strenge erhalten geblieben. Aber die Leichtigkeit, mit der ein Sünder heute die Lossprechung erhalten kann, soll ihn nicht über den Ernst seiner Entscheidung und über die Notwendigkeit eines schmerzlichen Neuanfangs hinwegtäuschen. Die tatsächliche Frucht eines Sakramentes entspricht der inneren Disposition, der Bereitschaft, Gottes Liebe und Gnade aufzunehmen.
Im Mittelalter haben sich die Akzente verschoben: Das Sündenbekenntnis wurde Kernstück des Sakramentes, der Ausdruck wahrer Umkehr. Warum müssen wir

Sünden bekennen? In der Sünde identifizieren wir uns mit dem Bösen, machen es uns zu eigen; es wird ein Stück meiner Persönlichkeit. Wir müssen uns von dieser Bindung lösen, uns bewußt vom Bösen distanzieren in neuer Freiheit für Gott. Das tun wir im Bekenntnis der Sünden.

Was wir sind, alles, was wir tun, was wir unterlassen, alles Gute und Böse, auch das geheimste und verhüllteste Versagen, hat seinen Einfluß auf unsere Umgebung. Wie anders wäre unsere Welt, wenn wir uns der intimen, unsichtbaren Bande bewußt wären, die uns mit den Mitmenschen verbinden! Wenn wir sündigen und das tödliche Gift der Zerstörung in unser Herz einlassen, auch in kleinen Dosen, wird die Lebenskraft, die uns alle trägt, geschwächt und gelähmt. Deshalb bekennen wir unsere Sünden nicht nur Gott, sondern auch unseren Schwestern und Brüdern, an denen wir sündig geworden sind.

Das II. Vatikanische Konzil hat die Verbundenheit aller Menschen, die Notwendigkeit von Solidarität und Verantwortung neu erkannt. Wir alle bilden eine große Familie. Christliches Leben ist Leben in Gemeinschaft, und christliche Ethik kann nicht mehr auf die individuelle Sphäre beschränkt bleiben (vgl. GS, 30). So sieht das Konzil das Bußsakrament als Versöhnung mit Gott und mit der Gemeinde (vgl. LG, 11).

Im Bußsakrament bekennen wir unsere Sünden vor dem Priester; in seinem Wort der Lossprechung wird Gottes versöhnende und heilende Liebe wirksam. Das ist das Wesen der Sakramente, und die Erfahrung bestätigt ihren Sinn: Unsere Begegnung mit Gott, die sich in der stillen Tiefe unseres Herzens ereignet, muß auch in unserer greifbaren Erfahrenswelt Gestalt gewinnen. Die Entfremdung des Sünders von Gott und von der Kirche wird aufgehoben.

In einer sinnvollen Feier dieses Sakramentes der Versöh-

nung wird deshalb die persönliche Begegnung mit Gott in Jesus Christus das Hauptanliegen sein. Heute werden neue Wege versucht, die auch in den Exerzitien hilfreich sein können: Das Bekenntnis besteht nicht in einer bloßen Aufzählung von Fehlern, sondern es schließt das Lob Gottes mit ein, den Dank für die Gnade und Führung, mit der er unser Leben begleitet. Die konkreten Situationen, in denen wir uns befinden, die Probleme, denen wir gegenüberstehen, Erfolge, Fehlschläge und Versagen, all das hat seinen Platz in diesem Bekenntnis. Es führt zum Gebet der Hingabe mit der Bitte um neue Gnade und Führung, um die heilende Liebe und die schöpferische Macht Gottes, die unser Leben erneuern kann. Das Gebet des Priesters um Licht und Frieden schließt mit den Worten der Versöhnung und Heilung im Namen Jesu.
So führt die Erste Woche der »Geistlichen Übungen« zum neuen Leben in Jesus Christus. In ihm sollen wir den Reichtum und die Kraft des neuen Lebens finden. Das wird das Thema der Zweiten Woche sein.

ZUR BETRACHTUNG

Ich werde einen neuen Bund schließen
(Jer 31,31–34; Ez 36,22–36)

Diese Texte erschließen sich dem meditativen Lesen. Sie wenden sich an Israel in seiner Not; sie enthalten die Verheißung des Heils.

Jer 31,31–34: Der neue Bund

- »Ich werde einen neuen Bund mit dem Haus Israel und dem Haus Juda schließen«: Nie kündigt Gott den Bund mit seinem Volk. Trotz meines Versagens nimmt er auch in meinem Leben nie die Einladung und Berufung zurück, mit der er mich an sich gezogen hat.
- »Ich lege mein Gesetz in sie hinein und schreibe es auf ihr Herz«: Gesetze, die uns von außen oder von oben auferlegt werden, bedrücken uns; das Gesetz der Liebe, das uns ins Herz geschrieben ist, befreit.
- »Ich werde ihr Gott sein, und sie werden mein Volk sein«: Der neue ewige Bund hat keine nationalen Grenzen; alle Menschen sind zur Vollendung in Gottes Herrlichkeit berufen (vgl. Offb 21,3).
- »Alle, klein und groß, werden mich erkennen... Denn ich verzeihe ihnen die Schuld, an ihre Sünde denke ich nicht mehr«: Das ist die neue Gemeinschaft Gottes mit seinem Volk, die erlöste Welt.

Ez 36,22–36: Israels neues Leben

- »Die Völker werden erkennen, daß ich der Herr bin, wenn ich mich an euch vor ihren Augen als heilig erweise«: Gott gibt Israel – den Seinen – neues Leben gerade in der Verbannung; sie finden erneut die Quelle ihrer Kraft; sie werden zum Licht vor den andern (vgl. Mt 5,16).
- »Ich reinige euch von aller Unreinheit«: Gott wird nicht nur verzeihen, sondern reinigen, neu schaffen.
- »Ich schenke euch ein neues Herz und lege einen neuen Geist in euch«: Die Neuheit kommt nicht von äußeren Gesetzen, sondern von Gott allein, der die Herzen neu schafft.
- »Dann werdet ihr in dem Land wohnen, das ich eu-

ren Vätern gab«: »Land« bedeutet für Israel nicht bloß einen Wohnort, sondern das Bewußtsein, in Gottes sorgender Liebe daheim zu sein.

Neues Leben in Jesus Christus (Eph 4,23–5,2)

In diesem Text des Epheserbriefes ist christliche Lebensführung umrissen.

– »Erneuert euren Geist und Sinn! Zieht den neuen Menschen an!«: Neues Leben wächst von innen, aus dem Geist Jesu.
– »Legt die Lüge ab, und redet untereinander die Wahrheit; denn wir sind als Glieder miteinander verbunden«: Gottes Herrschaft ist Gemeinschaft in Wahrheit und Liebe.
– »Laßt euch durch den Zorn nicht zur Sünde hinreißen. Die Sonne soll über eurem Zorn nicht untergehen«: Zorn ist notwendig, die spontane Reaktion gegen das Böse. Auch Jesus war zornig. Aber Zorn ist auch Quelle von viel Unrecht und Unfrieden. Er soll nie herrschen, sondern beherrscht werden.
– »Der Dieb soll nicht mehr stehlen, sondern arbeiten und sich mit seinen Händen etwas verdienen, damit er den Notleidenden davon geben kann«: Neues Leben ist Geben, Mitteilen, anstatt Nehmen.
– »Über eure Lippen komme kein böses Wort, sondern nur ein gutes, das den, der es braucht, stärkt«: In der Sprache offenbart sich das Herz; Jesu Geist baut auf, schafft Gemeinschaft.
– »Ahmt Gott nach als seine geliebten Kinder, und liebt einander, weil auch Christus uns geliebt und sich für uns hingegeben hat als Gabe und als Opfer, das Gott gefällt«: So wird die neue Welt aus dem Opfer, aus dem Geist Jesu wachsen.

Weitere Texte

Jes 49,14–16: Gottes Sorge um die Seinen.
Ez 37,1–14: die Vision der toten Gebeine, die zu neuem Leben kommen.
Lk 7,36–47: die Sünderin, die von Jesus aufgenommen wird.
Lk 15: die drei Gleichnisse von der Freude Gottes über das Verlorene.
Röm 6,5–11: tot für die Sünde, lebend für Gott.
Offb 22,1–5 (vgl. Ez 47,1–12): der lebendige Strom, der die Völker heilt.

FRAGEN

- Habe ich beim Einblick in mein Leben gefunden, wo ein neuer, entschiedener Anfang notwendig ist?
- Wo brauche ich die versöhnende, heilende Liebe Gottes?
- Sehe ich voraus, wie ich mich in Zukunft immer wieder erneuern kann?

ZUR ERWÄGUNG

»Jesus ist nicht gekommen, um unser böses Herz auszureißen und uns zu Menschen ohne Herz zu machen, sondern uns ein neues Herz zu schenken, fähig, dem seinigen gleich zu werden.«

Madeleine Delbrêl

(Frei für Gott, Johannes Verlag, Einsiedeln, Seite 92)

II. Teil: AUF DEM WEG

1. Jesus

»Mir ist von meinem Vater alles übergeben worden« (Mt 11,27).

Die Betrachtung über die Königsherrschaft Christi steht in den »Geistlichen Übungen« zwischen der Ersten und Zweiten Woche (Nr. 91–100). Gott will, daß unsere gebrochene Welt durch Jesus Christus, seinen Sohn, geheilt und erneuert werde. Sie soll Reich Gottes, neue Schöpfung sein. Noch mehr: Jesus ist nicht bloß Erlöser einer kranken Welt. In ihm hat Gott uns gezeigt, was wir wirklich sind, was wir sein sollen. In ihm hat er uns nicht nur seine erlösende Liebe geoffenbart, sondern auch den Sinn unseres eigenen Lebens mit all seiner Dunkelheit, mit unserem Suchen, Kämpfen, Sterben, mit unserem letzten Ziel in seiner Herrlichkeit: »In dieser Endzeit hat er zu uns gesprochen durch den Sohn.« In ihm sehen wir den Sinn aller Schöpfung, denn »ihn, durch den er die Welt erschaffen hat, hat er zum Erben des Alls eingesetzt« (Hebr 1,2).

Jesus persönlich begegnen

Christentum ist nicht ein Lehrsystem; es ist in der Person Jesu Christi enthalten, denn »in ihm ist Gottes Offenbarung abgeschlossen, vollendet und mit göttlichem

Siegel bestätigt worden. Sie besteht in seiner Gegenwart unter uns und in seiner Selbstoffenbarung in Worten und Werken, vor allem in seinem Tod und in der herrlichen Auferstehung von den Toten, und endlich in der Sendung des Geistes der Wahrheit« (DV, 4).

Die Betrachtungen in den folgenden Wochen der »Geistlichen Übungen« sollen uns zu Jesus Christus hinführen, zu seiner Botschaft, zu ihm selber. Dazu brauchen wir eine feste Grundlage geschichtlicher Kenntnis der biblischen Texte. Die sollte aber nicht während der Exerzitien erarbeitet werden, sondern vorher und unabhängig von ihnen. In den »Geistlichen Übungen« geht es um die Begegnung mit der Person Jesu, der »der Weg, die Wahrheit und das Leben« ist (Joh 14,6). Diese persönliche Begegnung befaßt sich nicht mit der Vergangenheit, sondern soll in der Tiefe des Herzens stattfinden, in der konkreten Lebenssituation und in der Welt, in der wir leben. Sie soll die umwandelnde Inspiration und Kraft unseres Lebens werden.

Das größte Hindernis, Jesus persönlich zu begegnen, besteht wohl in unserer allzu großen Vertrautheit mit ihm. Wir glauben, ihn zu kennen, denn die meisten von uns haben schon als Kinder gelernt, an ihn zu glauben; die Geschichten des Evangeliums haben wir hundertmal gelesen und gehört. Wir haben auch gelernt, was die alten Konzilien von ihm sagen, daß er wahrer Gott und wahrer Mensch ist. Und wie viele Bilder und Statuen von ihm haben wir gesehen! Sicher ist Jesus (zusammen mit Maria) die vertrauteste Figur in unserem geistlichen Haushalt. So kommt es, daß wir ihm nie persönlich begegnen – viele sind noch nie vor ihm erschrocken.

Anders war es bei den ersten Jüngern. Manchmal möchten wir sie wohl beneiden, daß sie bei ihm sein durften, an den Ufern des Sees; sie durften zuhören, wenn er zu

den Leuten redete. Vielleicht stellen wir uns vor, daß es für sie leicht gewesen sein muß, an ihn zu glauben. Das ist aber sicher nicht wahr. Ich versuche, ihre Erfahrung nachzuerleben: Sie sahen, wie Jesus die Menschen mit großer Macht an sich zog. Niemand hat so wie er von Gott gesprochen, mit so unbeirrter – fast möchte man sagen: naiver – Sicherheit, daß unser aller Leben in seiner Sorge geborgen ist. Sie waren Zeugen seiner nie erlahmenden Liebe zu den Menschen, zu allen, auch jenen, die keine Hoffnung mehr hatten. Wie vertrauensvoll konnte er von der neuen Gemeinschaft reden, in der alle in der Liebe Gottes miteinander verbunden sind als Schwestern und Brüder! Er hatte unbegreifliche Kräfte, Leib, Geist und Herz zu heilen. Wenn er kam, vergaßen die Leute ihre täglichen Sorgen; aus vielen Dörfern strömten sie zusammen, sie folgten ihm in öde Gegenden, sie vergaßen, daß sie nichts zu essen bei sich hatten. Wahrhaft, »er war mit dem Heiligen Geist gesalbt und mit Kraft, er zog umher und tat Gutes und heilte alle, die in der Gewalt des Teufels waren; denn Gott war mit ihm« (Apg 10,38). Was er sagte, war einfach, kam aus der Tiefe seines Herzens und hatte den unverkennbaren Klang der Wahrhaftigkeit, die keine Beweise braucht. Sie begannen zu sehen, was wahres Leben ist – was wir alle sein möchten.
Aber die führenden Kreise der Juden wandten sich gegen Jesus; sie fühlten sich von ihm bedroht. Die Politiker wurden wegen der Massenbewegung im Volk nervös: Das mußte doch eine politische Wende nehmen, und dann werden die Römer einschreiten. Auch die Theologen, die Schriftkundigen, waren verärgert: Woher hatte denn dieser Mann das Recht, über Gesetz und Tradition zu reden? Niemals zitierte er Fachleute, die Rabbinen, die doch die Thora kannten und deren Autorität man allgemein hoch achtete. Nur in seiner eigenen Autorität redete er, ohne die Spur eines Beweises. Es

fehlte ihm doch jede akademische Vorbereitung und amtliche Beglaubigung.
Auch die frommen Leute waren tief beunruhigt: Das waren doch sehr gefährliche Tendenzen. Jeder Jude wußte, daß die gewissenhafte Beobachtung des Sabbat ein Kriterium für die Gesetzestreue war. Jesus hatte sehr liberale Auffassungen vom Sabbat, und er ließ es sogar zu offenen Konflikten kommen, wenn er beim Sabbat-Gottesdienst in der Synagoge Kranke heilte, als ob er Herr über das Gesetz wäre. Auch über die Gesetze der rituellen Reinheit von Nahrungsmitteln und Gefäßen redete er leichtfertig. Es kam ihm bloß auf die Reinheit des Herzens an. Sein Verhalten war anstößig: Er nahm öffentliche Sünder auf und ließ sich von der anrüchigen Gesellschaft der Steuerbeamten zu Tisch laden. Einmal sagte er sogar, daß im Himmel größere Freude ist über einen bekehrten Sünder als über viele gesetzestreue Juden, die es nicht nötig haben, umzukehren (Lk 15,7). Jesu Verständnis von Gott als absoluter Liebe und von der menschlichen Familie als Gemeinschaft von Schwestern und Brüdern paßte nicht in das Denken seiner Zeitgenossen. Sie empfanden es als Bedrohung ihrer privilegierten Positionen.
Kann ein einzelner Mann gegen die Traditionen seines Volkes stehen, die man heilig hielt, gegen alle andern, die Politiker, die Hierarchie, gegen die anerkannten Reformgruppen, die Pharisäer, die sich für die Erneuerung des religiösen Eifers einsetzten? Bald war klar, daß Jesus sich isolierte; eine kleine Gruppe von Anhängern folgte ihm noch, fasziniert von seiner Persönlichkeit. Als aber seine Niederlage offensichtlich wurde, liefen auch sie davon. Als er am Kreuz hing, brach noch einmal die entscheidende Frage seines Lebens auf: Wenn er wirklich der Messias war, konnte Gott ihn doch nicht fallen lassen: »Der Messias, der König von Israel! Er soll doch jetzt vom Kreuz herabsteigen, damit wir sehen und

glauben« (Mk 15,32). Aber nichts geschah, es wurde immer dunkler. Am Ende bekannte er selbst mit den Worten von Psalm 22: »Mein Gott, mein Gott, warum hast du mich verlassen?« (Mk 15,34).

Es war nicht so leicht, Jesus in seinem irdischen Leben zu folgen und ihm treu zu bleiben. Wäre ich wohl der einzige Jünger gewesen, der Jünger, den Jesus liebte, der (nach dem Bericht des Johannes) mit Maria unter dem Kreuz stand? Wirklich, es ist fast unmöglich, allein gegen die Welt zu stehen, gegen politische Macht, gegen alle Autorität, gegen die öffentliche Meinung, und an Jesus zu glauben, den Sohn Gottes, mit keinem anderen Beweis als seinem Wort, seiner Person.

Heute ist es doch für viele in der westlichen Welt viel leichter, an Jesus zu glauben, weil wir immer noch von einer breiten Gemeinschaft von Glaubenden getragen werden, aber wohl auch, weil wir ihm nicht unmittelbar begegnen, sondern den Geschichten über ihn und den Lehrsätzen, in denen die Kirche sein Geheimnis zu fassen und zu verkünden sucht. Auch heute ist es schwer für uns, wenn wir uns dem ganzen Ernst seiner Botschaft stellen.

Denn Jesus verkündet Gottes Herrschaft, er beginnt sie zu verwirklichen. Jesus bietet eine Alternative an, die einzige Alternative zu unserer Gesellschaft, so wie Gott die Welt will, wie wir unser Leben sehen und leben sollen, persönlich und in Gemeinschaft. Sind wir bereit, Jesus anzunehmen?

Studium allein ist nicht ausreichend, um Jesus zu finden. Es würde uns in eine Welt der Begriffe einspinnen und uns vor der Wahrheit isolieren, uns vor ihrer Härte schützen. Mit unseren Begriffen können wir die gefährlichsten Dinge anfassen – Leben und Tod, Himmel und Hölle –, ohne sonderlich betroffen zu sein, so etwa, wie wir den tödlichen elektrischen Strom isolieren, so daß wir ohne Gefahr mit ihm hantieren können. Wir haben es längst gelernt, uns in gesicherter Distanz zu halten, wenn wir die Evangelien lesen oder wenn wir Theologie betreiben. So können wir von Jesus sprechen, als ob wir ihn genau kennen würden, ohne besondere Gefahr, weil wir ihm nur in der geschützten Sphäre der Liturgie und Lehre begegnet sind. Wir möchten ihm aber persönlich begegnen – das ist der Sinn der folgenden Wochen der »Geistlichen Übungen«: Jesus selbst finden, ohne Schutz, bereit, seine Macht und Liebe in uns einströmen zu lassen, so daß er uns umformt.

Die Betrachtungen dieses Tages

In den »Geistlichen Übungen« bleibt das Ziel der Betrachtungen immer das gleiche. Ignatius faßt es im Eingangsgebet, das am Anfang aller Betrachtungen stehen soll, so zusammen, »daß alle meine Absichten und Tätigkeiten rein auf den Preis und Dienst der göttlichen Majestät hingeordnet seien« (Nr. 46).
In den Betrachtungen über das Leben Jesu wird dieses Gebet konkreter, denn Preis und Dienst Gottes bestehen in unserer Gemeinschaft mit Jesus Christus. So bitten wir in diesen Betrachtungen »um eine tiefere Erkenntnis unseres Herrn, der für mich Mensch wurde, auf daß ich ihn mehr liebe und ihm treuer nachfolge« (Nr. 104). Erkenntnis, Liebe und Dienst sind die drei Kennworte der Gemeinschaft mit Jesus. In der Bibel bedeutet Erkenntnis mehr als intellektuelles Verstehen; sie ist persönliche Begegnung in wachsender Nähe und führt zur Liebe. Und Liebe besteht nicht nur in Worten, sondern wird fruchtbar im Dienst.
Die Betrachtungen dieses Tages haben Jesu Sendung in Gottes Heilsplan zum Thema und zielen darauf ab, uns zu einer vorbehaltlosen Hingabe an ihn zu führen. Ignatius benutzt die Parabel eines von Gott erwählten irdi-

schen Königs, der die Seinen zum Kreuzzug gegen die Ungläubigen aufruft. Er wendet dieses Gleichnis auf Jesus an, der vom Vater gesandt ist, die Mächte der Finsternis und Sünde in unserer Welt zu besiegen, und der seine Jünger einlädt, mit ihm diesen Kampf aufzunehmen (Nr. 91–100). Diese Parabel gehört in die Welt feudaler Herrscher, die uns fremd geworden ist. Für uns scheint es angemessener, auf biblischer Grundlage zu bleiben und in einer umfassenden Schau auf Jesus, seine Person und Sendung, hinzublicken, so wie er uns in den Evangelien begegnet.

Die erste Begegnung mit Jesus (Joh 1,29–31)

Das Johannesevangelium beschreibt die erste Begegnung des Täufers mit Jesus. Es ist der Tag der Erfüllung, denn das ganze Werk des Täufers bestand in der Bereitung des Volkes für das kommende Heil. Es ist zugleich die Stunde seiner Selbsthingabe. Am Tag darauf weist er seine Jünger auf Jesus hin, und zwei von ihnen folgen ihm. »Er muß wachsen, ich aber muß kleiner werden« (Joh 3,30).
So ist auch meine Begegnung mit Jesus an diesem Tag. Es soll eine erste wirkliche Begegnung sein, die Einladung zur völligen Übergabe meines Lebens an ihn und durch ihn an Gott den Vater.

Jesus und die neue Schöpfung

Johannes weist auf Jesus: »Seht, das Lamm Gottes, das die Sünde der Welt hinwegnimmt« (Joh 1,29). Die Gebrochenheit der Welt wird geheilt, Jesus ist der Beginn der neuen Schöpfung.
Bei den Synoptikern ist dieser Neubeginn in der Ver-

kündigung Jesu enthalten. Markus faßt sie in vier knappen Zeilen zusammen (Mk 1,15): *»Die Zeit ist erfüllt«:* Jesu Verkündigung ist die Stunde der Erfüllung und der Entscheidung. Die Zeit suchenden Wartens ist vorbei. *»Gottes Reich ist nahe«:* Reich Gottes ist das Wort, mit dem Juden zur Zeit Jesu von der neuen Zeit sprachen. Jahwe hatte Israel zu seinem Volk gemacht: »Ihr sollt mir als ein Reich von Priestern und als ein heiliges Volk gehören« (Ex 19,6). Das war nur ein Anfang, der auf seine Verwirklichung wartete. Die Propheten sahen das Gottesreich als eine neue Welt der Gerechtigkeit und des Friedens; sie benutzten das Symbol der heiligen Stadt, wo Gott »versammeln will, was hinkt, und zusammenführen, was versprengt ist, ... und die Schwachen wird er zu einem mächtigen Volk machen; der Herr wird ihr König sein auf dem Berg Zion von da an, auf ewig« (Mi 4,6f).

Von diesem Reich sagt Jesus, daß es nahe, am Kommen ist. Es ist noch nicht in seiner Vollendung offenbar, aber es ist schon da. Es ist nicht ein Traumland, sondern ereignet sich unter uns, in Familien, in Städten und Dörfern, in unseren Lebenssituationen, in jedem Menschenherzen. Es muß wachsen in unserem Zusammensein von Mensch zu Mensch, es muß unsere Kultur, Politik, Wirtschaft erneuern.

Weil Gottes Reich sich durch uns ereignen muß, war bei den Propheten die Heilsverheißung immer wieder mit der Mahnung zur Buße verbunden. Nie durfte Hoffnung zu einem beruhigenden Traum einer besseren Zukunft werden. So fanden Propheten harte Worte gegen Ungerechtigkeit und Ausbeutung (z.B. Hos 2,6–8). Sie kämpften auch gegen die Illusion, daß man Gottes Gunst durch Feste und Opfer im Tempel verdienen könne (z.B. Jes 1,12–17). All das sind Ausflüchte. Der Täufer steht mit seiner Predigt ganz in dieser Tradition. Auch er sagt dem Volk, daß es falsch ist, die

Schuld am Niedergang Israels äußeren Feinden zuzuschreiben. Das erwählte Volk selbst muß erneuert werden. Zum Zeichen der Umkehr ruft er sie zur Bußtaufe: »Die Axt ist an die Wurzel der Bäume gelegt« (Mt 3,10).
»Kehrt um«: Auch Jesus ruft zur Umkehr. Aber seine Mahnung hat einen anderen Klang. Er droht nicht mit dem kommenden Gericht, sondern spricht von der neuen Welt. Sie bricht nicht mit sensationellen Wundern an, wie viele Juden erwarteten, sondern wird in den Herzen der Menschen geboren. Diese Herzen sollen bereit sein. Denn die Gottesherrschaft kommt nicht mit Gewalt, sie zwingt sich niemandem auf, sondern sie ist die Offenbarung der Liebe Gottes und seiner Freiheit. Unsere Herzen müssen bereit sein, diese Botschaft glaubend aufzunehmen: *»Glaubt an das Evangelium.«*

Jesus, der Lehrer

Die frohe Botschaft soll sich in allen Sphären des persönlichen Lebens und der Gesellschaft auswirken. So ist Jesus nicht nur Prophet, sondern auch Lehrer. In seiner Darstellung des Wirkens Jesu stellt Markus die Szene in der Synagoge von Kafarnaum an den Anfang: »Am folgenden Sabbat ging er in die Synagoge und lehrte« (Mk 1,21). Markus bezeugt den außerordentlichen Eindruck auf die Leute: »Die Menschen waren sehr betroffen von seiner Lehre, denn er lehrte sie wie einer, der Vollmacht hat, nicht wie die Schriftgelehrten« (Mk 1,22). Nun hatten auch die Schriftgelehrten zur Zeit Jesu Autorität, eben die Kompetenz von Fachleuten, die ihre Bücher kannten und sich in den Komplikationen des Gesetzes zurechtfanden. Jesu Vollmacht ist anders. Nie hat er sich in seiner Lehre auf eine andere Autorität gestützt als auf die Gottes. Selbst wenn er die Schrift zitiert, tut er es mit souveräner Freiheit: »Den Alten wurde gesagt,

... ich aber sage euch« (Mt 5,21–46). Er spricht aus dem Bewußtsein: »Was wir wissen, davon reden wir, und was wir gesehen haben, das bezeugen wir« (Joh 3,11). Jedes Wort Jesu hat den Klang der Wahrheit: seine einfache Lehre, seine Gespräche,die Streitreden, die Parabeln. In all dem kommt Gottes Wort zu uns.

Jesus, der Meister

Jesus hat nicht Schüler, sondern Jünger. Schüler können wie Käufer sein, die sich ihre Ware aussuchen, sie mitnehmen und für ihre eigenen Zwecke gebrauchen. Jünger sind mit ihrem Meister verbunden, lassen sich von ihm formen, umformen. Jesus gibt ihnen ein neues Leben, eine neue Aufgabe, die völlig außerhalb ihrer eigenen Reichweite zu liegen schien. Sie waren einfache Leute, ohne besondere Erziehung, und ihr Fischerhandwerk bot ihnen keine Zukunftschancen über ihren Beruf hinaus. Durch ihre Berufung in die Nachfolge Jesu werden sie in eine neue Welt versetzt: »Ich werde euch zu Menschenfischern machen« (Mk 1,17).
Jeder, der mit Jesus in Berührung kommt, findet eine neue Identität; ein neuer Horizont öffnet sich für sein Leben und Arbeiten. Jesus lädt uns ein, an seiner Sendung teilzunehmen.

Jesus, der Freund

Noch mehr: Jesus nennt seine Jünger Freunde. So deutet das Evangelium des Johannes das Zusammensein der Jünger mit Jesus: »Ihr seid meine Freunde, wenn ihr tut, was ich euch auftrage« (Joh 15,14).
Freundschaft bedeutet Vertrauen. Ein Angestellter führt Aufträge aus, aber er ist nicht in die Pläne und Absich-

ten seines Meisters eingeweiht. Jesus hat kein Geheimnis vor den Seinen. Seine Botschaft, sein ganzes Lebenswerk, teilt er ihnen mit, legt er in ihre Hände: »Ich nenne euch nicht mehr Knechte; denn der Knecht weiß nicht, was sein Herr tut. Vielmehr habe ich euch Freunde genannt, denn ich habe euch alles mitgeteilt, was ich von meinem Vater gehört habe« (Joh 15, 15).
Jesus ist sich bewußt, daß Vertrauen ein Risiko bedeutet. Einer seiner Jünger wird sein Verräter. Jesus muß erfahren, wie langsam sie sind, bis sie etwas verstehen. Kann man sich auf sie verlassen? Immer wieder kommt der persönliche Ehrgeiz zum Durchbruch, dumme Streitigkeiten... Und doch vertraut er ihnen. Dieses Vertrauen dauert fort durch die Jahrhunderte der Kirche, solange Jesus Boten seines Wortes braucht. Es ist das unglaubliche Risiko Gottes, sein Wort und Heilswerk uns Menschen zu übergeben.
Vielleicht kommt uns der Gedanke, es wäre sicherer gewesen, seine Botschaft einem Buch anzuvertrauen – so hat es Mohammed getan. Aber das eben ist Gottesreich, daß Gottes Liebe von Frauen und Männern verkündet und verwirklicht werden muß, von Jesu Jüngern, die seine Freunde sind.

Jesus betet

Jesus kann dieses Risiko auf sich nehmen, weil seine Sendung in Gottes Macht geborgen ist. Vor der Wahl der Apostel brachte Jesus die Nacht im Gebet zu (Lk 6, 12). Johannes deutet uns Jesu Gebet für die Seinen am Ende seines Lebens: »Sie gehören dir, und du hast sie mir gegeben, und sie haben an deinem Wort festgehalten... Sie sind zum Glauben gekommen, daß du mich gesandt hast. Für sie bitte ich... Bewahre sie in deinem Namen, den du mir gegeben hast, damit sie eins seien wie wir ... Ich heilige mich für sie, damit auch sie in der Wahrheit geheiligt sind« (Joh 17,6–18). Jesu innerstes Anliegen für sie ist in seinem Gebet um den Geist der Wahrheit und Einheit enthalten: »Ich werde den Vater bitten, und er wird euch einen anderen Beistand geben, der für immer bei euch bleiben soll. Er ist der Geist der Wahrheit« (Joh 14,16f).

Jesus, unser Leben

Jesus selbst ist seinen Jüngern in ihrer Sendung innigst verbunden. Zu Beginn seines Wirkens lädt er sie ein, zu kommen, zu sehen und zu hören, ihm zu folgen, an ihn zu glauben. Sie durften erfahren, daß ihr Leben Frucht tragen kann, nur wenn sie in ihm bleiben: »Bleibt in mir, dann bleibe ich in euch. Wie die Rebe aus sich keine Frucht bringen kann, sondern nur, wenn sie am Weinstock bleibt, so könnt auch ihr keine Frucht bringen, wenn ihr nicht in mir bleibt ... Bleibt in meiner Liebe« (Joh 15,4–11). Wir feiern diese Gemeinschaft mit ihm Tag für Tag in der Eucharistie. Der Auferstandene sagt den Jüngern seine Gemeinschaft mit ihnen zu bis ans Ende der Zeit (Mt 28,20).

Das also ist der Sinn der Betrachtungen dieses Tages: Wir dürfen Jesus begegnen und uns hineinziehen lassen in die Vision einer neuen Welt, die in ihm, in seiner Person und in seinem Leben greifbar geworden ist. Sie soll heute in unserer Welt durch seine Jünger verwirklicht werden.

Die ersten Jünger (nach Joh 1,35–51)

Ich durchlebe noch einmal die Szene der ersten Begegnung des Täufers mit Jesus. Er lenkt die Aufmerksamkeit auf Jesus hin: »Seht das Lamm Gottes.« Die beiden Jünger folgen ihm.

- »Was wollt ihr?«: Das scheint eine alltägliche Frage zu sein; in Wahrheit ist es die eine große Frage meines Lebens, jedes Lebens: Was will ich eigentlich, was suche ich?
- »Wo wohnst du?«: Wiederum so etwas wie eine verlegene Gegenfrage; und doch ist es die Kernfrage jeder Jüngerschaft. Wo und wie finde ich ihn? In der Schrift, in den Sakramenten, im Nächsten...? All das ist richtig, aber nur dann, wenn ich von ihm persönlich angesprochen bin.
- »Kommt und seht«: Das sind Schlüsselworte des Johannesevangeliums. Erst dann werde ich ihn erkennen, ihn wahrhaft finden, wenn ich ihm nachfolge. Studien, Feste, Arbeitsprogramme führen nur dann zu Jesus, wenn sie von echter Nachfolge im wirklichen Leben getragen sind. Jesus verlangt den Einsatz unseres Lebens.
- »Andreas traf zuerst seinen Bruder Simon...«: Die neue Gemeinschaft findet sich zusammen, eine lebendige, wachsende Zelle. Sie wächst durch die Kontakte von Mensch zu Mensch. Das ist Gottesreich.
- »Du sollst Kephas heißen«: Wer zu Jesus kommt, findet sein neues, wahres Leben, erhält einen neuen Namen (vgl. Offb 2,17).

Jesus kennen (Mt 11,25–30; Lk 10,21f)

Dieser Text macht deutlich, wie Begegnung mit Jesus möglich wird. Hintergrund ist Jesu Klage über die galiläischen Städte, die sich gegen ihn verschlossen haben. Lukas nennt als unmittelbaren Anlaß die jubelnde Rückkehr der Jünger nach ihrer ersten Verkündigung der Frohbotschaft; sie haben erfahren, daß die Botschaft vom Gottesreich die Mächte des Bösen besiegt (Lk 10,17–20). Wo liegt der Grund für diese Gegensätze: Ablehnung und freudige Aufnahme?

– »Du hast all das den Weisen und Klugen verborgen«: denen, die schon alles wissen und nicht mehr lernen wollen. Sie haben ihre Erwartungen schon formuliert (politisch, gesetzlich ...). Sie messen Jesus daran, wollen Reich Gottes innerhalb ihrer engen Horizonte begreifen und Gottes Pläne auf ihre eigenen Vorstellungen reduzieren. Es ist die Versuchung aller Zeiten, auch unserer Zeit, Jesus für unsere Ideen und Wünsche zu beschlagnahmen.
– »Den Unmündigen aber hast du es geoffenbart«: Kindern also im Sinne Jesu, Menschen, deren Denken noch nicht programmiert ist, die offen sind für das Neue, für das Wunder der Liebe, die sich nicht auf das eigene Können verlassen, die nicht berechnen, sondern sich unbefangen von Gottes Liebe einladen lassen.
– »Mir ist von meinem Vater alles übergeben worden«: Dieses Wort der Macht steht in seltsamem Gegensatz zur tatsächlichen Machtlosigkeit Jesu in seinem irdischen Leben. Sein Reich der Wahrheit und Liebe kennt andere Maßstäbe als irdische Herrschaft.
– »Niemand kennt den Sohn, nur der Vater«: Es gibt also zwei Weisen, Jesus zu sehen: mit dem irdischen Auge, das die Dinge nur im Zusammenhang irdischen Geschehens sieht, und mit den Augen Gottes,

die Jesus in seiner göttlichen Sendung erkennen. Es ist Gottes Gnade, wenn Petrus Jesus als Sohn Gottes bekennt: »Nicht Fleisch und Blut haben dir das offenbart, sondern mein Vater im Himmel« (Mt 16, 17).

- »Niemand kennt den Vater, nur der Sohn, und der, dem der Sohn es offenbaren will«: In Jesus spricht Gott zu uns; in ihm haben wir Gemeinschaft mit dem lebendigen Gott.
- »Kommt zu mir, die ihr euch plagt ... Ich werde euch Ruhe verschaffen«: Jesus lädt zur Sabbatruhe ein, zum innersten Daheimsein unseres Lebens, zum Frieden jenseits von Mühe und Angst, Arbeit und Kampf. Jesus ist der Anfang der neuen Schöpfung im Frieden Gottes.
- »Meine Last ist leicht«: Jesus legt nicht neue Gesetzeslasten auf unsere Schultern. Sein einziges Gebot ist die Liebe.

Weitere Texte

Phil 3, 1–11: Alles, was für Paulus als Pharisäer wichtig schien, hat er von sich geworfen; Jesus Christus ist sein einziges Vertrauen.
Eph 1, 15–2, 10: Gott muß uns neue Augen geben, damit wir Jesus erkennen.
1 Joh 1, 1–4: Gottes Unergründlichkeit wird in Jesus Christus sichtbar.
Kol 1, 12–23: Jesus Christus ist Sinn und Mitte der Schöpfung.

FRAGEN

- Welche Titel, mit denen Jesus in der Bibel oder in der christlichen Tradition angesprochen wird, haben besondere Bedeutung für mich? Warum?
- Wie kann ich meine Erkenntnis Jesu und meine Hingabe an ihn bereichern und vertiefen?

ZUR ERWÄGUNG

»Gib mir, unendlicher Gott, daß ich mich immer an Jesus Christus, meinen Herrn, halte. Sein Herz offenbare mir, wie du zu mir bist. Auf sein Herz will ich blicken, wenn ich zu wissen begehre, wer du bist. Wenn das Auge meines Geistes nur auf deine Unendlichkeit blickt, in der du alles in jedem bist, erblindet es, und es umfängt mich die Finsternis deiner Grenzenlosigkeit, die härter ist als alle meine irdischen Nächte. So will ich, Gott unseres Herrn Jesus Christus, auf sein Menschenherz hinschauen, dann erst weiß ich, daß du mich liebst.«

Karl Rahner

(Gebete des Lebens, 7. Auflage 1987, Seite 53, Verlag Herder Freiburg–Basel–Wien)

2. Jesus, mein Bruder

»Als aber die Zeit erfüllt war, sandte Gott seinen Sohn, geboren von einer Frau und dem Gesetz unterstellt, damit er die freikaufe, die unter dem Gesetz stehen, und damit wir die Sohnschaft erlangen« (Gal 4,4).

Wie kommt die neue Schöpfung? Wie offenbart sich Gottes Herrschaft auf unserer Erde?
Die Erwartung des Gottesreiches gehörte zur Glaubenswelt der Juden, unter denen Jesus lebte. Trotz des Zerfalls, trotz aller Katastrophen ihrer Geschichte klammerten sie sich fest an die prophetische Verheißung, daß Jerusalem die Stadt des Friedens sein werde, in der alle Völker ihr Heil suchen und finden (Jes 2,1–4).

Wie die Juden zur Zeit Jesu die Herrschaft Gottes erwarteten

Alle glaubten an das Kommen des Gottesreiches; die konkreten Vorstellungen über dieses Kommen waren aber verschieden. Vor allem zwei Auffassungen standen einander gegenüber.
Viele erhofften ein politisches Reich. Von einem bewaffneten Aufstand erwarteten sie den Sieg über die römische Fremdherrschaft. Gottes Volk mußte wieder frei sein und seine nationale Souveränität unter den Nachbarvölkern behaupten.
Ganz anders waren die Vorstellungen, die uns in der apokalyptischen Literatur dieser Zeit begegnen: Gottes Herrschaft bedeutet das Ende unserer irdischen Geschichte. Schon das Buch Daniel enthält das Modell dieser Erwartungen (Dan 2,32–35). Es ist die Vision der Geschichte, der unaufhaltsamen Dekadenz der irdi-

schen Reiche, bis unsere menschlichen Reiche durch das ewige Reich Gottes abgelöst werden. Denn »der Herr des Himmels wird ein Reich errichten, das in Ewigkeit nicht untergeht. Es wird alle jene Reiche zermalmen und endgültig vernichten. Es selbst aber wird in alle Ewigkeit bestehen« (Dan 2, 44).

Beiden Vorstellungen gemeinsam ist der Glaube, daß das Kommen der Gottesherrschaft mit der Erfüllung des Gesetzes und dem treuen Vollzug des Tempelkultes innig verbunden ist. Die gewissenhafte Erfüllung der religiösen Tradition wurde als wesentliche Voraussetzung für den Anbruch des Gottesreiches betrachtet.

Beide Vorstellungen enthalten Wahres; Jesus wird es in seine eigene Verkündigung des Gottesreiches aufnehmen. Das politische Modell gründet in der tiefen Überzeugung, daß sich Gottes Herrschaft in unserer Welt verwirklichen muß. Die prophetische Schau des neuen Jerusalem (Jes 2, 1–4; Mi 4, 1–5; Jes 60, 1–7) ist nicht Utopie, sondern meint unsere wirkliche Welt, wie sie werden soll: Harmonie mit der Natur, Friede unter den Völkern. Auch Jesus lehrte, daß sich Gottes Reich in unserer Gesellschaft verwirklichen muß. Immer wieder sind wir versucht, unsere Welt als böse abzuschreiben und unsere Erwartung in die Zukunft zu verlegen. Das ist nicht Jesu Botschaft. Er verkündet eine erlöste Welt, die Gemeinschaft von Schwestern und Brüdern.

Aber diese Vision einer neuen Welt darf nicht mit einem konkreten politischen oder sozialen System identifiziert werden; das ist unsere Gefahr. Viele Juden zur Zeit Jesu erwarteten Gottes Reich vom Sieg über die Römerherrschaft und der Wiederherstellung der nationalen Souveränität; das war eine Illusion. Solche Träume setzten sich fest. Im Mittelalter versuchte die Kirche, Gottes Reich auf Erden durch die Beherrschung aller Sphären unserer Gesellschaft zu festigen. Nicht Gottes Reich kam, sondern eine verweltlichte Kirche.

Noch heute verbirgt sich diese Versuchung im Vertrauen auf institutionelle Macht, finanzielle Sicherung, politischen Einfluß. Keine von diesen Mächten hat in Jesu Predigt Platz. Gottes Reich gründet allein in der Macht seiner Liebe.
Umgekehrt wächst die apokalyptische Erwartung des Gottesreiches aus der tiefen Erkenntnis, daß nur Gott die neue Schöpfung hervorbringen kann. Die Bibel kennt Jahwe als den Gott, der Leben gibt. Zum niedergetretenen Volk spricht er: »Ich öffne eure Gräber und hole euch, mein Volk, aus euren Gräbern heraus« (Ez 37,12).
Ein rein apokalyptisches Verständnis des Gottesreiches aber bedeutet, daß Gottes Werk fehlgeschlagen ist. Wenn er eine neue Welt schaffen wollte anstelle unserer Welt, würde er seine erste Schöpfung aufgeben, diese Welt, von der er sagte, daß sie gut ist.
Und noch mehr: Kann Gott uns Menschen ohne unser eigenes Zutun erlösen? Er hat uns doch in Freiheit geschaffen, hat uns unser Leben und unsere Welt anvertraut. Das ist unsere Würde, wir sind sein Ebenbild. Wenn nun Gott unsere Freiheit und Verantwortung gleichsam beiseite schöbe – wäre das wirklich unsere Erlösung, die Wiederherstellung unseres Menschseins, unserer Würde? Eine solche Schöpfung wäre das Werk seiner Macht, ein Sieg über die Mächte der Finsternis, aber es wäre nicht ein Werk der Liebe. Wir wären gedemütigt, ohne Würde, eben Bettler, von denen man nichts erwartet.

Die Menschwerdung

Wie also kann Gott unsere Welt erlösen? Es kann nur sein eigenes Werk sein; nur er kann heilen, erneuern, unser Leben erfüllen, unsere Welt vollenden. Aber dieses Werk Gottes ist nicht bloß Macht, es ist Liebe. Liebe kann nicht zerstören, sie demütigt uns Menschen nicht: »Das geknickte Rohr zerbricht er nicht, und den glimmenden Docht löscht er nicht aus« (Jes 42,3). So ist also Erlösung Gottes Werk, und zugleich ist sie unsere eigenste Sache, Tat unserer Freiheit und Verantwortung. Ist so etwas möglich?

Es geht in den Betrachtungen dieses Tages nicht um theologische Erörterungen über die Menschwerdung. Schweigend und anbetend suchen wir die innigste Tat der Gottesliebe in uns aufzunehmen: »Gott hat die Welt so sehr geliebt, daß er seinen einzigen Sohn hingab« (Joh 3,16). In Jesus sehen wir das Kommen der neuen Schöpfung, was Gott wirkt, was wir selbst in dieser Welt sein und werden sollen.

Paulus hat dieses Geheimnis im Brief an die Galater artikuliert. Es sind inhaltsschwere Worte:

»Als die Zeit erfüllt war,
sandte Gott seinen Sohn,
geboren von einer Frau
und dem Gesetz unterstellt,
damit er die freikaufe, die unter dem Gesetz stehen,
und damit wir die Sohnschaft erlangen« (Gal 4,4f).

Als die Zeit erfüllt war

Von welcher Zeit spricht Paulus? Gibt es in unserer Geschichte, in unserem Leben Zeiten, die besser als andere geeignet sind für Gottes Heilswerk?

Jesus wurde in Palästina in einer Zeit des Niedergangs, politischer Entmächtigung, sozialer Ungerechtigkeit, religiöser Dekadenz geboren. Hohepriester nützten ihr heiliges Amt für Familieninteressen und politische Manöver aus. Längst war die Stimme der Propheten verstummt. An ihre Stelle waren die Gesetzeslehrer getre-

ten, die dem Volk die Vorschriften der Thora und der Tradition erklärten. Jesus hat Mitleid mit diesem Volk, »denn sie waren müde und erschöpft wie Schafe, die keine Hirten haben« (Mt 9,36).
Es war die Zeit des römischen Reiches unter Kaiser Augustus. Friede war in die Welt gekommen, aber es war der Friede der Übermacht, gesichert durch die eisernen Legionen Roms; Friede auf Kosten von Freiheit und Würde. Es war eine Zeit des Wohlstandes. Zugleich gab es aber Millionen von Sklaven, die keine Rechte hatten, obwohl sie zahlenmäßig über die Hälfte der Bevölkerung ausmachten.
Das Kommen Gottes hängt nicht von den Gezeiten unserer Geschichte ab. Keine unserer Zeiten ist würdig, von Gott gesegnet zu werden; keine Zeit ist vom Heil ausgeschlossen. Heil kommt in der Zeit, »die der Vater festgesetzt hat« (Gal 4,2). So wird es immer sein, in der Geschichte und in unserem Leben. Um Gott zu begegnen, brauchen wir nicht günstige Zeitumstände, geeignete psychologische oder soziologische Dispositionen. Wo immer wir sind, was immer unsere Situation sein mag: Gott kommt, berührt unser Herz, tritt in unser Leben ein, wenn seine Zeit da ist, wenn seine Liebe uns sucht.

Gott sandte seinen Sohn

Es ist Gottes Initiative für unser Heil, damit unsere Wunden und die Wunden unserer Gesellschaft geheilt und seine Herrschaft auf Erden begründet wird. Aber es ist mehr als die Initiative seiner Schöpfermacht: Er sandte seinen Sohn, der bei ihm ist vor dem Morgen der Schöpfung, dessen ganzes Sein aus dem Vater ist, dessen Gemeinschaft mit dem Vater sich nie wandelt. Gott will, daß er bei uns sei und unser Leben teile, dessen

Schönheit und Angst, dessen Streit und Schmerz, und auch den Tod. Er soll bei uns sein nicht als unser Herrscher, sondern als unser Bruder, in unlöslicher Gemeinschaft mit der gebrochenen Welt.
In Jesus zeigt Gott uns, was es heißt, Mensch zu sein, nicht in den Verzerrungen der Sünde, wie wir es rings um uns und in uns erfahren, sondern als Töchter und Söhne Gottes. Jesus lebt sein ewiges Sohnsein als Mensch. An ihm sehen wir, wie unser Leben neu sein kann, wie unsere Welt anders sein sollte. Jesus ist anders als wir, er ist frei, trotz Armut und Schwäche. Selbst wenn er von Dunkelheit und Haß der Menschen verschlungen wird, wenn er stirbt, ist er frei, ist er Sohn Gottes. Zu dieser Freiheit ruft er uns.

Geboren von einer Frau

Er lebt also wie wir alle. Das ist doch der Sinn seines Lebens, daß er unser Bruder ist und daß er dasselbe Leben lebt wie wir mit all seinen Beschränkungen: »Er hat sich entäußert... er wurde den Menschen gleich« (Phil 2,7). »Er, der reich war, wurde euretwegen arm, um euch durch seine Armut reich zu machen« (2 Kor 8,9). Er war also das Kind einfacher Leute und wuchs als ein Dorfjunge auf. Seine erste Lebenserfahrung war das ländliche Galiläa. Er nahm teil am traditionellen Leben frommer Juden. Eines freilich war in den tiefsten Grund seines Wesens eingesenkt: die Nähe zu seinem Vater. Das Bewußtsein der Geborgenheit in ihm begleitete ihn durch sein Leben. Er hat die Verbundenheit mit dem Vater in der Anrede »Abba« ausgedrückt. Das ist ein Wort, mit dem Kinder ihren Vater rufen, frei von aller Feierlichkeit, mit der Gebete bei den Juden formuliert wurden. In dieser Anrede klingt eine Intimität, die sich nicht übersetzen läßt, und so ist das Wort auch im griechisch geschriebenen Evangelium unübersetzt geblieben (Mk 14,36). Das ist die Mitte im Leben Jesu: Sohn-Sein, und dieses Sohn-Sein lebt er in der Alltäglichkeit, in den Begrenzungen und in allen Nöten unseres Menschseins: geboren von einer Frau.

Dem Gesetz unterstellt

Im Zusammenhang des Galaterbriefes ist damit das jüdische Gesetz gemeint, die religiös-soziale Welt Israels, wie sie sich in den Jahrhunderten zuvor aus dem Alten Testament entwickelt hatte. Das Gesetz ist der Rahmen des Lebens Jesu: Er nimmt es an und vollendet es.
Jedes Menschenleben entfaltet sich in einem konkreten kulturellen und sozialen Milieu. Das bedeutet zugleich Bereicherung und Begrenzung: Der kulturelle Rahmen gibt die Möglichkeit des Wachsens; er soll zur kritischen Auseinandersetzung mit der Umwelt führen. Er engt aber auch den Horizont ein, bindet den Menschen an eine bestimmte Kultur und eine kurze Epoche der Geschichte. So lebt Jesus in der sozialen Umwelt des alten Israel. Er muß sein Leben und seine Sendung in diesen engen Grenzen erfüllen.
Aber was kann dann Jesu Leben und seine Sendung für Menschen anderer Kulturen und späterer Zeiten bedeuten? Hat er uns modernen Menschen noch etwas zu sagen?

Damit er die freikaufe, die unter dem Gesetz stehen

Jesus ist gesendet, sein Volk zu erlösen, allen Menschen Erlösung zu bringen. Erlösen heißt: Fesseln zerbrechen, befreien, die Fülle des Lebens schenken. Alle Menschen bedürfen der Erlösung: Sie müssen herausfinden aus

den Gefängniszellen, in die sie sich selber in enger Selbstsucht eingesperrt haben; frei werden von Banden, die uns die Gesellschaft auferlegt, von Hörigkeiten des Leibes, der Seele, des Herzens; ihr eigenes Leben finden in der Welt, unter den Menschen, vor Gott.
Jesus verbrachte sein Leben in der kleinen Welt Palästinas, aber er fand Freiheit. Diese Freiheit ist wohl der bestechendste Zug seiner Persönlichkeit. In den Evangelien erscheint er sicher, furchtlos vor den Menschen. Ob er geliebt wird, ob die Massen ihm zujubeln, ob sie ihn verwerfen und seinen Tod fordern: Immer ist er derselbe, unbeirrt in seinen Entscheidungen. Er weiß um seinen Vater im Himmel; er weiß um seine Sendung auf Erden, Sohn Gottes, Bruder aller Menschen zu sein.
In dieser Freiheit ist Jesus mehr als ein Jude, er gehört allen Menschen. Es ist nicht seine Aufgabe, in anderen Kulturen zu leben oder soziale Unterschiede auszulöschen, aber er zeigt uns, daß wir in jeder Kultur, in jeder sozialen Lage wahrhaft Mensch sein können. Diese Freiheit erfährt er, weil sein Leben im Vater gegründet ist. Wirklich frei können wir nur sein, wenn wir unsere Wurzeln in Gottes Macht und Liebe haben.

Damit wir die Sohnschaft erlangen

Alle Bereiche unseres menschlichen Lebens müssen erlöst werden: Wir sollen unseren legitimen Platz in der Gesellschaft haben; wir brauchen ein gewisses Maß an Sicherheit für unser Auskommen; unser Verhältnis zum Nächsten muß frei sein von Hemmungen, die uns einengen und verkümmern lassen. All das hat seinen Platz in unserem Leben – und doch ist es zweitrangig; es wäre wertlos, wenn nicht die Mitte unseres Menschseins erlöst wäre. Gott muß mit uns sein, seine Liebe

muß uns neu schaffen. Wir brauchen eine letzte Gewißheit, daß unser Leben Wert hat, daß es reich ist und die Verheißung der Erfüllung trägt. So können wir frei sein trotz der Bindungen im täglichen Leben, auch wenn der Horizont meines Lebens und meiner Tätigkeit vielfach eingeengt ist. Diese Freiheit ist Gottes Geschenk in Jesus, seinem Sohn.
Gott ist mit uns. In ihm sind wir Kinder Gottes, Schwestern und Brüder, die er an der Kindschaft seines Sohnes teilnehmen läßt. Jesus schafft aus uns eine neue Gemeinschaft, die nicht nur auf Familienbande oder kulturelle Nähe gebaut ist, sondern auf unser neues Leben in Jesus Christus. Das ist Gottes Herrschaft, die alle verbindet in der Liebe Gottes.

ZUR BETRACHTUNG

So sehr hat Gott die Welt geliebt (Joh 3, 16–21)

So sieht der Evangelist Johannes die Sendung Jesu:

- »Gott hat die Welt so sehr geliebt«: Glaube ich das wirklich? Ich versuche nicht, mir Gott vorzustellen, aber ich lasse das selige Bewußtsein in mir wachsen, daß ich geliebt bin von einer unfaßbar großen, zarten Liebe.
- »Daß er seinen einzigen Sohn hingab«: Diese Liebe ist ewig, sie ist Gottes Wesen. Jesus lebt in dieser Liebe und aus ihr. Ich bin eingeschlossen in diese Liebe, denn Gott will, daß Jesus mein Bruder sei: Er teilt unser Leben, er läßt uns teilnehmen an seinem Leben, an seinem Sohn-Sein.
- »Nicht um die Welt zu richten«: Licht zerstreut die Nacht; Liebe löst die Verkrampfung des Hasses; Le-

ben weckt auf, was tot war. Ich kann mich verschließen, denn »die Menschen liebten die Finsternis mehr als das Licht«. Aber Liebe verdammt nicht, Liebe erlöst. Wer nicht antwortet, verdammt sich selbst: »Wer nicht glaubt, ist schon verdammt.«

- »Damit jeder, der an ihn glaubt, das ewige Leben hat«: Glaubend öffnen wir uns seinem Licht, werden Jünger, lassen uns umformen. Jesu Leben im Vater beginnt, uns zu durchdringen, wird unser eigenes Leben, das keine Grenzen hat, kein Ende.
- »Wer die Wahrheit tut, kommt zum Licht«: Jesus nimmt nichts von unserer Verantwortung weg. Wir müssen die Wahrheit tun. Solches Tun ist nicht Selbstgerechtigkeit, sondern Antwort auf Gottes Liebe. Es ist der Bund Gottes mit unserer Freiheit.

Jesus, unser Bruder

Vier Texte aus dem Hebräerbrief:

- »Gott hat zu uns gesprochen durch den Sohn« (Hebr 1,2): In tausend Sprachen hat Gott zu uns gesprochen, in der Schöpfung, in der Geschichte, durch Propheten zu allen Zeiten. In seinem Sohn hat er uns sein Herz geöffnet, seine bedingungslose Liebe zu uns, die unwiderrufliche Zusage an unsere Welt, daß wir nicht verloren, sondern in seine Liebe eingeschlossen sind.
- Jesus leidet mit uns: »Er mußte in allem seinen Brüdern gleich sein ... Da er selbst in Versuchung geführt wurde und gelitten hat, kann er denen helfen, die in Versuchung geführt werden« (Hebr 2,16–18): So begleitet uns Gottes Liebe in allen Lebenssituationen (vgl. Hebr 4,14–16).
- Auch er mußte lernen: »Mit lautem Schreien und unter Tränen hat er Gebete und Bitten vor den ge-

bracht, der ihn aus dem Tod retten konnte... Obwohl er Sohn war, hat er durch Leiden den Gehorsam gelernt« (Hebr 5,7–10): In Liebe geht Jesus den mühsamen Weg, den wir alle gehen müssen. So sind wir nicht allein.

– Jesus ist unsere Kraft: »Laßt uns mit Ausdauer in dem Wettkampf laufen, der uns aufgetragen ist, und dabei auf Jesus blicken, den Urheber und Vollender des Glaubens« (Hebr 12,1f): Das also ist Gottes Liebe, daß er in Jesus bei uns ist, um uns zu führen und zu stärken.

Die Kirche in unserer Welt
(Missionsdekret des II. Vatikanischen Konzils, Nr. 11)

In Analogie zur Menschwerdung, als Fortführung und Ausweitung der Sendung Jesu soll auch die Kirche in unserer Welt als Sakrament des Heils gegenwärtig sein. Der Sinn, die Freude und die Kraft christlichen Lebens sollen im Leben der Gläubigen für die Menschen unserer Zeit sichtbar werden. Durch die Gläubigen soll Gottes Liebe gegenwärtig sein:

– durch die Kraft eines im Geist erneuerten Lebens,
– in Achtung und Liebe gegenüber allen Menschen
– und in der Teilnahme am sozialen und kulturellen Leben der Mitwelt,
– durch Vertrautheit mit den religiösen Traditionen und Ideologien der Mitwelt,
– im Bewußtsein der Umwandlung unserer Gesellschaft
– und durch Anerkennung der Gegenwart und des Wirkens Gottes unter den Menschen, in unserer Zeit,
– in der Verantwortung für diese Welt, sie im Geist Jesu zu erneuern.

Weitere Texte

1 Joh 1, 1–4: Gottes Wort, sichtbar in Jesus.
II. Vatikanisches Konzil: Dekret über die göttliche Offenbarung, 4; Pastoralkonstitution, 1–3.

FRAGEN

- Jesus ist der Anfang der neuen Schöpfung: Wie ist er uns ähnlich? Worin ist er anders?
  Diese Erwägung führt zur weiteren Frage: Wie soll ich mich an meine Umwelt anpassen – worin besteht das Anderssein christlichen Lebens?
- Die Kirche soll in unserer Gesellschaft zuhause sein. Es gibt falsche Weisen der Gegenwart (Weltlichkeit, bloß institutionelle Präsenz).
  Wie kann Kirche Zeugnis für Jesus Christus sein? Worin besteht ihre prophetische Botschaft heute?

ZUR ERWÄGUNG

»Die aus allen Völkern in der Kirche versammelten Christgläubigen unterscheiden sich nicht von den übrigen Menschen durch Staatsform, Sprache oder Gesellschaftsordnung. Darum sollen sie in den ehrbaren Lebensgewohnheiten ihres Volkes für Gott und Christus leben. Als gute Bürger sollen sie Vaterlandsliebe tatkräftig und wahrhaftig üben. Mißachtung fremder Rassen und übersteigerten Nationalismus aber sollen sie gänzlich meiden und die alle Menschen umfassende Liebe pflegen.«

II. Vatikanisches Konzil, Missionsdekret, 15

3. Die Mutter Jesu

»Selig ist die, die geglaubt hat« (Lk 1,45).

Dieser Tag ist Maria, der Mutter Jesu gewidmet. Jesus ist Gottes Geschenk an uns, die Mitteilung seiner Liebe. Maria ist die erste, die ihn aufnimmt. In ihr erkennen wir unsere Berufung, uns Gottes Liebe zu überantworten, unseren Platz im Gottesreich zu finden.
Von Maria wissen wir durch die Evangelisten, vor allem durch Lukas und Johannes. So wie die Gestalt Jesu in den Evangelien im Licht der Vollendung, von den Begegnungen der Jünger mit dem Auferstandenen her gesehen wird, so ist auch das Bild Marias im Licht der Erfüllung gezeichnet. Lukas und Johannes sagen uns in ihren Erzählungen, welchen Platz sie in Gottes Heilsplan hat. Das ist Thema der heutigen Betrachtung. In der Verkündigungsszene schauen wir auf Marias Aufgabe in Gottes Plan; wir sehen sie in der Mitte der Kirche, finden ihren Platz in unserem Leben.

Maria im Heilsplan Gottes

Gottes Sprechen in Jesus Christus ist anders als sein Sprechen am Morgen der Schöpfung. Wenn Gott schafft, ist er allein. Die neue Schöpfung aber ist ein Bund der Liebe, eine Brücke zwischen Himmel und Erde. Deshalb geht Gott nicht an uns vorbei, sondern macht sich von unserer Antwort abhängig. Liebe ist ein Wagnis, nicht bloß ein alltägliches Risiko, wie wir es auf uns nehmen, wann immer wir uns auf die Unsicherheiten des Lebens einlassen. In der Liebe geht es um uns. In Jesus gibt Gott sich selbst, er setzt sich aufs Spiel. Kann er wirklich den Sinn der ganzen Schöpfung,

das Heil der Welt unserer fragwürdigen Freiheit anvertrauen?
Gottes Wagnis beginnt, wenn er uns Menschen in Freiheit erschafft und unser Leben, unsere Zukunft, unsere Welt in unsere Hände legt. Seine Schöpfung wird unsere Aufgabe; das ist das Drama unserer Kultur und Geschichte. Wie radikal dieses Wagnis Gottes ist, wird in Jesus sichtbar. Er kommt nicht mit Macht, sondern mit einer Einladung der Liebe. Die Geschichte Israels mit dem unentschiedenen Wechselspiel von Treue und Verrat ist wie eine Ouvertüre zum Drama der Offenbarung in Jesus Christus.
Wie wird Jesus aufgenommen werden? Bleibt er allein? Das wäre keine Offenbarung, es bliebe ein Monolog Gottes. Wird er eine Heimat unter uns finden und so der Beginn einer neuen Welt sein, des Bundes der Liebe zwischen Gott und uns Menschen?
Lukas erzählt uns von der beispielhaften Antwort auf Gottes Botschaft durch Maria, die glaubte. In Glaube und Liebe überantwortet sie ihr ganzes Wesen der Verfügung Gottes zu unserem Heil. Sie läßt sich in das göttliche Wirken hineinnehmen, in Jesu Leben und Sendung, und so ist sie die erste, die auch am Erlösungswerk ihres Sohnes Anteil hat. Das Konzil faßt ihre Berufung zusammen: »Sie umfing den Heilswillen Gottes mit ganzem Herzen und von Sünde unbehindert, und gab sich als Magd des Herrn ganz der Person und dem Werk ihres Sohnes hin, und diente so unter ihm und mit ihm in der Gnade des allmächtigen Gottes dem Geheimnis der Erlösung« (LG, 56).
So hat also Maria ihren Platz in der Kirche, nicht an der Seite Jesu, aber ihn aufnehmend. Sie ist nicht ein frommes Ornament christlichen Lebens, Gegenstand volkstümlicher Andachten, die man auch aus der Kirche wegdenken könnte. Sie kommt zwar in der ersten Verkündigung der Frohbotschaft noch nicht vor, denn

diese war ganz auf die Person und Sendung Jesu ausgerichtet, den Gott zum »Herrn und Messias« gemacht hatte (Apg 2,36). Die Evangelien von Lukas und Johannes sind zu einer Zeit geschrieben, als sich die christliche Botschaft weiter entfaltet hatte. Sie umfaßt eben nicht bloß Gottes Wort und Geschenk an uns, sondern auch die Antwort von unserer Seite, ohne die Gottes Wort und Gnade fruchtlos bliebe. So erzählt Lukas in der Verkündigungsszene von der einzigartigen Begegnung des Engels mit der Magd des Herrn. Wir spüren etwas von dem langsamen Wachstum Marias im Verstehen ihrer Aufgabe, in Freuden und Schmerzen, bis sie im Gebet Jesu Gemeinde begleitet (Apg 1,14). Nach Johannes steht sie mit dem Jünger, den Jesus liebte, unter dem Kreuz, vereint mit Jesus in der Stunde seiner Vollendung (Joh 19,25–27).

Maria ist also nicht eine zufällige Randfigur im Evangelium. Sie gehört zur voll entfalteten christlichen Botschaft. In ihrer Antwort auf Gottes Einladung ist sie das Urbild der ganzen Kirche, die durch die Jahrhunderte gehorsam Gottes Wort aufnimmt. Denn »sie (die Kirche) hält das Treuewort, das sie dem Bräutigam gegeben hat, unversehrt und rein, und in Nachahmung der Mutter ihres Herrn bewahrt sie in der Kraft des Heiligen Geistes jungfräulich ihren unversehrten Glauben, eine feste Hoffnung und eine aufrichtige Liebe« (LG, 64).

Marias Berufung als Magd des Herrn, deren ganzes Wesen Gott geschenkt ist, die ganz in das Leben und die Sendung ihres Sohnes hineingewoben ist, geht in der Kirche weiter. Noch mehr: Seit früher Zeit sah die Kirche Maria mit dem Werk der Erlösung verbunden. Wie die Geschichte der Sünde mit Eva beginnt, so beginnt mit Maria die Geschichte des Heils. Das Konzil sagt mit Epiphanius, daß »der Knoten des Ungehorsams der Eva gelöst worden sei durch den Gehorsam Marias; und was die Jungfrau Eva durch den Unglauben gebunden hat, das habe die Jungfrau Maria durch den Glauben gelöst« (LG, 56).

So hat Maria auch ihren besonderen Platz in den »Geistlichen Übungen«, die doch zur vollen Offenheit und Bereitschaft vor Gott hinführen möchten. Wir brauchen Gottes Führung in unseren Lebenssituationen. So lädt uns Ignatius immer wieder ein, uns an Maria zu wenden. Sie hat sich bedingungslos Gott anheimgegeben. In ihrer Nähe mag es uns gelingen, Fehlorientierungen unseres Herzens zu erkennen und täuschende Verlockungen, die von außen kommen, zu durchschauen (Nr. 63). In Maria sollen wir das Vorbild der Ganzhingabe an Gott finden, damit sich die Fleischwerdung des Wortes auch in unserer Welt verwirkliche.

So betrachten wir Maria im Bericht der Verkündigungsperikope (Lk 1,26–38). In ihr wird das Geheimnis unseres Heils sichtbar.

Der Engel Gabriel wurde von Gott gesandt

Heil kommt von Gott allein; so sendet Gott den Engel. Gott bietet einen Bund der Liebe an; Liebe braucht den Geliebten. Ist es möglich, daß Gott von seiner Kreatur abhängig wird? So wird es zu allen Zeiten sein, so ist es auch in meinem Leben. Gott wartet auf meine freie Antwort. Er lädt ein.

In eine Stadt in Galiläa namens Nazaret

Zu wem wird der Engel geschickt? Was erwartet denn Gott von unserer Seite, von seiner Kreatur? Wir hätten ihm doch manches anzubieten. Er will sein Reich begründen gegen die Mächte der Finsternis – aber er will nicht unsere Macht, er kann die Macht des Römerreiches nicht brauchen. Gott will uns Wahrheit schenken, die wahre Weisheit – aber er braucht nicht die Gelehrsamkeit Ägyptens oder die Weisheit des Ostens. Gott will ein heiliges Volk sammeln, das Gott in Geist und Wahrheit anbetet, aber der Engel wird nicht nach Jerusalem, in die heilige Stadt, geschickt, wo unaufhörlich die Opferfeuer brennen und Psalmen gesungen werden. Der Engel ist nach Galiläa gesandt, in ein rückständiges Land; zu einem Volk, »das im Dunkel lebte« (Mt 4,16; Jes 9,1); nach Nazaret, in ein Dorf, das man vergebens auf den Landkarten der damaligen Welt sucht: »Kann denn von Nazaret etwas Gutes kommen?« (Joh 1,46). Gott scheint nichts von all dem, was wir ihm anbieten könnten, zu wollen, nichts von dem, worauf wir uns auch heute immer wieder verlassen. Was also sucht Gott?

Zu einer Jungfrau ... ihr Name war Maria

»Jungfrau« ist der einzige Titel, den das Evangelium Maria gibt, um ihre Bereitschaft für die Aufnahme des Gotteswortes auszudrücken. Im biblischen Verständnis bedeutet Jungfräulichkeit die ungebrochene Treue zu Gott. Israel ist »Jungfrau, die Tochter Zion«, solange das Volk zum Bund mit Jahwe steht und auf ihn hört. Wenn es anfängt, den Baalen der Kanaaniter zu huldigen, wird es zur Ehebrecherin. Auch im Neuen Testament steht Jungfräulichkeit für die ungeteilte Hingabe an Gott. Die 144000 Erwählten der Geheimen Offenbarung, die vom Verderben bewahrt werden, sind »jungfräulich, sie folgen dem Lamm, wohin es geht« (Offb 14,4). Das sind Menschen aus allen Lebensständen, Männer und Frauen, die sich nicht mit Götzendienst befleckt haben, sondern Jesus treu geblieben sind. Paulus mahnt die Korinther, dem unverfälschten Evange-

lium treu zu bleiben, »denn ich habe euch einem einzigen Mann verlobt, um euch als reine Jungfrau zu Christus zu führen«. Wie aber Eva von der Schlange verführt wurde, so sind die Korinther in Gefahr, »von der aufrichtigen und reinen Hingabe an Christus abzukommen« (2 Kor 11,1f). Der Sinn der Jungfräulichkeit Marias ist also ihre ungeteilte Offenheit zu Gott hin. Lukas versteht die jungfräuliche Empfängnis Jesu in Maria als den ganzmenschlichen Ausdruck – in Leib und Seele –, daß ihr Leben ganz Gott gehört.
Das also ist Marias einziger Titel in der Verkündigungsszene: Sie ist Jungfrau, nicht irregeleitet von den vielen Stimmen rings um uns, sondern einzig auf Gottes Wort hörend. Sie öffnet sich ihm, sie läßt es Fleisch werden in ihrem Leib, in ihrem Leben. So schauen wir auf Maria in diesen »Geistlichen Übungen«. Auch wir suchen die unbeirrte Aufmerksamkeit für Gottes Wort und die reine Hingabe unseres ganzen Wesens an ihn.

Sei gegrüßt, du Begnadete

So ist Maria bereit, die Botschaft des Engels zu hören. Sie wird mit ganzem Herzen antworten. Diese Bereitschaft aber ist nicht ihr eigenes Verdienst, sie ist Gottes Gabe, die intimste Gabe, die er uns schenken kann: die Fähigkeit, uns ihm zu öffnen. Gnade ist das lebendige Band der Liebe, aber nicht, wie sie in Gottes Ewigkeit verborgen ist, sondern wie sie in unseren Herzen wirksam wird, uns zur Gegenliebe ruft. Gnade ist Gottes Liebe, aufgenommen in unsere Freiheit. Gott weckt uns aus unserer erdgebundenen Blindheit auf und zieht uns an sich.
Maria ist von Anfang an ganz von Gottes Liebe umschlossen. Wir feiern diese Gnade als die »Unbefleckte Empfängnis«. Sie gehört ganz Gott. Die Schrift kennt sie

nur als die von Gott Begnadete. Denn das ist ihre Berufung, ganz mit Jesus, ihrem Sohn, verbunden zu sein in seinem Kampf gegen die Macht der Sünde. Sie muß sich aber diese Berufung persönlich aneignen. Gottes Gabe wird ihre Aufgabe. Was sie von Anfang an ist, muß sich in ihrem Leben verwirklichen.

Der Herr ist mit dir

So soll sie nun ohne Furcht in das Leben hineingehen, das Gott für sie bestimmt hat, Mutter Jesu, Mutter des Erlösers zu sein. Noch bevor der Engel seine Botschaft ausrichtet, ist ihr die Zusicherung gegeben, mit der Gott immer wieder die Seinen begleitet: Der Herr ist mit dir. So war er mit Mose (Ex 3,12), mit Gideon (Ri 6,12), mit Jeremia (Jer 1,8); so wird er mit den Aposteln sein bis zum Ende der Zeit (Mt 28,20).

Du wirst ein Kind empfangen, einen Sohn wirst du gebären

Das ist Marias besondere Erwählung: Sie ist Jesu Mutter, sie gibt ihm sein menschliches Leben, seinen Platz in unserer menschlichen Gesellschaft. Es ist der Stolz einer Mutter, wenn sie in den Gesichtszügen ihres Kindes sich selbst wiederfindet und vieles von ihrem eigenen Empfinden und Verhalten in ihm entdeckt. Jesus ist ihr Kind.
Selbst in diesem Vorzug ist Maria nicht allein. Die Empfängnis des Kindes in ihrem Schoß ist der Anfang seiner Gegenwart in unserer Welt und Gesellschaft. Alle, die an Christus glauben, sollen sein Leib werden, seine heiligende, einigende Gegenwart in unserer Welt fortsetzen und ausweiten. So sagt das Konzil, daß die Kirche selbst »durch die gläubige Annahme des Wortes Gottes

Mutter wird: Durch Predigt und Taufe nämlich gebiert sie die vom Heiligen Geist empfangenen und aus Gott geborenen Kinder zu neuem und unsterblichem Leben« (LG, 64).

Du sollst ihm den Namen Jesus geben

Jede Mutter muß, oft unter Schmerzen, lernen, ihrem Kind die Freiheit zu geben, zu wachsen und sein eigenes Leben zu finden. Auch Maria muß das lernen. Jesu Sendung ist schon in seinem Namen enthalten: »Jesus« heißt: Gott ist Heil. Sie selbst (so sagt Lukas) soll ihm diesen Namen geben und so gleichsam seine Berufung annehmen: Er soll nicht ihr gehören, sondern den Menschen.

Was das bedeutet, beginnt Maria bei Jesu Abschied von Nazaret zu verstehen. Sie macht sich auf den Weg nach Kafarnaum, zum Mittelpunkt seiner Tätigkeit: Dort muß sie lernen, daß »meine Mutter und meine Brüder die sind, die das Wort Gottes hören und danach handeln« (Lk 8,21). Jesus hat seine neue, eigene Familie gefunden, die nicht auf die natürlichen Bande der Blutsverwandtschaft gegründet ist, sondern auf Glauben. Maria gehört zu dieser Familie, sie ist die große Glaubende. Aber nun muß sie den großen Wandel verstehen: Sie ist mit Jesus verbunden, nicht weil er ihr gehört, sondern weil sie in sein Leben und seine Sendung hineingezogen ist. Er ist ihr Kind, damit sie ihn der Welt schenke. Ihr Herz muß so weit werden wie Jesu Herz.

Er wird Sohn des Höchsten genannt werden

Das ist Jesu einzigartiger Hoheitstitel – für Maria bedeutet er den Verzicht auf jeglichen Anspruch: Jesus gehört seinem Vater, nicht seiner Mutter. Als er zwölf Jahre alt war – so erzählt Lukas –, wird ihr mit tiefem Schmerz klar, daß sie ihn verloren hat: »Kind, wie konntest du uns das antun?« Sie nannte ihn noch Kind, aber nun muß sie wissen, daß sie kein Recht auf ihn hat: »Wußtet ihr nicht, daß ich in dem sein muß, was meinem Vater gehört?« (Lk 2,48–51). Sie verstand es damals noch nicht, aber »sie bewahrte alles, was geschehen war, in ihrem Herzen«. Die volle Bedeutung seines Gehorsams wurde ihr erst bewußt, als Jesus am Kreuz starb.
Ihr ganzes Leben war nötig, um das Geheimnis ihres Sohnes zu erfassen. Am Anfang stehen die dunklen Worte von Simeon, daß »in Israel viele durch ihn zu Fall kommen und viele aufgerichtet werden und daß er ein Zeichen sein wird, dem widersprochen wird. Dir selbst aber wird ein Schwert durch die Seele dringen« (Lk 2,34f). All das muß sich langsam erfüllen. Johannes gibt ihr einen Platz unter dem Kreuz (Joh 19,25); Lukas sieht sie in der Urgemeinde (Apg 1,14). Das ist die Vollendung. Auf diesem langen Weg ist jede Erfahrung ein neuer Schritt hinein in das Geheimnis ihres Sohnes und ihrer eigenen Berufung.

Ich bin die Magd des Herrn

So gibt Maria ihr Leben in Gottes Hand. Mit ihrer Antwort verläßt sie die Geborgenheit ihrer eigenen kleinen Welt, in der sie sich zuhause fühlt, den bescheidenen, aber doch klar überschaubaren Platz in ihrem Dorf. Sie geht ins Unbekannte hinein, in eine Zukunft, die sie nicht überschauen und verstehen kann. Niemand führt sie auf diesem Weg, niemand kann auf ihre Fragen antworten. Sie übergibt sich dem unfaßbaren Geheimnis Gottes, ohne jede Sicherung. Sie hat nur Gottes Wort:

Mir geschehe, wie du es gesagt hast

Marias Antwort besteht in der bedingungslosen Hingabe ihres ganzen Lebens an Gott. In jeder neuen Lebenssituation spricht Gott wieder zu ihr. Jedesmal hat sie ihr Ja neu zu sprechen, tiefer und voller: Das Kind kommt zur Welt – die stillen Jahre in Nazaret – Jesu Abschied – ihr Schmerz unter dem Kreuz – die Seligkeit mit dem Auferstandenen. Jedesmal wird ihr Jawort nicht nur wiederholt, sondern hat einen neuen Klang, ein Echo des Lebens und der Sendung ihres Sohnes, bis es in seine selige Vollendung aufgenommen wird. – So ist auch unsere Hingabe an Gott ein fortschreitendes Wachsen in immer neuen Lebensumständen. Wer kann voraussehen, was ein Ehegelöbnis im Ablauf vieler Jahre bedeutet, eine Priesterweihe zum Dienst an der Gemeinde, die Gelübde eines Ordenslebens? Jede Hingabe an Gott muß wachsen und reifen und sich immer neu bewähren.

Danach verließ sie der Engel

Dies wird nun Marias Leben sein: Gott hat sie erwählt, sie hat ihr Ja gesprochen. Nun ist sie allein. Der Alltag, die Probleme kommen. Aber der Herr ist mit ihr in ihrer schweigenden Treue.

Liebe geht hinaus (Maria bei Elisabet – Lk 1,39–45)

Der Sinn der Verkündigungsszene entfaltet sich:

- »Maria machte sich auf den Weg«: Sie ist nun hineingezogen in Jesu Sendung. Gottes Liebe wird gegenwärtig, wirksam in unserer Welt. Sie geht hinaus, sie dient.
- »Sie begrüßte Elisabet«: Wenn Gott bei uns ist, haben auch unsere menschlichen Begegnungen neue Bedeutung. Menschliche Gemeinschaft ist der Ort, wo Gott wirkt. So wird z.B. unser Grüßen neu; das zeigen auch die Grußformeln, mit denen Paulus seine Briefe einleitet.
- »Elisabet wurde vom Heiligen Geist erfüllt«: Gottes Geist lebt und wirkt in den Worten und Gesten, mit denen wir einander begegnen.
- »Gesegnet bist du mehr als alle anderen Frauen«: Maria ist ganz Frau; in ihrer Berufung erfüllt sich das tiefste Wesen ihres Frau-Seins. In ihrer Hingabe an Gott ist sie Jungfrau, Braut, Mutter, nimmt sie teil am Werk der neuen Schöpfung.
- »Selig ist die, die geglaubt hat«: Selig, erfüllt ist Marias Leben nicht durch die leibliche Mutterschaft Jesu, sondern durch den Glauben.
- »Es wird erfüllt, was der Herr ihr sagen ließ«: Die Dunkelheit der Zukunft, des Lebens ihres Sohnes, ihres eigenen Lebens, der ganzen Welt ruht in der Verheißung Gottes.

Der Lobpreis Gottes (Lk 1,46–55)

Gottes Geschenk wird in Maria, in jedem Menschen, der von Gottes Gnade berührt wird, zum Lobpreis. Im Magnifikat sind die großen Themen des Lukasevangeliums vorweggenommen. In Maria sieht die christliche Gemeinde ihr Urbild. Der Preis und Dank, der sie bewegt, wird Maria in den Mund gelegt.

- »Meine Seele preist die Größe des Herrn«: Gottes Heil findet Widerhall im Herzen Marias und aller Gläubigen. Gebet ist nicht Abkehr von der Welt; wir begegnen Gottes Liebe in seinen Taten.
- »Auf die Niedrigkeit seiner Magd hat er geschaut«: Gott sucht nicht unseren Reichtum, unsere Wissenschaft und unsere Macht. Er sucht nur unser Herz.
- »Alle Geschlechter preisen mich selig«: Das ist Gottes Größe, daß er sein Geschöpf nicht demütigt. Wer zu ihm kommt, nimmt am Wunder seiner Größe teil.
- »Sein Name ist heilig«: Gott allein ist heilig. Die Erhebung seines Geschöpfes verdunkelt nichts von seiner Heiligkeit. Nie aber soll die Kirche Gottes Ehre für sich beanspruchen.
- »Er vollbringt mit seinem Arm machtvolle Taten«: Gottes Reich beginnt. Unsere Welt wird erneuert. Mächtige werden gestürzt, Niedrige werden erhöht. Hungernde empfangen seine Gaben. Den Armen wird die frohe Botschaft verkündet.
- »Wie er es unseren Vätern verheißen hat«: Gott ist treu. Die Geschichte seines Volkes ist die Geschichte seiner Treue. Auch mein Leben, jedes Leben ist hineingewoben in diese Geschichte der Treue Gottes. Sie beginnt mit der Schöpfung, sie wird vollendet am Ende der Zeiten.

Weitere Texte

Lk 1,5–25: die Verheißung der Geburt des Täufers.
Mt 1,18–24: Jesu Ursprung nach Matthäus;
Josefs Platz im Evangelium.
Hebr 11: Zeugen des Glaubens.
Eph 1,3–14: das Geheimnis der ewigen Erwählung.
II. Vatikanisches Konzil: Kirchenkonstitution,
Kapitel VIII.

FRAGEN

- Hat Maria einen Platz in meinem Leben? Kann ich die Bedeutung der marianischen Tradition in der Kirche verstehen, vielleicht auch kritisch beleuchten? Kann ich sie in meinem Leben fruchtbar machen?
- Ist mein Glaube oberflächlich und unklar, oder persönlich und tief? Ist er durch persönliche Erfahrungen geprüft worden? Ist er durch sie reicher und tiefer geworden?

ZUR ERWÄGUNG

»Das Samenkorn bleibt nicht allein, zum Samenkorn gehört das mütterliche Geheimnis der Erde – zu Christus gehört Maria, die heilige Erde der Kirche, wie die Kirchenväter sie nennen. Das Geheimnis Mariens bedeutet gerade dies, daß Gottes Wort nicht allein blieb, sondern das andere – die Erde – in sich aufnahm, in der ›Erde‹ der Mutter Mensch wurde und nun neu, verschmolzen mit der Erde der ganzen Menschheit, zurückkehren konnte zu Gott.«

Joseph Ratzinger / Hans Urs von Balthasar

(Maria – Kirche im Ursprung, 2. Auflage 1981, Seite 9, Verlag Herder Freiburg–Basel–Wien)

4. Sein Kommen in Armut

»Dies soll euch zum Zeichen dienen: Ihr werdet ein Kind finden, das, in Windeln gewickelt, in einer Krippe liegt« (Lk 2,12).

Reich Gottes, eine neue Welt ist im Werden. Viele, auch die Jünger, erwarteten eine glorreiche Offenbarung in Macht. Immer denken sie an Macht, Sieg, Herrlichkeit. Es scheint Jesus nicht zu gelingen, diese Vorstellungen zu korrigieren. Sie dauern in der frühen Kirche fort. Bis heute sind diese Träume nicht ausgestorben.

Auch Jesus wartet auf das Reich. Es ist schwer, sich ein genaues Bild von seinen Vorstellungen zu machen. Zwei Dinge aber treten klar hervor: Zuerst die Tatsache, daß Gottes Reich schon jetzt anbricht und in unserer Welt wirklich werden muß. Den Pharisäern sagt er: »Das Reich Gottes ist mitten unter euch« (Lk 17,21). Zweitens: Diese Herrschaft Gottes muß in ihrer Fülle und Herrlichkeit offenbar werden. Für diese Offenbarung gibt es kein Datum in unserem Kalender. Es ist die Stunde Gottes: »Jenen Tag und jene Stunde kennt niemand, auch nicht die Engel im Himmel, nicht einmal der Sohn, sondern nur der Vater« (Mk 13,32).

Aber das Gottesreich beginnt jetzt. Es kann doch keine Ernte geben, wenn nicht der Same in unseren Herzen, in unserer Welt heranreift – nicht in machtvoller Schaustellung, sondern im Schweigen des täglichen Lebens. Alles Leben wächst in Schweigen.

Wie also wird das Saatkorn der großen Ernte in die Furchen unserer Erde gesät? Von diesem Wunder erzählt Lukas in der Weihnachtsgeschichte. Sie spricht in ihrer tiefen Schönheit Menschen aller Zeiten und Kulturen an, Christen und Nichtchristen.

Gerade die Schönheit und Volkstümlichkeit der Geschichte ist ihre Gefahr. Sie ist gleichsam ein Märchen, eine Traumwelt. Jeder weiß, daß unsere Welt anders sein sollte; wir müßten in Friede und Freude miteinander leben. Einmal im Jahr verhalten wir uns so, als ob wir in einer anderen Welt lebten: Wir grüßen einander, verschicken Weihnachtskarten, tauschen Geschenke aus, vermeiden Zusammenstöße. Wenn Krieg ist, mag es geschehen, daß es für einen Tag zu einem Waffenstillstand kommt, denn man soll doch das Fest nicht verderben; morgen aber geht es weiter. Das einträgliche Weihnachtsgeschäft blüht unter dem Motto selbstloser Liebe, beim Klang weicher Weihnachtslieder.
Viele wollen von dieser Illusion nichts mehr wissen. Diese Weihnachtswelt ist nur ein Traum. Wir wollen uns gar nicht ändern.
Die Erzählung des Lukas ist nicht eine Chronik geschichtlicher Ereignisse. Sie drückt das Verständnis der jungen Christen vom Kommen des Gottesreiches aus. Der auferstandene Herr hat ihnen die weltweite Bedeutung Jesu deutlich werden lassen, Gottes Heil für unsere Welt. Dieses Heil aber kommt zu uns in Niedrigkeit und Armut. Wir sollen es glaubend aufnehmen, mit Preis und Dank und mit einem wachen Herzen, das sich in Gottes Geheimnis hineinführen läßt.
Das sind auch die drei klar gegliederten Abschnitte der Erzählung: die harte Wirklichkeit, ihre weltweite Bedeutung, unsere Antwort.

Die harte Wirklichkeit (Lk 2, 1–7)

Lukas beschreibt die drückende Realität von Armut und Hilflosigkeit. Maria und Josef sind auf dem Weg nach Betlehem, zwei von den Unzähligen, deren Leben von den Mächtigen dieser Welt abhängt. Das Evangelium bringt die Reise in Verbindung mit den Steuermaßnahmen des Kaisers, die die Registrierung am ursprünglichen Sitz der Familie verlangt. So ist also Josef mit Maria in die Unrast des politischen Lebens hineingezogen, ohne Rücksicht auf ihre persönlichen Bedürfnisse. Gibt es denn keine besondere Vorsehung, die über Maria in dieser Zeit ihrer Erwartung wachen würde? Sollte Gott sie nicht gegen solche willkürliche Mächte schützen?

In Betlehem gibt es keinen Platz in der Herberge – für arme Leute ist nie Platz. So gebiert sie ihr Kind in hilfloser Armut, legt es in einen Trog, in dem man das Futter für das Vieh aufbewahrt und wickelt es in ein Tuch. So müssen eben arme Leute im Kampf ums Dasein überleben.

Hier also kommt Gottes Reich. Nichts scheint sich zu ändern, Gott scheint unendlich weit weg zu sein. Die tägliche Geschäftigkeit geht weiter wie jeden Tag, es gibt keine Hoffnung auf etwas anderes. Maria, Josef und nun auch noch das Kind sind eben ein Stück dieser harten, dunklen, sinnlosen Welt.

Was das alles bedeutet (Lk 2, 8–14)

All das aber gehört schon zur Frohen Botschaft. Lukas erläutert sie im zweiten Abschnitt. Engel beginnen zu sprechen. Wenn Engel sprechen, bedeutet es immer, daß wir mit unserem menschlichen Denken nicht weiterkommen. Gott selbst muß uns erklären, was da geschieht und uns diese dunkle, undurchsichtige Wirklichkeit deuten.

Der Engel erscheint Hirten. Das sind arme Leute, ungebildet, weit weg von den Bequemlichkeiten der Städte, fern auch von Tempel und Synagoge, Menschen, die nicht viel von den religiösen Traditionen und den Gesetzesvorschriften wußten. Die Frohe Botschaft kommt also zuerst zu den Armen, die am Rande des religiösen und sozialen Lebens des Volkes ihr Dasein fristen. Die Frohe Botschaft für die Armen ist ein Schlüsselwort des Lukasevangeliums: »Der Geist des Herrn ruht auf mir, denn der Herr hat mich gesalbt, er hat mich gesandt, damit ich den Armen eine gute Nachricht bringe« (Lk 4,18).

Der Engel, der zu den Hirten spricht, ist vom Glanz des Herrn umstrahlt. In Jesu Geburt offenbart sich Gottes Macht und Liebe. In Israels Geschichte war Mose, der machtvolle Führer, von Gottes Herrlichkeit umstrahlt; Gottes Glanz begleitet das Volk durch die Wüste und füllte den Tempel Salomos. Aber wer würde Gottes Herrlichkeit in der ärmlichen Welt der Hirten erwarten? Das ist eben die neue Kunde, die große Freude für alles Volk. Keiner ist ausgeschlossen; aber verkündet wird sie den Armen, eben denen, die sich so oft ausgeschlossen fühlen: »Heute ist euch in der Stadt Davids der Retter geboren, der Messias, der Herr.« In diesem »heute« wissen sich alle Gläubigen, in jeder Lebenslage, angesprochen. In ihm klingt das ewige »Heute« Gottes, das jeden Augenblick unserer Geschichte füllt.

Gott gibt den Hirten ein Zeichen: »Ihr werdet ein Kind finden, das, in Windeln gewickelt, in einer Krippe liegt.« Ist das ein Zeichen des Heils? Kinder, die in Armut geboren sind, bedeuten doch nicht Heil, sondern gehören in den bedrückenden Alltag unserer Welt. Und doch kann Gott uns kein größeres Zeichen geben als dieses Kind: neues Leben, auf dem Gottes Liebe ruht,

das die Zukunft in sich trägt, der Anfang der neuen Schöpfung.
Wir müssen diese neue Sprache lernen. In unseren Ohren tönen die machtvollen Worte der Propheten, Strafdrohungen oder, in Zeiten der Not, die herrliche Vision des neuen Jerusalem. Wir brauchen solche Worte, um uns aufrütteln zu lassen. In Betlehem aber spricht Gott nicht mit Worten, sondern in diesem Kind, das hier sein Leben beginnt. Unser Leben ist vielfach entstellt, fern von Gott, beherrscht von den Idolen Reichtum, Ansehen und Macht, die den Nachbarn zum Feind machen. Jesus ist anders: Sohn des Vaters, Bruder aller. Sein Leben gründet nicht auf Geld und Einfluß, sondern auf Gott allein. Er will nicht herrschen, sondern lädt zu Versöhnung, Brüderlichkeit, Gemeinschaft ein. Dieses Kind von Betlehem ist das Zeichen, der Beginn der erneuten Menschheit, nicht programmiert für eine bestimmte Rolle in der Gesellschaft, nicht eingesponnen in die Netze unserer Erwerbs- und Erfolgsgesellschaft. Es ist einfach Kind, unbeschützt und hilflos. Aber die Zukunft gehört ihm. Er wird leben; auch wenn sie ihn töten, wird er sein Leben in der Macht und Liebe seines Vaters haben, denn »Gott hat ihn zum Erben des Alls eingesetzt« (Hebr 1,2).
Nicht bloß der Engel des Herrn, sondern »ein großes himmlisches Heer« singt von der neuen Welt: »Verherrlicht ist Gott in der Höhe, und auf Erden ist Friede bei den Menschen seiner Gnade.« Der Himmel öffnet sich über dem Kind, über unserer Erde; Himmel und Erde verschmelzen. In diesem Kind, in allen, die mit ihm sind, ist Gott verherrlicht. Denn die große Schöpfung ringsum, Sonnen und Sterne, ist stumm, nur wir sind nach seinem Bild geschaffen, wir sollen mit Jesus Kinder Gottes werden. Wenn dies geschieht und Gottes Liebe unsere Welt durchströmt, dann wird auf unserer Erde Frieden sein.

Die Antwort (Lk 2, 15–20)

»Die Hirten sagten zueinander: Kommt, wir gehen nach Betlehem.« Immer mehr sprengt die Erzählung den Rahmen des Berichtes und wird zum Erlebnis der glaubenden Gemeinde, die sich in den Hirten erkennt. Sie glauben und kommen; sie begegnen der Liebe Gottes. Populäre Phantasie hat die Szene mit Geschenken, die die Hirten bringen, ausgeschmückt. Weihnachten wird zum Fest der Liebe und des Teilens.
Sie gehen, »um das Ereignis zu sehen, das uns der Herr verkünden ließ«. Sie sollen der fleischgewordenen Liebe Gottes begegnen. »Und sie erzählten, was ihnen über dieses Kind gesagt worden war.« Die glaubende Gemeinde wird zum Boten des Heils.
»Maria aber bewahrte alles, was geschehen war, in ihrem Herzen und dachte darüber nach.« Das ist Marias Beschauung. Sie zieht sich nicht von den Ereignissen zurück. Gott begegnet ihr in ihrem Leben, in Freuden und Schmerzen und in den vielen Fragen, auf die sie keine Antwort weiß. So wächst sie jeden Tag tiefer in das unauslotbare Geheimnis Gottes hinein. Das ist christliche Beschauung.
»Die Hirten kehrten zurück, rühmten Gott und priesen ihn für das, was sie gehört und gesehen hatten.« Preis Gottes ist in der Bibel niemals bloß poetischer Überschwang, sondern Antwort des Herzens, des ganzen Menschen auf Gottes Werke. Israel pries Gott für die machtvollen Taten der Schöpfung und Befreiung. Im Neuen Testament preisen wir ihn für sein Reich, sein Kommen in Liebe in unsere Welt, zu jedem Menschen. Das ist der Rhythmus von Kontemplation und Lobpreis: Gott begegnen in seinem Kommen, wie die Schrift es uns erzählt, wie es in unserem eigenen Leben geschieht; ihn in diesem Kommen erkennen und anerkennen; ihm in Liebe und Lob entgegenkommen.

Jesu Geburt nach Matthäus (Mt 2, 1–12)

Auch die Erzählung des Matthäus ist eine Betrachtung. Er sieht in Jesu Kommen den großen Aufbruch aus nationaler Enge und Selbstgerechtigkeit in die weite Gemeinschaft des Gottesreiches. Es gibt keine politischen oder nationalen Vorzüge mehr. Die trennenden Mauern, die von menschlicher Selbstsucht und Selbstgefälligkeit errichtet wurden, müssen fallen.

– »Sterndeuter aus dem Osten kamen nach Jerusalem«: Es sind die Vertreter der Völker. Bei Lukas richtet sich die Heilsbotschaft an die wirtschaftlich und sozial Unterdrückten, bei Matthäus an die fernen Völker, an die Menschen draußen.
– »Wo ist der neugeborene König der Juden?«: In der Frage klingt die uralte Erwartung eines Retters an, der ein goldenes Zeitalter heraufführen wird. Werden sie ihn in Jerusalem finden?
– »Wir haben seinen Stern aufgehen sehen«: Sterne sind Zeichen, Gott führt durch das innere Licht. Sie kommen zur heiligen Stadt, auf der Gottes Verheißungen ruhen, so wie heute die Menschen zur Kirche kommen, zum Sakrament des Heils. Was werden sie dort finden?
– »Als König Herodes das hörte, erschrak er, und mit ihm ganz Jerusalem«: Hat Jerusalem seine Verheißungen vergessen? Alle fürchten sich, wenn Gottes Herrschaft anbricht, denn sie ist das Ende aller menschlichen Autonomie. Macht wird durch Liebe ersetzt. Auch heute haben wir Angst, unsere Macht zu verlieren – in der Kirche, in der Gesellschaft. Wir haben Angst vor unserem Heil.
– »Sie machten sich auf den Weg, und der Stern, den

sie hatten aufgehen sehen, zog vor ihnen her«: Sie folgen der Weisung der Schriftkundigen; die innere Klarheit kommt aber von der Führung Gottes.

– »Sie sahen das Kind und seine Mutter«: Das ist die Erfüllung ihres Suchens. Sie kommen aus dem Osten, aus den Ländern alter Weisheit. Jesus tritt nicht in Wettbewerb mit ihr. Hier spricht Gott nicht in Worten der Weisheit, sondern in Jesus, seinem Sohn, geboren von Maria. Die neue Weise des Sprechens verlangt eine neue Weise des Hörens und Aufnehmens.
– »Sie brachten ihm Gold, Weihrauch und Myrrhe als Gaben«: Das ist unser Heil, nicht daß wir Geschenke empfangen, sondern daß wir geben, was wir sind und was wir haben.

Armut

Betlehem lädt uns ein, über Armut nachzudenken, über die Armut der Millionen, denen die Frohe Botschaft gehört, über die Armut der Kirche, die die Frohe Botschaft verkünden soll. Was bedeutet Jesu Armut in unserer Welt, in unserer Kirche?

Jesus begegnete der Armut in vielen Formen: im Elend blinder Bettler, in der Hilflosigkeit der Kranken, in ausgestoßenen Aussätzigen, in den sozial Degradierten, in der Verlorenheit der Sünder. Jesus heilt und hilft. Aber die entscheidende Botschaft über Armut ist sein Leben: Er teilt unsere Armut und gliedert sich ein in unsere arme und leidende Gemeinschaft. Längst vor der Erzählung vom armen Stall in Betlehem schrieb Paulus: »Er, der reich war, wurde euretwegen arm, um euch durch seine Armut reich zu machen« (Gal 8,9). Seine erlösende Sendung gründet nicht auf Reichtum und Macht. Soziale und wirtschaftliche Programme haben keinen Platz in seiner Sendung. Sein Wirken gründet in Liebe.

Im Leben und in der Sendung der Kirche muß diese Liebe viele Formen annehmen, aber ihre Quelle bleibt immer die Liebe Gottes. Einige dieser Haltungen, in denen sich christliche Armut in der Kirche artikulieren kann, sollen hier erwogen werden.

- Innere Loslösung: die Freiheit von der Sucht nach materiellen Gütern und anderen sozialen Machtpositionen, mit denen wir unser Leben, unsere Zukunft sichern. Auch im Leben der Kirche sind wir versucht, unser Vertrauen darauf zu setzen. Gott allein ist die Garantie für das Leben und die Sendung der Kirche.
- Einfachheit: Freiheit von Luxus und Überfluß im persönlichen Leben, in Institutionen.
- Solidarität mit den Armen: Armut ist nicht bloß eine persönliche Haltung; sie muß hinauswachsen in unsere Welt, in die Gesellschaft, in der wir leben: Sie zeigt sich im Wahrnehmen der Situation, der Nöte und Möglichkeiten der Armen durch persönliche Erfahrung, Studium, Einsatz für sie.
- Ernste Arbeit: Sie gehört zur Würde des Menschen, sie ist das Schicksal der Millionen. »Wer nicht arbeitet, soll auch nicht essen« (2 Thess 3, 10).
- Verfügbarkeit: Meine Zeit und meine Fähigkeiten sind nicht mein Eigentum. Wie Jesus den Menschen gehörte, so sind seine Jünger untereinander und mit der Umwelt in mitteilender Gemeinschaft verbunden.
- Dienst: Die Beziehungen zur Umwelt sollen nicht von meinem Vorteil, sondern von den Bedürfnissen des Nächsten bestimmt sein.
- Verantwortung: Geld und alle materiellen Werte müssen gewissenhaft verwaltet und gebraucht werden, frei von Geiz und Verschwendung.

Weitere Texte

Tit 3,1–7: Die Güte und Menschenliebe Gottes ist erschienen.
Joh 1,1–18: Das Wort ist Fleisch geworden.
II. Vatikanisches Konzil: Dekret über das Ordensleben, 13.

FRAGEN

- Wie feiere ich meinen Geburtstag, meine Weihnacht? Verstehe ich mein Leben wie Jesus in vertrauender Gotteskindschaft und in liebender Verflochtenheit mit meiner Umgebung – in Gemeinsamkeit, Verantwortung, weltweiter Offenheit?
- Habe ich über Besitz und Armut in meinem Leben, in meiner Umwelt ernstlich nachgedacht?

ZUR ERWÄGUNG

»Unsere Armut ist Armut der Frohen Botschaft: sanft, zartfühlend, offenherzig, froh, stets bereit, sich in Liebe mitzuteilen.
Armut ist zuerst Liebe, dann erst Verzicht. Liebe drängt zum Geben. Um zu geben, muß man von Selbstsucht frei sein.«

Mutter Teresa

5. Der persönliche Anruf

»Ich werde ihm einen weißen Stein geben, und auf dem Stein steht ein neuer Name, den nur der kennt, der ihn empfängt« (Offb 2,17).

Die folgenden Betrachtungen führen in die Mitte der »Geistlichen Übungen«: Was ist Gottes Wille für mich, was ist der Sinn meines Lebens? Wenn von Gottes Wille die Rede ist, denken viele an Gesetz, an Entscheidungen, die ihnen sozusagen von oben auferlegt werden. Das ist nicht das Evangelium. Jesus bringt nicht neue Gesetze, sondern schenkt Leben: »Wer glaubt, hat das ewige Leben« (Joh 6,47). Leben ist nicht auferlegt, Leben ist Geschenk, es ist mein eigen. Das also will Gott, daß ich wahres Leben finde, mein Leben.
Leben hat viele Formen. Wir unterscheiden uns von den Menschen der Vergangenheit. Auch in unserer gegenwärtigen Welt gibt es eine Vielfalt von Sprachen und Kulturen. Jedes Menschenleben ist geformt vom Erbe der Eltern und Vorfahren, von Familie und Gesellschaft. Die Unterschiede aber reichen noch viel tiefer: Jedes Menschenleben ist einmalig. Die Vielgestalt des Lebens ist nicht ein Würfelspiel des Zufalls, in dem die Elemente des Erbes und der sozialen Einflüsse willkürlich zusammengeworfen werden, um sich später wieder aufzulösen.
Wir haben Namen vor Gott. Israel erhielt seinen Namen: »Fürchte dich nicht, ich habe dich ausgelöst, ich habe deinen Namen gerufen, du gehörst mir« (Jes 43,1). Jeremia, der schwere Schicksalsschläge und Enttäuschungen zu tragen hatte, lebte aus der Zusicherung seiner persönlichen Berufung: »Noch ehe ich dich im Mutterleib formte, habe ich dich ausersehen, noch ehe du aus dem Mutterschoß hervorkamst, habe ich dich ge-

heiligt« (Jer 1,5). Die persönliche Liebe Gottes gehört nicht nur den großen Gestalten der Geschichte, sondern umschließt alle: »In Christus hat Gott uns erwählt vor der Erschaffung der Welt, damit wir heilig und untadelig leben vor Gott« (Eph 1,4). Jeder hat einen neuen Namen, »den nur der kennt, der ihn empfängt« (Offb 2,17).

Es ist die Aufgabe eines jeden, diesen Namen, die persönliche Identität zu finden und sie im konkreten Leben zu verwirklichen. Davon hängt der Sinn meines Daseins ab. Das Werk eines Künstlers ist mehr als das Vermischen von Farben, die sich jeder kaufen kann. Das Zusammenklingen und Ineinanderfließen der Farben ist nicht Zufall, sondern das Werk von Liebe und Kunst. So ist auch mein Leben mehr als das zufällige Zusammentreffen genetischer, psychologischer und sozialer Faktoren. Was will Gott von mir? Was ist der Sinn meines Lebens?

Mein Leben ist mir anvertraut. Es ist nicht fertig; ich bin gleichsam eine Skizze, die ausgezeichnet werden soll. Kann ich sie vollenden? Ich kann sie verderben und zur Karikatur machen. Ich kann auch Gottes Absicht mißdeuten und etwas anderes aus mir machen wollen, meinen Ideen und Wünschen entsprechend. Mein Leben aber ist verfehlt, wenn ich nicht Gottes Absicht erkenne. Wie hat er mich gesehen? Ich muß meine eigenen Wünsche und Vorstellungen beiseite schieben und lesen lernen, was Gott meinem Wesen mit seiner schöpferischen Macht und Liebe eingeschrieben hat. Nur so kann ich meinen Namen finden.

Die persönliche Berufung

Wie kann ich diesen Namen entdecken? Wir kennen die natürlichen Entwicklungsstufen menschlichen

Wachstums: von der Kindheit, über die Entwicklungsjahre, zur gereiften Persönlichkeit. Kindheit ist das Alter der Abhängigkeit und des Lernens. Das Kind muß in die gegebene Ordnung, in der es zur Welt kam, hineinwachsen und sich in ihr bewegen lernen. Schließlich aber soll das Kind zur Person werden mit seinem eigenen Leben und seiner persönlichen Bestimmung. Schon in frühen Jahren meldet sich diese Selbstbehauptung an, oft in Trotz und Eigensinn. Die eigentliche Krise kommt in den Entwicklungsjahren: Traditionen werden als Last empfunden; sie hemmen die persönliche Freiheit, hindern Wachstum und Selbstentfaltung. Heranwachsende Mädchen und Jungen suchen ihr Leben selbst in die Hand zu nehmen und ihre eigene Welt zu bauen. Es ist eine Welt des Übergangs, voll Unsicherheit, voll Verlangen nach authentischem Leben, das aber noch nicht in Reichweite liegt. Erwachsen ist ein Mensch, der seine persönliche Identität gefunden hat mit sinnvoller Beziehung zu Umwelt und Gesellschaft. Ähnlich sind die Schritte im Leben des Geistes. Es beginnt meist in der christlichen Gemeinschaft, in Familie und Gemeinde, mit Gottesdiensten und Religionsstunden. Sie sind hilfreich, aber oft einengend. Viele geben im Lauf der Jahre unter dem Einfluß der Umgebung diese Praxis christlichen Lebens auf. Wenn sie beibehalten wird, bleibt sie oft auf den traditionellen Rahmen beschränkt, in dem man aufgewachsen ist.

In diesem Rahmen soll nun das persönliche Leben, die besondere Berufung des Einzelnen erwachen und sich entwickeln. Glaube bleibt nicht eine Formel, sondern wird zur persönlichen Antwort und Selbstübergabe an Gott. So findet das Leben die besondere Gestalt, in der jeder zum Dienst vor Gott und am Mitmenschen berufen ist. Diese persönliche Gestaltung des Lebens kann man nicht »lernen« oder von anderen übernehmen. Gott ruft jeden bei seinem Namen. Das Finden dieser persönlichen Identität ist wichtiger als die Wahl eines Berufes oder einer Karriere; sie betrifft nicht das, was wir tun, sondern was wir sind. Sie hängt nicht von dem ab, was Menschen von uns denken und erwarten, sondern besteht allein in Gottes Gegenwart. Sie ist die Mitte, von der aus alle Beziehungen und Tätigkeiten ihren Sinn empfangen.

Lehrer des geistlichen Lebens nennen diesen Durchbruch eine zweite Bekehrung oder eine Berufung innerhalb der Berufung. Die erste Bekehrung besteht in der Annahme der allgemein verbindlichen Formen christlichen Lebens in Familie oder alleinstehend, als Priester oder in einer religiösen Gemeinschaft. Aber das Leben und die Welt sind reicher als die Formeln der Tradition. Sie stellen Fragen, für die es keine fertigen Antworten gibt und Anforderungen, die in allgemeinen Verhaltensregeln nicht vorgesehen sind. Sie gehen mich persönlich an und verlangen meine eigene Entscheidung. Ich muß lernen, die Zeichen der Zeit zu deuten, auf die inneren Anregungen zu horchen. Was will Gott von mir? Ich gehe durch eine Krise.

Es gibt viele Formen von Krisen: Enttäuschungen und Entmutigungen, die uns lähmen. Es gibt Christen, denen die Kirche nichts mehr bedeutet, Priester und Ordensleute, denen die Freude und der Sinn ihrer Berufung verlorengegangen sind. Hier aber denken wir vor allem an Christen, die ihr Christsein durchaus ernst nehmen, die beten und am kirchlichen Leben teilnehmen, denen aber Gottesdienste, auch wenn sie gut gefeiert werden, das tiefe Sehnen nach Gott nicht mehr erfüllen, denen hergebrachte Formeln leer vorkommen. Sie spüren das Wirken des Geistes, das Suchen nach einem Lebenssinn in unserer Welt und möchten ihren Mitmenschen in neuer Weise begegnen. Das Evangelium spricht von neuem Wein in neuen Schläuchen. Gottes Geist führt sie weg von den ausgetretenen Pfa-

den der Vergangenheit auf neue Wege, in unerforschtes Land. Wo ist mein Platz in dieser werdenden Welt, die immer neu ist? Wohin führt mich Gott? Was soll ich sein, was soll ich tun? Was darf ich werden?
Das sind Fragen des Exerzitanden. Die Antwort kommt von Gottes Wort, aber nicht als fertiges Diktat. Gott spricht sein Wort in mein Herz, in der konkreten Situation meines Lebens.

Die persönliche Berufung in den »Geistlichen Übungen«

Die »Geistlichen Übungen« sollen zu Klarheit und neuer Orientierung führen. Ignatius denkt an zwei Situationen. In erster Linie wendet er sich an einen Exerzitanden, der eine grundsätzliche Entscheidung für sein Leben sucht. Dafür enthält das Exerzitienbüchlein ausführliche Anweisungen (Nr. 169–189). Ignatius kennt aber auch die andere Situation – und sie ist weitaus häufiger –, daß der Exerzitand seinen Lebensentwurf schon gefunden hat oder doch in der Vorbereitung auf eine feste Lebensform fortgeschritten ist. Aber er spürt, daß sein Leben in eine Phase eingetreten ist, in der er eine neue, grundsätzliche Orientierung braucht. Er hat seinen Platz in Welt, Gesellschaft und Kirche schon gefunden; aber er sucht Erneuerung und Vertiefung. Er möchte in seiner beruflichen Mitwelt und in seiner sozialen Stellung die persönliche Aufgabe erfüllen, die Gott ihm zugedacht hat. Das kann in zwei Schritten geschehen:
1. Ich überdenke nochmals den Weg zu meiner Lebensform und vertiefe mich in ihren Sinn und ihre Bedeutung (vgl. dazu I/3). Wie haben sich die Vorstellungen von meinem Lebensentwurf entwickelt, verändert? Was waren die ursprünglichen Motive, meinen Beruf zu ergreifen? Sind sie heute noch gültig und sinnvoll, sind

andere Gesichtspunkte in den Vordergrund getreten? Was denken andere von meiner Lebensform: ihre Hochschätzung und ihre Kritik, ihre Erwartungen?
Was sind meine eigenen Erfahrungen: bestätigend, ermutigend, enttäuschend? Wo sind meine Unsicherheiten, Befürchtungen? Was sind meine Hoffnungen?
2. In einem zweiten Schritt versuche ich, die konkrete Form zu umschreiben, in der ich meinen Beruf verwirklichen will, die »Berufung in der Berufung«. Die allgemein gültigen Normen geben den Rahmen ab, in dem sich mein persönlicher Ruf erfüllen soll, aber die neue Sicht meines Lebens mit den neuen Anforderungen soll nun artikuliert werden.
Ignatius sieht in Lukas' Bericht von Jesu Leben in Nazaret die Darstellung eines Lebens nach den Geboten, im Rahmen gegebener Traditionen. Im Verweilen des Zwölfjährigen im Tempel erscheint eine neue Macht, die Jesu Leben mit seiner einmaligen Berufung prägt (Nr. 138).

Jesus in Nazaret (Lk 2,39f. 51f)

»Das Kind wuchs heran und wurde kräftig; Gott erfüllte es mit Weisheit, und seine Gnade ruhte auf ihm.« Lukas schreibt nicht als Chronist, sondern zeichnet Jesu Jugend in stilisierter Form als den Werdegang eines jüdischen Knaben. Gerade die Farblosigkeit des Berichtes drückt am besten aus, was er sagen wollte: eben daß Jesus im normalen Rahmen des Dorflebens heranwuchs. Wir nennen diese Jahre oft das »verborgene Leben« Jesu, im Gegensatz zu seinem späteren öffentlichen Auftreten. Der Ausdruck kann aber irreführen, als ob Jesus etwas verborgen hätte. Er hatte nichts zu verbergen, er gehörte ganz einfach zur Dorfjugend und nahm die frühen Eindrücke der ländlichen Umgebung in sein Leben

auf, wie sie sich später in so vielen seiner Gleichnisse spiegeln. Er wird sich auch der Unzulänglichkeiten und Konflikte in seiner Umgebung bewußt.
In dieser Welt formt sich seine Vision vom »Reich Gottes«; er kommt zum Bewußtsein seiner persönlichen Berufung. Wir haben keine Aufzeichnungen über diesen Werdegang. Lukas sagt einfach: »Er wuchs heran«. Es ist die Zeit des Betens, Wachsens, Wartens in Geduld.

Jesu persönliche Berufung (Lk 2,41–50)

Das Lukasevangelium enthält eine Erzählung, in der sich das Erwachen der persönlichen Berufung Jesu spiegelt, gleichsam eine Zusammenfassung dessen, was in den Jahren der Anonymität in Jesus vorgeht.
Das Alter von zwölf Jahren bedeutet für die Juden den Beginn der persönlichen Verantwortung in der Erfüllung des Gesetzes. Es ist auch der Anfang der Entwicklungsjahre, des Alters der erwachenden Persönlichkeit und Selbstbehauptung eines jungen Menschen. Wie wird Jesus sein eigenes Leben verstehen? In dieser Erzählung spiegeln sich die Schönheit und zugleich die Problematik der Entwicklungsjahre.
»Die Eltern zogen hinauf (nach Jerusalem), wie es dem Festbrauch entsprach.« Die Erzählung fügt sich in den Rahmen der Tradition, in der freilich Jesu persönliche Berufung schon irgendwie vorausgenommen ist. Denn die Mitte jüdischen Lebens ist nicht das Dorf, sondern der Tempel, das sichtbare Zeichen der Gegenwart Gottes mitten unter seinem Volk. Jesus singt die Psalmen der Pilgerschaft wie alle andern (Pss 120–134), aber in seinem Mund haben sie einen neuen Klang; er nimmt am Ritual des Paschamahls teil, wohl im Kreis der Verwandtschaft. In diesem Mahl feiert Israel die Geschichte Gottes mit seinem Volk.

»Der junge Jesus aber blieb in Jerusalem«: Er muß zurückbleiben in dieser Stadt, sie ist sein Daheim, das Haus seines Vaters. Mehr und mehr muß er vom Geheimnis seines Vaters und seines Volkes verstehen. Es ist die Welt, in die er gehört.
»Maria und Josef suchten ihn bei den Bekannten und Verwandten«: Sie leben in der Welt der Tradition, und da suchen sie auch Jesus. Nun müssen sie erkennen, daß Jesus nicht mehr zu ihnen gehört.
»Nach drei Tagen fanden sie ihn im Tempel; er saß mitten unter den Lehrern, hörte ihnen zu und stellte Fragen«: Jesus hört von Gottes Taten, die an diesem Fest gefeiert werden. Er vernimmt die Erklärungen. Aber reichen diese Deutungen in die Tiefe, in das verborgene Geheimnis hinab, das da gefeiert wird? Was will Gott wirklich mit seinem Volk? – Was hat denn dieser Knabe so viele Fragen, was geht denn in ihm vor? »Alle, die ihn hörten, waren erstaunt über sein Verständnis und seine Antworten.«
Die Eltern aber wissen nur eines: Sie haben ihr Kind wieder gefunden. Sie können es nicht verstehen, sie sind »sehr betroffen«: »Kind, wie konntest du uns das antun? Dein Vater und ich haben dich voll Angst gesucht.« Jesu Antwort kommt wie aus einer weiten Ferne, aus einer anderen Welt, in die er nun gehört: »Warum habt ihr mich gesucht? Wußtet ihr nicht, daß ich in dem sein muß, was meinem Vater gehört?« Das ist sein wahres Leben, seine Zukunft. Er gehört nicht der irdischen Familie, sondern allein seinem Vater, Gott.
»Sie verstanden nicht, was er damit sagen wollte«: Wie konnten sie es verstehen? Es ist der Schmerz der Eltern, sehen zu müssen, wie ihr Kind in seine eigene Zukunft hineinwächst. In Jesus erwacht sein innerstes Wesen, seine Sendung.
Dann aber kehrte er nach Nazaret zurück »und war ih-

nen gehorsam«. Er bleibt in seiner traditionellen Umgebung, bis seine Stunde kommt. Aber sein Leben trägt das Siegel der Sendung. Maria wird es lernen: »Seine Mutter bewahrte alles, was geschehen war, in ihrem Herzen.«

ZUR BETRACHTUNG

Ja, ich komme (Hebr 10,5–7)

Der Hebräerbrief zeigt Jesus als die Erfüllung der Berufung Israels. Gott hatte sich das Volk zu eigen gemacht: »Ich habe dich beim Namen gerufen, du gehörst mir« (Jes 43,1), und »du sollst den Herrn, deinen Gott, lieben mit ganzem Herzen« (Dtn 6,5). Der Bund aber war zur Institution geworden mit Gesetzen und Ritualen, die das Leben des Volkes regelten. Gesetzestreue kann zum Ersatz der persönlichen Liebe werden. Es ist leichter, Gebote zu erfüllen, als zu lieben.
In Jesus wird sichtbar, was Gott mit der Erwählung seines Volkes meinte. Sein Leben besteht nicht nur in Opferritualen, sondern in der Ganzhingabe an Gott, verwirklicht in seinem Leben und Sterben. So wird Jesus das Urbild des neuen Lebens. Der Text des Hebräerbriefes ist eine Paraphrase von Psalm 40. Er wird zum »Morgengebet« Jesu.

- Darum spricht Christus bei seinem Eintritt in die Welt: »Schlacht- und Speiseopfer hast du nicht gefordert«: Riten sind Zeichen; sie sind sinnvoll, soweit sie die Hingabe an Gott und die Feier der Gemeinschaft sichtbar machen, sonst sind sie leer.
- »Einen Leib hast du mir geschaffen«: Leib bedeutet den ganzen Menschen, sein Eigenleben, Jesu Leben in

der Welt, sein Verwobensein mit unserer menschlichen Gesellschaft und Geschichte, seine Aufgabe und Sendung; auch seinen Konflikt, die Ablehnung und den Tod.

- »Ja, ich komme, deinen Willen zu tun«: Jesus sah sein ganzes Leben als ein Kommen zum Vater und als Hingabe an uns. Seine letzte Gabe ist sein Leib: Nehmt, eßt, das ist mein Leib. Das ist Gottes Wille für Jesus: lieben und geben. Es ist das Urbild christlichen Lebens.
- »Ich mahne euch, meine Brüder, euren Leib als lebendiges und heiliges Opfer darzubringen, das Gott gefällt; das ist für euch der wahre und angemessene Gottesdienst« (Röm 12, 1): Das ist Leben in Jesus Christus; es darf sich nie veräußerlichen als bloße Erfüllung von Gesetzen. Gott will das Leben, das er mir gegeben hat, den Leib. In diesen »Geistlichen Übungen« suche ich mein Leben und biete es Gott an.

Wie kann ich meine persönliche Berufung finden?

Das ist ein Vorgang innerer Wahrnehmung, die fortschreitende Erfassung des Sinnes meines Lebens – meines einmaligen Lebens – und der Einladung Gottes an mich. Solche Erkenntnis kann nicht errechnet werden, sie muß wachsen. Für dieses Wachstum gibt es Hilfen:

- Ich lasse mein Leben vorbeiziehen: die Stufen meines Wachsens in der Vergangenheit, die Wendepunkte in meinem Leben, die Einsichten, die mir zuteil wurden.
- Die Erfahrungen und Anforderungen der Welt, in der ich lebe; Menschen, die mich beeinflussen, Menschen, die mich brauchen; Bücher, die mir neue Horizonte öffnen; die Ereignisse der weiteren Welt; die Verantwortungen, die auf mich zukommen.
- Die innere Führung des Heiligen Geistes in diesen

»Geistlichen Übungen«: Ich vergleiche sie mit früheren Erfahrungen, suche durchgehende Orientierungen. Im Gespräch mit dem Leiter der Exerzitien suche ich unbestimmte Erfahrungen zu artikulieren und zu klären.
- Mein Suchen wird zum Gebet: Nur in der Gegenwart Gottes, in der schweigenden Offenheit für sein Licht und seine Führung kann ich mein wahres Selbst finden, die persönliche Berufung.

Weitere Texte

Kol 3,12–25: Gottes Wille im täglichen Leben.
Jer 1,1–10; Sam 3 und andere Berufungsberichte: der persönliche Ruf.

FRAGEN

- Jesus war gehorsam und lebte unter dem Gesetz, in seiner Welt. Ist meine Welt für mich der Ort, an dem ich Gott, seiner Führung und Einladung begegne? Spricht Gott zu mir durch die Menschen meiner Umgebung, durch meine Beschäftigung und Verantwortung?
- Wo und wie ist in mir das Bewußtsein einer persönlichen Berufung und der besonderen Einladung Gottes an mich gewachsen?

ZUR ERWÄGUNG

»Heute Nacht, aber es war wohl morgens, wenn die Träume kommen, dann kam auch zu mir einer. Was darin geschah, weiß ich nicht mehr, aber es wurde etwas gesagt, ob zu mir oder von mir selbst, auch das weiß ich nicht mehr. Es wurde also gesagt, wenn der Mensch geboren wird, wird ihm ein Wort mitgegeben, und es war wichtig, was gemeint war: nicht nur eine Veranlagung, sondern ein Wort. Das wird hineingesprochen in sein Wesen und es ist wie das Paßwort zu allem, was dann geschieht.

Es ist Kraft und Schwäche zugleich. Es ist Auftrag und Verheißung. Es ist Schutz und Gefährdung. Alles, was dann im Gang der Jahre geschieht, ist Auswirkung dieses Wortes, ist Erläuterung und Erfüllung. Und es kommt alles darauf an, daß der, dem es zugesprochen wird – jeder Mensch, denn jedem wird eins zugesprochen –, es versteht und mit ihm ins Einvernehmen kommt. Und vielleicht wird dieses Wort die Unterlage sein zu dem, was der Richter einmal zu ihm sprechen wird.«

Romano Guardini

(Berichte über mein Leben. Autobiographische Aufzeichnungen. Aus dem Nachlaß herausgegeben von Franz Henrich. Schriften der Katholischen Akademie in Bayern, Band 116, Patmos Verlag, Düsseldorf 4/1985, Seite 20)

6. Der Konflikt

»Meint ihr, ich sei gekommen, um Frieden auf die Erde zu bringen? Nein, ich sage euch, nicht Frieden, sondern Spaltung« (Lk 15,21).

Solche Worte sind hart. Wie kann man sie mit der Weihnachtsbotschaft des Friedens in Einklang bringen? Was ist Friede, was ist Konflikt in der Bibel? Der Friede der Weihnacht und erst recht der Friede von Ostern sind nicht Kapitulation vor den Mächten der Nacht, nicht Pazifismus um jeden Preis. Friede ist die in Gott gegründete Sicherheit des endgültigen Sieges über das Böse, ein Sieg der Liebe, nicht der Macht.

Jesu ganzes Leben ist Konflikt, unaufhörlicher Kampf gegen das Böse, das sich in unserer Welt eingewurzelt hat und in jedem Menschenherzen einen Verbündeten findet. In diesem Konflikt scheint Jesus unterzugehen, aber er endet im Licht von Ostern.

Alle wahren Jünger sind in diesen Konflikt hineingezogen. Sie sind aber auch bei ihm in seinem Sieg: »Wer siegt, der darf mit mir auf meinem Thron sitzen, so wie auch ich gesiegt habe und mich mit meinem Vater auf seinen Thron gesetzt habe« (Offb 3,21).

Johannes sieht Jesu Sendung als den Kampf gegen die Macht der Finsternis. Die Welt hat ihre ursprüngliche Schönheit verloren, sie hat sich, in der Sicht des Johannes, gegen das Licht abgeschlossen: »Das Licht kam in die Welt, und die Menschen liebten die Finsternis mehr als das Licht« (Joh 3,19). Aber das Licht bleibt siegreich: »Die Finsternis hat es nicht überwunden« (Joh 1,5).

Jedes christliche Leben ist von diesem Konflikt gezeichnet; jeder Christ muß sich im Konflikt bewähren. So ist das Thema dieses Tages der Konflikt im Leben Jesu, die Versuchung, die ihn von Anfang an verfolgt, die in der

Geschichte der Kirche tausendfach wiederkehrt, die jedes christliche – jedes menschliche – Leben bedroht.

Jesu Versuchung (Mt 4,1–11; Lk 4,1–13)

Die Versuchungsgeschichte ist nicht der Bericht eines Chronisten, sondern die thematische Vorausnahme des Konflikts, der das ganze Leben Jesu durchzieht. Soll Jesus auf die Erwartungen seiner Umgebung eingehen, ein politischer Messias werden, oder soll er die Gottesherrschaft verkünden und dadurch in Konflikt mit allen geraten, die Machtpositionen einnehmen und in Gottes Namen ihr eigenes Reich festigen? Diese Alternative seiner Sendung wird zur persönlichen Versuchung. Jesu Sündenlosigkeit besteht nicht in einer abgeschirmten Distanz von unseren menschlichen Problemen. Er ist einer von uns, auch in seiner Versuchung.

Jesus wurde vom Geist in die Wüste geführt

Die Taufe im Jordan bedeutet Jesu Eintritt in sein Wirken. Der Geist kommt auf Jesus herab, sein ganzes Leben und Tun ist vom Geist geleitet. Er muß die Grundentscheidungen seines Lebens in der Tiefe seines Herzens treffen, in der Einsamkeit. Darum führt ihn der Geist Gottes in die Wüste.

Dort sollte er vom Teufel in Versuchung geführt werden

Jesus wurde also wirklich versucht. Jedes Bemühen, die Wirklichkeit und Tiefe der Versuchung Jesu abzuschwächen, als ob er uns nur ein Beispiel geben wollte, wie man Versuchungen widersteht, geht am Evangelium vorbei: »Wir haben ja nicht einen Hohenpriester, der nicht mitfühlen könnte mit unserer Schwäche, sondern einen, der in allem wie wir in Versuchung geführt worden ist, aber nicht gesündigt hat« (Hebr 4, 15).

Jesus wurde vom Teufel versucht: Was bedeutet das? Die tatsächliche Versuchung Jesu in seinem Wirken bestand darin, den Erwartungen des Volkes und vielleicht auch seinen eigenen entgegenzukommen: Sie brauchen Brot, sie verlangen nach sichtbaren Wunderzeichen göttlicher Macht, nach Wiederherstellung politischer Freiheit – alles sehr menschliche Wünsche. Was ist daran teuflisch?

Unser menschliches Herz und unsere menschliche Gesellschaft sind der Kampfplatz zwischen Licht und Finsternis, Liebe und Stolz, Gott und Satan. Denn das ist Sünde, daß der Mensch sich selbst zur Mitte macht. Sünde verkörpert sich in allen Sphären menschlichen Lebens. Jeder ist damit beschäftigt, seine eigene Welt zu bauen und auszuweiten: Wohlergehen, ein großer Name, Einfluß, Macht. All das ist menschlich, aber eben in diesen menschlichen Sphären steht Licht gegen Finsternis, Gottes Herrschaft gegen menschliche Autonomie. Es ist Jesu Sendung, Gottes Herrschaft zu verkünden, das Gesetz der Liebe gegen Selbstsucht, das Dienen gegen den Drang zu herrschen. Diese Botschaft gilt für alle Bereiche unserer Welt; wo immer sie verkündet und gelebt wird, entsteht Konflikt.

Mit dieser Botschaft steht Jesus allein. Zwar freuen sich alle an der Vision einer besseren Welt, aber wer ist bereit, bei sich selbst anzufangen? Kann Jesus allein gegen das allgemeine Verhalten der Leute im täglichen Leben stehen? Werden sie den schweigenden Vorwurf seines Lebens und den lauten Protest seiner Predigt hinnehmen? Sollte er nicht »realistischer« denken und sich einigermaßen an die Vorstellungen und Verhaltensweisen der Umgebung anpassen? Sie würden ihm zujubeln, würden ihn zum König machen. Aber Jesus hat seine Sendung vom Vater. Er muß anders sein. Er muß eine Alternative zu unserer Welt, zu unserer Gesellschaft anbieten. Wird er das durchhalten, sein ganzes Leben lang, auch wenn sie ihn verwerfen und ihn töten?

Wenn du Gottes Sohn bist

Gott ist Vater, er ist Liebe, Quellgrund allen Lebens. Er ist Gott, und es gibt keinen Gott neben ihm: »Ich bin Jahwe, dein Gott... Du sollst neben mir keine anderen Götter haben« (Ex 20,2f). »Jahwe, unser Gott ist einzig. Darum sollst du den Herrn, deinen Gott, lieben mit ganzem Herzen, mit ganzer Seele und mit ganzer Kraft« (Dtn 6,4). Endlich soll Israel dieses Gebot wirklich verstehen. Das ist Jesu Botschaft, die Herrschaft Gottes, die alle Lebensbereiche umgreift. Er redet nicht von Gott in seinem fernen Himmel, sondern von seiner Gegenwart unter uns, von seiner Liebe, die unsere Welt verwandelt. Alle anderen Mächte – selbstsüchtig, beherrschend, bedrückend, trennend, zerstörend – werden überwunden werden; eine neue Gesellschaft wird entstehen in Liebe und Mitteilen. Das ist Gottes Herrschaft. Jesus muß sie verkünden und in seinem Leben verwirklichen, er muß den Konflikt tragen, wenn sich die Mächtigen und Selbstgerechten bedroht fühlen. Alle sprechen über Gott, alle wollen sich Gottes Kinder nennen; was sie aber so oft von Gott erwarten, ist Wohlergehen, Ehrenplätze, Macht. Werden sie jemals verstehen, was Gottes Herrschaft bedeutet?
»Wenn du Gottes Sohn bist«: Dieser Titel kann auch Versuchung werden. Was könnte Jesus größeres Selbstvertrauen geben als dieses Gottes-Sohn-Sein? Die Welt liegt offen vor ihm. Gott wird ihn groß machen. Er wird der Messiaskönig sein, auf den das Volk wartet.

Befiehl, daß aus diesen Steinen Brot wird

Wir brauchen Brot. Jesus weiß es nach 40 Tagen Gebet und Fasten. Wenn Gott unser Vater ist, muß er uns Brot geben, so wie er den Vätern in der Wüste Brot gab. Die Versuchung beginnt: Jesus ist Gottes Sohn, er muß Macht haben ohne Grenzen. Kann er nicht auch tun, was Gott in der Wüste getan hat? Jesus sieht sich mitten unter den Menschen, weit weg von den Dörfern; sie folgten ihm in die Einöde, sie sind hungrig und brauchen Brot. Er läßt sie in Gruppen niedersitzen und ein paar Brote unter sie verteilen. Alle essen, alle werden satt, und sie staunen. Eine Welle der Begeisterung geht durch die Massen, sie rufen ihn zum König aus. Eine große Menge ist da, viel mehr werden kommen, und er wird ihr Messiaskönig sein.
Die Versuchung geht weiter: Sie glauben an ihn, er ist von Gott gesandt – aber er kommt ja nur aus einem kleinen Dorf. Kann denn aus Nazaret etwas Gutes kommen? Nein, der Messias muß in Herrlichkeit erscheinen. So stellten sie es sich vor. Jesus sieht sich auf der Tempelzinne, tief unter ihm sind die Volksmassen.
Wieder spricht die Stimme: »Wenn du Sohn Gottes bist, so stürze dich hinab.« Engel werden dich tragen, und das Volk wird jubeln. Das ist es doch, was sie alle brauchen! Die Römer wußten es schon immer, alle großen Herren wissen es: Brot und ein Schauspiel, etwas zum Sehen für die Augen, so daß die Phantasie es weiterspinnen kann. Die Begeisterung der Massen wird ihn tragen, und seine Herrschaft beginnt. Das ist doch die uralte Verheißung, daß Davids Herrschaft wieder aufgerichtet werden muß. Nicht nur dieses kleine Land wird sich vor ihm beugen – alle Völker, alle Reiche.
Noch einmal erklingt die Stimme der Verführung: »Das alles will ich dir geben.« Von fernen Ländern werden sie kommen und Geschenke bringen. Jerusalem ist die hei-

lige Stadt, der Sammelpunkt der Völker. Steht es nicht in den Büchern der Propheten (Jes 2, 1–4; 66, 10–12)?

Wenn du dich vor mir niederwirfst und mich anbetest

Das aber ist die entscheidende Frage: Wer wird herrschen? Wird Jesus sein eigenes Königtum ausrufen, ein irdisches Reich wie andere Reiche, die da kommen und gehen? Alle haben die gleiche Grundlage: Reichtum, Selbstverherrlichung und Macht. Oder wird er Gottes Herrschaft bringen, das Reich, das die Zeiten überdauert, den Anfang der neuen Schöpfung? Nochmals geht es um dieselbe Frage wie in der Urgeschichte der Menschheit: Ist Gott Mitte und Ziel der Welt, oder wird der Mensch Gottes Platz einnehmen: »Ihr werdet sein wie Gott«?
Alle Menschen wollen ihr eigenes Reich bauen; meist können sie es nur in kleinem Maßstab tun, im Rahmen der gegebenen Ordnung, manchmal gelingt es in großen Dimensionen. Die treibende Kraft ist immer die gleiche: Unsere menschlichen Grundbedürfnisse sind Brot, soziale Anerkennung, Raum für unsere schöpferische Freiheit; wir verkehren sie in den satanischen Hunger nach Reichtum, Verherrlichung, Macht. Das ist Jesu Versuchung, die Versuchung der Kirche – die Versuchung aller Menschen.

Vor dem Herrn, deinem Gott,
sollst du dich niederwerfen und ihm allein dienen

Das ist Jesu Antwort. Seine Sendung ist Gottes Herrschaft; er bleibt ihr treu. Er wird den Hungrigen Brot geben, und sie werden in enthusiastischer Begeisterung ihn zum König machen wollen; auch die Jünger werden

von der Bewegung erfaßt. Jesus aber zieht sich zurück (Joh 6,14; Mk 6,45f). Am folgenden Morgen in der Synagoge spricht er (nach Johannes) nicht vom irdischen Brot, sondern vom Brot, das ewiges Leben gibt (Joh 6,48–51). Das Volk ist enttäuscht.
»Der Mensch lebt nicht nur von Brot, sondern von jedem Wort, das aus Gottes Mund kommt.« Gottes Wort kann Herzen umwandeln und kann uns zu Schwestern und Brüdern machen. Das ist möglich, wenn wir die falsche Souveränität aufgeben, mit der wir andere beherrschen wollen, mit der wir schließlich auch über Gott verfügen möchten, um ihn für unsere Ziele zu gebrauchen. Jesus kann das nie tun: »Du sollst den Herrn, deinen Gott, nicht auf die Probe stellen.« So ist also Jesus Sohn Gottes, nicht wie seine Umwelt es erwartete, wie Satan es vorgaukelt. Es ist für Jesus nicht ein Titel selbstherrlicher Macht, sondern das Schlüsselwort seiner Sendung: das Reich seines Vaters zu verkünden, das Reich Gottes, der durch seine Liebe unsere Welt neu machen will.

ZUR BETRACHTUNG

Der Konflikt mit den Jüngern (Mk 8,27–38)

Immer deutlicher zeigt sich, daß Jesus von den Führern des Volkes abgelehnt wird. Er zieht sich über die Grenze, nach Cäsarea Philippi zurück. Es ist eine entscheidende Situation für seine Jünger und für ihn. – Ich durchlebe diese Stunde meditierend. In ihr werde ich meine eigene Entscheidung finden.

– »Für wen halten mich die Menschen?«: Die Jünger sollen sich bewußt werden und sich Rechenschaft darüber geben, was Jesus für die Menschen in ihrer Umgebung bedeutet. Was bedeutet er in der heutigen Gesellschaft?

- »Ihr aber, für wen haltet ihr mich?«: Das ist die persönliche Frage an jeden Jünger, an mich.
- »Du bist der Messias«: Petrus spricht im Namen der Jünger. Jesus ist der Messias, durch den Gottes Herrschaft verkündet und verwirklicht werden soll. Es ist das entscheidende Bekenntnis. Aber für Petrus bedeutet Messias noch den irdischen König. Das wahre Geheimnis der Person und Sendung Jesu muß er erst mühsam lernen.
- »Der Menschensohn muß vieles erleiden«: Leiden und Tod gehören zu Jesu Sendung. Er erringt den Sieg nicht durch Macht, sondern durch Tod und Auferstehung.
- »Petrus machte ihm Vorwürfe«: Für seine Vorstellung, für jüdisches Denken zu Jesu Zeit ist ein leidender Messias undenkbar. Er widerspricht der Erwartung eines siegreichen Königs.
- »Weg mit dir, Satan, geh mir aus den Augen! Denn du hast nicht das im Sinn, was Gott will, sondern was die Menschen wollen«: Jesus ist tief getroffen. Sein Weg ist ganz einsam, niemand kann ihn verstehen.
- »Er rief die Volksmenge und seine Jünger zu sich«: Er muß Klarheit schaffen. Es handelt sich nicht nur um ihn, es geht um seine Botschaft, es betrifft alle, die ihm nachfolgen wollen.
- »Wer mein Jünger sein will, der verleugne sich selbst, nehme sein Kreuz auf sich und folge mir nach«: Alle, die mit ihm Gottes Herrschaft verkünden und verwirklichen wollen, haben teil an seinem Konflikt und an seinem Kreuz.
- »Wer sein Leben retten will, wird es verlieren; wer aber sein Leben um meinetwillen und um des Evangeliums willen verliert, wird es retten«: Alle sollen

Leben finden; Jesus bringt wahres Leben. Wer aber Leben in seiner eigenen kleinen Welt sucht, wird es verlieren. Wer gelernt hat, seine Eigenwelt in die Weite Gottes hinein zu öffnen, in Dienst und Liebe, wird es finden. Das ist das Paradox der Nachfolge Jesu.

Licht und Finsternis (Nr. 136–148)

Worin besteht letztlich der Konflikt in Jesu Leben, in der ganzen Welt? Ignatius thematisiert das Problem in der ihm eigenen Sprache unter dem Titel von den »zwei Bannern«: Jesus, der in Jerusalem, der Stadt Gottes, die Seinen sammelt; der »Feind«, der seine Boten von Babylon, der Stadt Satans, in alle Welt entsendet. Es ist eine grundlegende Betrachtung der »Geistlichen Übungen«. Der Sinn der Betrachtung ist aber nicht eine Grenzziehung zwischen Guten und Bösen, eine geographische und soziologische Aufteilung der Menschheit in zwei feindliche Lager. Im Gegenteil, es handelt sich darum, die gegensätzlichen Kräfte, die in jedem Menschenherzen wirksam sind, wahrzunehmen: die Einladung Gottes und die Verlockung des Bösen. Die symbolische Polarisierung der beiden Mächte in zwei Städte geht auf Augustinus zurück. Es ist die Symbolisierung der beiden Urkräfte, die unser Leben, unsere Welt gestalten. Nach Augustinus ist die Stadt Gottes auf die Liebe Gottes gebaut, die Stadt Satans auf falsche Selbstliebe.
In dieser Betrachtung suche ich also nach den Kräften, die mein Leben gestalten. Sie sind zahlreich und können nicht einfach auf den Nenner gut oder böse reduziert werden. Trotzdem spüre ich die Polarität: mich selbst zur Mitte zu machen, oder Gott als die Mitte meines Lebens, aller Schöpfung, anzuerkennen und mich in die umfassende Ordnung einzufügen, mitbauend an ei-

ner besseren Welt, im Geiste Jesu. Die Schlüsselworte dieser beiden Tendenzen sind (bei Ignatius): Stolz – der autonome Mensch – und Demut. Demut bedeutet dabei nicht Erniedrigung, sondern Dienst, tätige Eingliederung in Gottes Reich.
Diese beiden Grundkräfte, Stolz und Demut, nehmen in unserer Welt konkrete Gestalt an; Ignatius sieht sie in zwei Sphären: der materiellen und der sozialen. Der selbstherrliche Mensch hungert nach Reichtum und Selbsterhöhung. Durch Besitz und soziale Überlegenheit in der Gesellschaft baut er seine Macht auf. Das war auch Jesu Versuchung. Er aber weist einen anderen Weg: Er führt über Armut und innere Freiheit zur Bereitschaft, das Leben dem Dienst Gottes, dem Aufbau einer neuen menschlichen Gemeinschaft und Gesellschaft zu widmen.
Diese Betrachtung soll mich wachsam machen. Ich muß die Bewegungen meines Herzens und die Motive meiner Handlungen prüfen: Wo ist die treibende Kraft? Es ist deshalb das Gebet dieser Betrachtung, daß ich die Selbsttäuschungen durchschaue, die mein Handeln entschuldigen oder gar verklären; daß ich wahrhaft Jesus nachfolge und bereit bin, den einsamen Weg mit ihm zu gehen.

Weitere Texte

Mt 7,15–20: falsche Propheten.
Mt 13,24–30: Unkraut und Weizen.
Eph 6,10–18: »Zieht die Rüstung Gottes an«.

FRAGEN

- Habe ich in meiner Umgebung, auch im kirchlichen Leben, offene oder versteckte Konflikte erfahren, in denen der »Geist der Welt« und der Geist Jesu gegeneinander stehen?
- Ich suche, mein Verständnis von Frieden und Konflikt zu klären. Es gibt falschen Frieden, der aus Unwissenheit kommt, aus Blindheit, Trägheit, Feigheit, aus dem Verlangen, nicht gestört zu werden und Konflikten auszuweichen. Wahrer Friede gründet im Bewußtsein der Macht und Führung Gottes im Kampf gegen das Böse.
  Falsche Konflikte entspringen aus Selbstsucht, Unterdrückung, Aggressionen aller Art. Der Konflikt Jesu entspringt dem Gegensatz von Licht und Finsternis, Liebe und Selbstsucht.

ZUR ERWÄGUNG

»So ist der Mensch in sich selbst zwiespältig. Deshalb stellt sich das ganze Leben der Menschen, das einzelne wie das kollektive, als Kampf dar, und zwar als einen dramatischen, zwischen Gut und Böse, zwischen Licht und Finsternis. Ja, der Mensch findet sich unfähig, durch sich selbst die Angriffe des Bösen wirksam zu bekämpfen, so daß ein jeder sich wie in Ketten gefesselt fühlt. Der Herr selbst aber ist gekommen, um den Menschen zu befreien und zu stärken, indem er ihn innerlich erneuerte und ›den Fürsten dieser Welt‹ (Joh 12,31) hinauswarf, der ihn in der Knechtschaft der Sünde festhielt. Die Sünde mindert aber den Menschen selbst, weil sie ihn hindert, seine Erfüllung zu erlangen.«

II. Vatikanisches Konzil, Pastoralkonstitution, 13

7. Jesus allein

»Seinetwegen habe ich alles aufgegeben und halte es für Unrat, um Christus zu gewinnen... Christus will ich erkennen und die Macht seiner Auferstehung und die Gemeinschaft mit seinen Leiden; sein Tod soll mich prägen. So hoffe ich, auch zur Auferstehung von den Toten zu gelangen« (Phil 3,8–11).

Die Zweite Woche der »Geistlichen Übungen« soll die Orientierung für unser Leben geben. Gibt es dafür eine Norm? Finde ich einen Maßstab, nach dem ich meine Entscheidungen richten kann, der es möglich macht, Ereignisse und Bewegungen in Welt und Kirche zu beurteilen? Wir haben die Gebote Gottes; in den Evangelien, in Jesu eigenen Worten sind viele Weisungen enthalten. Für das kirchliche Leben haben wir das Kirchenrecht; religiöse Gemeinschaften haben ihre Konstitutionen. Aber Gesetze bleiben allgemein. Persönliche Entscheidungen werden mir nicht abgenommen. Und weiter: Man kann Gesetze erfüllen, ohne den Sinn seines Lebens zu finden und zu verwirklichen.

Gott hat sein letztes Wort nicht in Gesetzen gesprochen, sondern in seinem Sohn (Hebr 1,2). Jesus selbst, seine Person, seine Verkündigung und seine Ablehnung, sein Tod und seine Auferstehung sind Gottes Wort an uns. In Jesus, seinem Sohn, enthüllt Gott uns den Sinn des menschlichen Lebens und der Geschichte. Jede Generation, jede Kultur muß, vom Geist geleitet, Jesu Botschaft neu verstehen und in die Sprache der Gegenwart übersetzen. Die »Geistlichen Übungen« sollen uns helfen, zu finden, was Gott uns persönlich in Jesus sagen will. Das also ist die Bedeutung dieses Tages: daß wir in Jesus die Norm für unsere Entscheidungen erkennen.

Ignatius nennt die Einordnung unseres Lebens in Gottes Willen Demut. Demut hat für ihn also nichts mit Gefühlen der Minderwertigkeit oder mit Unterwürfigkeit zu tun. Demut bedeutet Bereitschaft, meinen Platz in der Welt anzuerkennen und anzunehmen. Die »Geistlichen Übungen« sind in ihrer Ganzheit auf dieses Ziel hingeordnet. In der heutigen Betrachtung läßt uns Ignatius über drei Stufen der Demut nachdenken (Nr. 165–168).

Die *erste Stufe* bedeutet die grundsätzliche Anerkennung der gottgesetzten Ordnung, wie sie in den Geboten enthalten ist. Sie besteht (in der traditionellen Sprache des Ignatius) im festen Entschluß, unter allen Umständen, selbst unter Gefahr meines Lebens die Todsünde zu meiden. Gott ist als Mitte und Ziel der Schöpfung anerkannt.

Auf der *zweiten Stufe* der Demut wird die Einordnung in Gottes Weltplan radikaler. Die Lebensumstände, in denen wir uns vorfinden, sind nicht unsere eigene Wahl. Unsere Talente und Möglichkeiten, aber auch unsere Grenzen und Lasten sind uns einfach gegeben. Auf dieser Stufe bedeutet Demut, daß wir mit innerer Freiheit und Freude diese Lebenssituation annehmen, die fördernden sowie die belastenden Einflüsse, die auf unser Leben einwirken. Diese innere Freiheit brauchen wir auch bei der Planung unseres Lebens. Entscheidungen sollen nicht aufgrund individueller Interessen gefällt werden. In Demut stellen wir unser Leben in den Dienst Gottes für unsere Welt, vertrauend auf seine Weisheit und Liebe, die das Beste für uns will.

Ignatius beschreibt diese zweite Stufe der Demut auch als die Entschiedenheit, läßliche Sünden unter allen Umständen zu meiden. Mit »läßlicher Sünde« ist jene Zweideutigkeit gemeint, die wir so oft in unserem Leben erfahren: Wir möchten einerseits die gottgesetzte Ordnung bewahren – aber da ist eben unsere Natur, da

sind die Antriebe und Hemmungen, die uns immer wieder beeinflussen. Auf dieser Stufe der Demut entscheiden wir uns, unser Leben und Handeln radikal in Gottes Welt und Werk einzufügen, ohne die täglichen Kompromisse mit den eigenen Interessen.
Die *dritte Stufe* der Demut: Gott hat uns in Jesus Christus gezeigt, was der letzte Sinn unseres menschlichen Lebens ist; wie unsere gebrochene Welt neu werden kann; wie ich mit Jesus an diesem Werk teilhaben soll. Jesus verkündet Gottes Herrschaft; sie muß sich in unserer Welt verwirklichen, die voll ist von Selbstherrlichkeit, tief gespalten in Eifersucht, im Wettrennen um wirtschaftliche und soziale Vorteile. Wundert es uns, daß Jesus abgelehnt wurde? Seine Botschaft paßte einfach nicht in seine Welt – sie paßt auch nicht in unsere Welt. Als es zum Konflikt kam, hatte er keine Waffen, um sich zu verteidigen, keine politische Partei, die sich für ihn einsetzte. Er hatte gar nichts als seine Botschaft von Gott dem Vater, von Gottes Reich unter uns. Aber das konnte man doch nicht ernstnehmen. Unter dem Kreuz lachten und spotteten sie.
Das ist Jesu Weg. Es ist auch der Weg seiner Jünger. Wer immer Jesus wirklich nachfolgt und mit Jesus Gottes Reich zu leben und zu verkündigen versucht, muß bereit sein, einen einsamen Weg zu gehen: »Wenn die Welt euch haßt, dann wißt, daß sie mich schon vor euch gehaßt hat« (Joh 15,18).
Die Kirche ist Jesus nicht immer auf seinem einsamen Weg gefolgt. Wie oft hat sie sich in ihrer Sendung auf soziale, politische, wirtschaftliche Mächte gestützt! Vielleicht verstehen wir heute, nach der Selbstbesinnung beim letzten Konzil, wieder besser, daß wir bei der Verkündigung der Frohen Botschaft Jesus folgen müssen. »Deshalb muß die Kirche unter Führung des Geistes Christi denselben Weg gehen, den Christus gegangen ist, nämlich den Weg der Armut, des Gehorsams,

des Dienens und des Selbstopfers bis zum Tode hin, aus dem er dann durch seine Auferstehung als Sieger hervorging« (Missionsdekret 5).
Es ist schwer, Jesus auf seinem Weg zu folgen. Er selbst hatte ja auch Angst vor Leiden und Tod und »hat mit lautem Schreien und unter Tränen Gebete und Bitten vor den gebracht, der ihn aus dem Tod retten konnte« (Hebr 5,7). Aber wir wissen eben, daß wir gerade auch in der Vergeblichkeit, im Widerspruch zur Welt Jesus nahe sind, ihm ähnlich werden und an seinem Erlösungswerk teilhaben. So kann Ignatius uns auffordern, »mit dem armen Christus Armut zu wählen und nicht Reichtum; Schmach mit Christus, der mit Schmach beladen wurde und nicht Ehre; für wertlos und töricht gehalten zu werden mit Christus und nicht für weise und klug, um ihm nachzufolgen, um mehr wie Christus der Herr zu sein« (Nr. 167).
Es gibt also eine letzte Norm für unsere Entscheidungen: In Jesus Christus hat Gott zu uns gesprochen. Sein Leben der Liebe, sein Kampf gegen Unrecht und Sünde, seine Verwerfung und sein Leiden sind das Urbild, in dem Jesu Jünger ihr eigenes Leben sahen und annahmen. Es ist der Weg, der zur wahren Vollendung führt.

ZUR BETRACHTUNG

Die Verklärung Jesu
(Mk 9,2–8; Mt 17,1–8; Lk 9,28–36)

Bei allen Synoptikern folgt auf die erste Ankündigung des Leidens und auf die Aufforderung zur Leidensnachfolge der Bericht über die Verklärung Jesu. Es ist nicht möglich, vom Kreuz zu sprechen, ohne zugleich die endgültige Vollendung und Verklärung zu verkünden. Die Evangelisten fügen also an dieser Stelle den Bericht von einer Erfahrung ein, die wohl aus der nachösterlichen Zeit stammt, aber in der Verkündigung der christlichen Botschaft in diesen Zusammenhang gehört. Die Jünger – die ganze christliche Gemeinde – müssen wissen, daß Gott in Jesus, seinem Sohn, gesprochen hat. Auf ihn müssen wir hören.

– »Sechs Tage danach«: Die Ankündigung des Leidens und die Verklärung gehören zusammen und sind doch gegeneinander abgegrenzt, wie Frage und Antwort. Oft sind wir mit unseren Fragen lange allein gelassen, sechs Tage ...
– »Jesus nahm Petrus, Jakobus und Johannes beiseite und führte sie auf einen hohen Berg, nur sie allein«: Die Antwort auf die tiefsten Fragen unseres Lebens ist persönlich, jeder ist mit Namen genannt. Licht kommt nicht im Gedränge des Alltags, sondern in der Einsamkeit; es kommt von Gott, auf dem Berg.
– »Er wurde vor ihren Augen verwandelt«: Gott spricht in Jesus. Aber die Jünger – und wir alle – begegnen in unserer Erfahrung nur dem Anfang, dem irdischen Leben Jesu und unserer undurchsichtigen Welt. Der Glaube weiß mehr: Jesus ist vor ihren Augen verwandelt; das Licht der Ewigkeit bricht in unsere Nacht hinein.
– »Da erschien vor ihren Augen Elija und mit ihm Mose, und sie redeten mit Jesus«: Jesus bleibt die Mitte unseres Glaubens, aber er ist nicht allein. Er ist umgeben von den Gestalten des Alten Bundes, sie reden mit ihm; Lukas sagt, sie reden von seinem Tod. Die Jünger – wir alle – müssen lernen, Jesus zu sehen als die Vollendung der Geschichte Israels. Jesus gehört auch in unsere Geschichte, in unsere Welt. Alle sollen mit ihm reden.
– »Es ist gut, daß wir hier sind, wir wollen drei Hütten

bauen«: Nochmals spricht Petrus, der die Worte vom Leiden nicht verstanden hatte und von Jesus zurückgewiesen wurde. Jesus hat nichts erklärt, nichts zurückgenommen; nichts hat sich geändert. Aber alles erscheint in neuem Licht. Das ist Jesus, der durch Leid und Tod sein wahres Leben findet. In und mit Jesus ist auch unser Leben und Leiden mit der Verheißung der Vollendung gezeichnet.

- »Da kam eine Wolke und warf ihre Schatten auf sie«: Die Wolke bedeutet Gottes Gegenwart; Gott spricht in Jesus.
- »Das ist mein geliebter Sohn, auf ihn sollt ihr hören«: In ihm hat Gott uns den Sinn und die Norm unseres Lebens gegeben. Wir dürfen ihn vieles fragen; wir dürfen unsere Dunkelheit zu ihm bringen; aber wir sollen ihn hören.
- »Sie sahen auf einmal niemanden mehr bei sich als Jesus allein«: Die einmalige Erfahrung des verherrlichten Herrn hat die Jünger gleichsam in eine andere Welt versetzt. Der Alltag kehrt zurück: die Welt, in der wir leben; der Weg, den wir gehen müssen. Jesus ist bei ihnen. Aber nun wissen sie, daß er mehr ist, als das Auge sehen kann. So gehen sie weiter auf dem Weg mit ihm.

Diese Betrachtung soll zu einem Verlangen nach dem tieferen Verständnis Jesu führen. Das Wachstum im Geiste besteht nicht in intellektuellen Einsichten, sondern in der größeren persönlichen Nähe zu Jesus. So werde ich mehr und mehr den Sinn seines und meines Lebens erfassen.

Weitere Texte

Phil 1,12–2,5: Aus dem Leben des Apostels Paulus.
Eph 3,14–21: Durch den Glauben wohne Christus in euren Herzen.

Phil 3,1–14: Jesus Christus, die einzige tragende Kraft im Leben des Apostels.
Hebr 12,1–11: Schaut auf Jesus als Urheber und Vollender des Glaubens.

FRAGEN

- Nach welchen Kriterien beurteile ich Ereignisse und Unternehmungen in meiner Umgebung, in Gesellschaft und Kirche? Welche Kriterien liegen meinen eigenen Entscheidungen zugrunde?
- Auf welche Weise kann ich lernen, Jesus zur Norm meines Lebens und Tuns zu machen? Äußere Nachahmung hat keinen Sinn, da seine Umwelt ganz anders war. Wie kann ich mich von seinem Geist leiten lassen?

ZUR ERWÄGUNG

»Christus ist unser Anfang, er ist Anführer unseres Lebens, er ist das Ziel. Die lebendige heilige Kirche, wir selbst, sind mit Christus verbunden. Mit ihm beginnen wir, durch ihn leben wir, zu ihm hin bewegen wir uns...
Unser Geist soll nicht nach einer anderen Wahrheit Ausschau halten als auf das Wort des Herrn, der uns immer lehrt... Kein anderes Vertrauen soll uns stützen als das auf ihn, der uns aufrecht hält und unserer Schwachheit Kraft gibt, wenn wir nur seinem Wort vertrauen: Ich bin bei euch bis zum Ende der Welt.«

Papst Paul VI.

8. Leben nach dem Evangelium

»Ihr aber seid selig, denn eure Augen sehen und eure Ohren hören. Amen, ich sage euch: Viele Propheten und Gerechte haben sich danach gesehnt zu sehen, was ihr seht, und haben es nicht gesehen, und zu hören, was ihr hört, und haben es nicht gehört« (Mt 13, 16f).

Im Exerzitienbuch des Ignatius sind einige Geheimnisse des Lebens Jesu, wie Menschwerdung und Geburt, besonders herausgehoben. Für weitere Betrachtungen sind verschiedene Begebenheiten aus dem Leben Jesu vorgeschlagen (Nr. 161), die am Ende des Buches kurz skizziert werden (Nr. 211–288). Sinn dieser Betrachtungen ist es nicht, die ganzen Evangelien durchzugehen, sondern das Verständnis Jesu und seiner Sendung zu vertiefen und zu verinnerlichen. Alle diese Betrachtungen haben biblische Texte als Grundlage. So ist dieser Tag einer allgemeinen Erwägung über die Bibel im christlichen Leben gewidmet.

Die Bibel im christlichen Leben

Im 20. Jahrhundert haben wir in der Kirche eine große Wandlung im Verhältnis zur Heiligen Schrift erlebt: Sie begann lange vor dem II. Vatikanischen Konzil; durch die liturgische Reform ist die Bibel wieder viel näher an die Gläubigen herangekommen. Wir lesen sie im Gottesdienst in der Muttersprache, und eine viel größere Auswahl von Texten wird uns angeboten.
Die größere Bekanntheit der Bibel bringt aber auch Probleme mit sich. Wir werden in eine ferne Vergangenheit geführt, in fremde Länder. Nicht nur im Alten Testament, auch in den Evangelien und in den Apostel-

briefen begegnen wir sozialen und religiösen Verhältnissen, die uns fremd und schwer verständlich sind, Denkweisen, mit denen wir nicht viel anfangen können. Nicht nur in der Offenbarung des Johannes stoßen wir auf eine Bildersprache, die uns verwirrt.
Solche Probleme können wenigstens teilweise durch Studium, Bibelkurse und gute Katechese überwunden werden. Die Kenntnis der literarischen Eigenart der Texte, der geschichtlichen Hintergründe, des genauen Sinnes der Worte ist für echte Schriftkenntnis unerläßlich, denn das sind eben die Weisen, in denen Gott zu uns spricht. Wer in solchem Studium von der Absicht geleitet ist, dem unermeßlichen Geheimnis der Liebe Gottes zu begegnen, wird reich belohnt.
Aber ein solches Studium enthält die Gefahr, daß wir bei den Fragen des Textverständnisses oder der Geschichte hängenbleiben und den Blick auf den Sinn der Bibel und ihre Heilsbotschaft verlieren: Was will Gott uns heute durch die Begebenheiten der Bibel sagen? Was nützt es mir, wenn ich einen Paulusbrief nach Inhalt und Aufbau genau analysiere und dabei seine Botschaft des Vertrauens und der Liebe, die an mich gerichtet ist, überhöre? Darum also geht es beim Studium der Schrift: daß ich auf Gott höre.

Briefe des Neuen Testaments

Die ältesten Schriften des Neuen Testaments sind die Paulusbriefe. Zunächst scheint Paulus ein fragwürdiger Zeuge der Botschaft Jesu zu sein, denn er war ja nicht Augenzeuge seines Lebens und Wirkens. Paulus hat auch kein Evangelium hinterlassen. Seine Erfahrung und seine Predigt enthalten aber die österliche Fortführung und daher den innersten Kern der Botschaft Jesu: Heil und Leben kommen von Gott in Jesus Christus.

Paulus hatte sich in seiner Jugend für die strenge pharisäische Tradition entschieden. Sein Verhältnis zu Gott, das Bewußtsein, im Einklang mit Gottes Willen und in der Geborgenheit seiner Macht zu leben – das alles faßt er im Wort »Gerechtigkeit« zusammen. Sie gründete in der Erfüllung des Gesetzes. Aber diese Gerechtigkeit ist brüchig. Können wir je vor Gott stehen mit dem Bewußtsein, daß unser Leben und unser Herz ihm gehören, daß wir ihn lieben mit ganzem Herzen? Später beschreibt Paulus den Zustand des Menschen unter dem Gesetz: »Ich weiß, daß in mir, das heißt in meinem Fleisch, nichts Gutes wohnt: Das Wollen ist bei mir vorhanden, aber ich vermag das Gute nicht zu verwirklichen. Denn ich tue nicht das Gute, das ich will, sondern das Böse, das ich nicht will« (Röm 7,18f).
Als überzeugter Pharisäer begegnete Paulus Christen; er hat wohl nur Christen gekannt, die dem Kult und der Tradition kritisch gegenüberstanden, wie etwa Stephanus, nicht aber die andere Gruppe, die unter der Führung des Jakobus diesen Traditionen treu blieb. Die Christen der ersten Gruppe waren frei. Ihre Gerechtigkeit stützte sich nicht auf Gesetzestreue, sondern allein auf Gott, der uns in Jesus seine unbedingte Liebe geoffenbart hat. Die religiöse Überzeugung des Paulus bäumte sich gegen sie auf, er verfolgte sie, bis es ihn mit unwiderstehlicher Macht traf: Was er immer gesucht hat, den lebendigen, heiligen Gott fand er in Jesus Christus. Es ist der Durchbruch seines »Damaskus-Erlebnisses«. Von nun an weiß er, daß »unabhängig vom Gesetz Gottes Gerechtigkeit offenbar geworden ist... die Gerechtigkeit Gottes aus dem Glauben... Er macht den gerecht, der an Jesus glaubt« (Röm 3,21–26). »Wenn also jemand in Christus ist, dann ist er eine neue Schöpfung: Das Alte ist vergangen, Neues ist geworden« (2 Kor 5,17). Paulus weiß zwar wenig vom irdischen Jesus in seinem Leben und Wirken, aber er erfährt zuinnerst sei-

nen Tod und seine Auferstehung, das Hinauswachsen über irdische Bindungen und das wahre Leben, das wir in ihm haben.

Das also ist seine Botschaft in den Briefen. Jede Gemeinde, die er gegründet hat bzw. an die er schreibt, hat ihre eigenen Probleme: persönliche Zwistigkeiten, Gemeindeordnung, Lehrfragen, Gottesdienst usw. Paulus hat keine formulierten Textbücher zur Hand, die ihm Richtlinien gegeben hätten. In seiner tiefen Verbundenheit mit dem auferstandenen Herrn findet er das Licht und den Mut, allen Problemen zu begegnen. So schreibt er seinen ersten (uns erhaltenen) Brief nach Thessalonich, wo er eine Gemeinde gegründet hatte, aber vorzeitig weg mußte; der Brief ist ein Denkmal seiner seelsorglichen Verbundenheit mit den Gläubigen. Bei den Korinthern ist vieles im Gemeindeleben in Ordnung zu bringen. In den Briefen an die Galater und Römer sieht Paulus sich gezwungen, die reine und volle Botschaft von Jesus Christus und dem Leben, das wir in ihm haben, zu erläutern.

Es geht also in den Paulusbriefen – und dasselbe gilt von den anderen Briefen des Neuen Testamentes – um die konkrete Verwirklichung der christlichen Botschaft in den aktuellen Lebenssituationen der Gemeinden. In diesen Sendschreiben entfaltet sich die Vielseitigkeit und Reichhaltigkeit der Christusbotschaft.

Die Kraft dieser Briefe liegt im tiefen Glauben an Jesus Christus, in dem Gott uns den Weg für das persönliche Leben und für das Leben christlicher Gemeinden in immer neuen Situationen weist. Unsere Welt ist anders als die der paulinischen Gemeinden, wir können sie nicht kopieren. Aber wir lernen aus diesen Briefen, wie Jesus in unserer Welt, in unserer Zeit und Umgebung Norm und Inspiration sein soll: »Durch den Glauben wohne Christus in euren Herzen. In der Liebe verwurzelt und auf sie gegründet, sollt ihr zusammen mit allen Heiligen dazu fähig sein, die Höhe und Tiefe zu ermessen und die Liebe Christi zu verstehen, die alle Erkenntnis übersteigt« (Eph 3, 17–19).

Die Evangelien

Die Bücher des Neuen Testamentes sind uns gegeben als authentisches Zeugnis von Jesu Leben und seiner Botschaft, wie sie in den frühen christlichen Gemeinden aufgenommen und verwirklicht wurde. Paulus hat den Kern dieser Botschaft, Jesu Tod und Auferstehung, in ihrer umfassenden Bedeutung für seine Gemeinden erfaßt und artikuliert. Aber wir brauchen nicht nur den Kern der Botschaft, den Höhepunkt der Offenbarung im Ostergeheimnis, sondern seine konkrete Entfaltung im täglichen Leben. So hat auch Jesus seine Jünger geführt: Er lebte mit ihnen in Gemeinschaft. Seine Unterweisung bestand nicht hauptsächlich in lehrhaften Erklärungen, sondern in den täglichen Erfahrungen. Es war ein langer, unsystematischer Lernprozeß. Aber all diese Erfahrungen der Jünger verbanden sich schließlich zu einem umfassenden Bild, in dem jede einzelne Erinnerung ihren Wert hatte, wie die Steinchen in einem Mosaik.

Eben diese Erinnerungen, die oft unbedeutend und zufällig waren, wurden in den frühen Gemeinden nacherzählt. Es ging dabei gar nicht um die genaue Beschreibung oder Reihenfolge der Ereignisse, sondern um ihre Bedeutung für das Leben, je nach den verschiedenen Situationen und Problemen. Die Evangelisten haben ja keine Biographie Jesu geschrieben, sondern entsprechend den Bedürfnissen der Gläubigen die Traditionen über Jesus gesammelt und zusammengestellt.

So also sollen wir die Evangelien lesen. Sie sind mehr als die Erzählung vergangener Ereignisse. Sie sind die Heilsbotschaft an die Gläubigen in ihrer heutigen Situation; so sollen sie gehört und aufgenommen werden. Immer geht es um die Übertragung der Texte in die Gegenwart, um die Formung christlichen Lebens und christlicher Gemeinschaft im Geiste Jesu.

Die Heilige Schrift in der Kirche

Die Bücher des Neuen Testamentes sind also aus dem Leben der christlichen Gemeinden heraus gewachsen. Gottes Geist führte die junge Kirche im Verständnis der Botschaft Jesu und in ihrer Verwirklichung in den wechselnden Lebenssituationen. Diese Schriften werden die Ur-Kunden der Kirche: In ihnen findet sie ihren Ursprung; in ihnen erkennt sie immer wieder sich selber, die Normen ihres Lebens und die Inspiration für ihre stete Erneuerung. Daraus ergeben sich Hinweise für den fruchtbaren Gebrauch der Heiligen Schrift.
Wir müssen sie in Demut lesen – hörend, lernend, bereit, uns überraschen zu lassen, offen für neue Aufbrüche in unserem Leben, nicht als »Weise und Kluge«, die immer schon wissen, was Gott ihnen sagen will, und sein Wort zur Bekräftigung ihrer eigenen Ideen benutzen. Gottes Wort ist immer neu, für jede Generation.
Wir müssen auch die Verschiedenheit der einzelnen Bücher anerkennen; sie enthalten eine Vielfalt von Perspektiven der Botschaft Jesu und stehen nicht in Widerspruch zueinander, sondern ergänzen sich, wie auch ein Kunstwerk von verschiedenen Seiten betrachtet werden kann und muß, um seinen ganzen Reichtum zu offenbaren.
Wir sollen uns davor hüten, die Bibel als eine Art magisches Orakel zu betrachten, das uns in jeder Lebenslage fertige Antworten anbietet. Es gab und gibt immer wieder unmittelbare Führung durch das Wort der Bibel,

wenn z. B. (nach alten Berichten) der heilige Antonius in der Kirche die Erzählung des reichen jungen Mannes hörte und davon so tief getroffen wurde, daß er vor dem Ende des Gottesdienstes hinausging, um sein Leben der Entsagung zu beginnen; oder wenn Franziskus in entscheidenden Lebenssituationen in der Bibel die Texte von der vollkommenen Armut las. Das aber ist nicht die normale Führung Gottes. Durch das Licht des Geistes sollen wir uns immer wieder zur Gestalt und Botschaft Jesu hinführen lassen, mit wachsendem Verständnis, mit offenem Herzen, in der Bereitschaft, unser Leben im Geist des Evangeliums zu gestalten.

ZUR BETRACHTUNG

Wir können an bekannten Schrifttexten praktisch üben, wie wir die Heilige Schrift lesen und erwägen sollen mit dem doppelten Ziel, Jesus besser kennenzulernen und unser Leben in der heutigen Welt, in unserer Umgebung im Geist Jesu zu erneuern. – Es folgen einige Hinweise zu Texten aus der Bergpredigt.

Die Seligpreisungen (Lk 6, 20–23; Mt 5, 1–10)

Lukas überliefert uns die ursprünglichere, kürzere Fassung.

- »Euch gehört das Reich Gottes«: Die unerwartete Freude dieser Zusicherung sollen wir tief in unser Herz einströmen lassen. Mein Leben, meine Welt werden anders sein, geheilt, erfüllt. – Gibt es Voraussetzungen auf unserer Seite, daß dieses Neue Wirklichkeit wird?

- Ich muß die Gebrochenheit, die Unzulänglichkeit meines Lebens persönlich erfahren, nicht um daran zu verzweifeln, sondern um das Wort der Verheißung aufzunehmen.
- »Selig, ihr Armen«: Die soziale und wirtschaftliche Erniedrigung so vieler Menschen darf nicht weiterdauern; sie werden Heil, Gottes Reich sehen, wenn Menschen wie Jesus selbst für sie eintreten.
- »Selig, die ihr jetzt hungert, ihr werdet satt werden«: Gott will nicht unser Elend, alle sollen Brot haben. Wir sind aufgerufen, zu teilen.
- »Selig, die ihr jetzt weint, denn ihr werdet lachen«: Gott hat uns zur Freude geschaffen; sein Heil bedeutet wahres Leben.
- »Selig seid ihr, wenn euch die Menschen hassen... Euer Lohn wird groß sein«: Dies ist wohl schon eine Erweiterung der frühen Gemeinde, die sich im Konflikt mit der Gesellschaft erfährt. Sie soll nicht entmutigt werden.

Die vier Seligpreisungen werden bekräftigt durch vier Weherufe über die Reichen, die Satten, die Lachenden, die die Anerkennung ihrer Mitmenschen genießen.

Matthäus bezieht die Seligpreisungen auf die allgemeine Situation des Christen in der Welt. Er überträgt sie also in den allgemeinen, für alle geltenden Rahmen christlichen Lebens und ergänzt sie durch vier weitere Seligpreisungen, die innere Haltungen für das Leben im Gottesreich charakterisieren:

- »Selig, die keine Gewalt anwenden, denn sie werden das Land erben«: Gottes Herrschaft hat nichts mit Machtausübung zu tun, sie besteht in Liebe.
- »Selig die Barmherzigen, sie werden Erbarmen finden«: So ist Gottes Liebe, so soll sie im Gottesreich verwirklicht werden: nie bedrückend, immer erlösend, erhebend.

- »Selig, die ein reines Herz haben, denn sie werden Gott schauen«: einfach, ehrlich, durchsichtig, frei von Verstellungen.
- »Selig, die Frieden stiften, denn sie werden Söhne Gottes genannt werden«: mit Gottes Frieden im Herzen, seinen Frieden schenkend, Menschen der Versöhnung, Kinder Gottes.

Salz, Licht, Stadt auf dem Berg (Mt 5,13–16)

Gott allein kann neu schaffen, er will Leben geben – durch Jesus und seine Jünger.
- »Ihr seid das Salz der Erde«: Auch die Jünger, die Kirche, gehören der Welt, sie dürfen sich nicht in ein Ghetto einschließen. Durch sie soll die erneuernde Kraft des Gotteswortes die Gesellschaft durchdringen.
- »Wenn das Salz seinen Geschmack verliert ...«: Es ist die Frage an Jesu Jünger zu allen Zeiten – es ist die Frage an mich: Ist Jesu erneuernde Kraft in mir wirksam, oder habe ich sie verraten? Eine Kirche, die nicht erweckt und erneuert, hat ihre Sendung, ihre Existenzberechtigung verloren.
- »Ihr seid das Licht der Welt«: Nur Gott ist Licht; Jesus ist Gottes Licht, das in unsere Dunkelheit einbricht. Und Jesus nennt auch die Jünger Licht der Welt, wenn sie vom Licht und der Liebe Gottes durchleuchtet sind.
- »Eine Stadt, die auf einem Berg liegt, kann nicht verborgen bleiben«: Es gibt Festungen mit steilen Mauern und verschlossenen Toren: das ist nicht die Kirche. Jesus meint die einladende Stadt, die Schutz bietet, in der suchende Wanderer ein Heim finden.

Diese Worte weisen weit hinaus über die Tätigkeit und Verkündigung Jesu im irdischen Leben: So soll die junge

Kirche, die Kirche aller Zeiten Jesu Botschaft verstehen und immer neu verwirklichen.

Jesus und das Gesetz (Mt 5,17–20)

Jesu Stellung zum Gesetz ist auch das Problem der jungen Kirche: Sie fühlte sich vom Gesetz befreit, sieht nun aber die Gefahr, daß Freiheit mißverstanden und mißbraucht werden kann. Wie sollen Christen ihr neues Leben im Verhältnis zu Tradition und Gesetz verstehen?

- »Denkt nicht, ich sei gekommen, um das Gesetz und die Propheten aufzuheben«: Im Gesetz hat sich der Bund Gottes mit Israel konkretisiert; es enthält die Ausrichtung des Lebens auf Gott und begründet die Gemeinschaft des Volkes. Es darf nicht abgeschafft werden, aber es darf auch nicht in Formalismus und Legalismus erstarren.
- »Ich bin gekommen, um es zu erfüllen«: Jesus verkündet Gottes Reich: Die gottgegebene Ordnung und die wahre Gemeinschaft unter uns Menschen werden im Gottesreich verwirklicht; das Gesetz wird »erfüllt«.
- »Wenn eure Gerechtigkeit nicht weit größer ist als die der Schriftgelehrten und der Pharisäer, werdet ihr nicht in das Himmelreich kommen«: Den Sinn des Gesetzes erfüllen ist mehr, als den Buchstaben zu beobachten. Der Christ muß lernen, von innen heraus das Gesetz, das in sein Herz geschrieben ist (Jer 31,33), zu erfüllen.

ZUR ERWÄGUNG

»Ist es nicht immer wieder schockierend, wieviel Angebote von Ideen, von Heilslehren uns umdrängen – und da soll diese eine, kleine, manchmal so harmlos wirkende, manchmal so ungeheuerlich klingende, manchmal so weit weggerückte, manchmal so ins Selbstverständliche aufgelöste Botschaft des Christlichen die Antwort sein, über die hinaus es keine andere Wahrheit und keine andere Antwort gibt?
Dennoch, gerade dies ist die Botschaft, die uns zugleich aufrichten kann, die Botschaft, die den Menschen unendlich übersteigt und doch sein Innerstes erreicht, die Botschaft, die ihn identifiziert und herausfordert in einem: Das Wort ist Fleisch geworden und hat unter uns gewohnt.«

Klaus Hemmerle

(Das Wort für uns. 7. Auflage 1982, Seite 21, Verlag Herder Freiburg–Basel–Wien)

9. Jüngerschaft

»Nicht ihr habt mich erwählt, sondern ich habe euch erwählt und dazu bestimmt, daß ihr euch aufmacht und Frucht bringt und daß eure Frucht bleibt« (Joh 15, 16).

Die Zweite Woche der »Geistlichen Übungen« soll mit der Hingabe an Jesus Christus in echter Jüngerschaft schließen. Darin sind die Einsichten dieser Woche zusammengefaßt.

Jüngerschaft gibt es in vielen Kulturen. Im Alten Testament ist das Verhältnis der Jüngerschaft nicht ausgeprägt. Die Propheten sprachen im Namen Gottes zum Volk. Sie sammelten nicht Jünger um sich; Gott allein sammelte sein Volk. Erst in der nachexilischen Zeit, als die Propheten durch Gesetzeslehrer ersetzt wurden, gab es Gruppen von Jüngern, die sich um einen Rabbi scharten und bestimmte Traditionen der Gesetzesauslegung vertraten.

Diese Jüngergemeinschaften waren das Modell, das auch Jesus zur Formung seiner Jünger wählte. Er führte sie nicht so sehr durch Unterweisungen in sein Leben und Denken ein, sondern durch das tägliche Zusammensein im Leben. In den Augen der Leute gehörten die Jünger zu Jesus, ihrem Meister. So lassen sie z. B. an den Jüngern ihren Unmut aus, wenn Jesus sich von Zöllnern zu Tisch laden läßt (Mk 2, 16); ebenso ziehen sie Jesus zur Verantwortung, wenn seine Jünger nicht fasten, wie es die Jünger des Täufers getan hatten, oder wenn sie am Sabbat Ähren abreißen (Lk 5, 33; 6, 2).

Ich habe euch erwählt

Aber die Unterschiede zwischen der Jüngerschaft Jesu und der der Rabbinen sind bedeutsam. Verschieden ist zuerst die Wahl: In der jüdischen Gesellschaft wählt der Jünger jenen Meister, der seinen Erwartungen am besten zu entsprechen scheint. In den Evangelien aber wählt Jesus. In jeder Berufungsgeschichte ist die Initiative Jesu betont. Er ruft die jungen Fischer am Seeufer, er fordert Levi auf, ihm zu folgen. Wenn er aus den Jüngern den engeren Kreis wählt, »die Zwölf«, heißt es ausdrücklich: »Er rief die zu sich, die er erwählt hatte« (Mk 3,13). Johannes hat die stärkste Formel: »Nicht ihr habt mich erwählt, sondern ich habe euch erwählt« (Joh 15,16).

Dieser Unterschied ist im Wesen der Jüngerschaft Jesu begründet. Für einen jungen Juden war die Wahl eines Rabbi gleichbedeutend mit der Wahl einer Karriere, die ihm einen Platz in der Gesellschaft sicherte. Bei Jesus ist die Einladung zur Jüngerschaft ein persönlicher Ruf, bei ihm zu sein und an seiner Sendung teilzuhaben (Mk 3,13f). Berufung ist nicht Zugang zu einer Karriere. (Später ist es leider oft so geworden, und so ist der biblische Sinn der Berufung oft nicht mehr deutlich.) Jesus sagt einfach: Folgt mir nach. Die persönliche Berufung und Antwort sind das Herz der Jüngerschaft Jesu.

Ganzhingabe

So ergibt sich ein weiterer Unterschied: die Ganzheit der Hingabe an Jesus. Jüdische Rabbinen trennten ihre Jünger nicht von ihren Familien, sie sicherten ihnen einen Platz in der traditionellen Gesellschaft.

Jesus verkündet eine neue Gemeinschaft, das Gottesreich. Alle Gemeinschaft kommt von Gott: die Familie,

die Sippe, das Volk. Jesus lebte in diesen Gemeinschaften. Sie müssen bewahrt und heilig gehalten werden; denn sie gehören zur Schöpfung Gottes, und sie sind der Raum, in dem wir wachsen und reifen sollen. Sie dürfen aber nicht zum Gefängnis werden, das uns einschließt. Familie und Sippe müssen zu Gott und seinem Ruf hin offen sein. Der Gesellschaft gegenüber ist Jesus kritisch. Unser Denken und Handeln soll nicht einfach von der Umgebung geprägt werden. Das geschieht oft gerade in unserer Zeit. Die Verantwortung für unsere Entscheidungen lassen wir uns von der öffentlichen Meinung abnehmen; wir tun, was alle andern auch tun. Immer stärker werden die Medien, immer überzeugender die Schlagworte.
Jesus hatte den Mut, seinen eigenen Weg zu gehen und seine Sendung zu erfüllen. Er hat sich von den Zwängen der Gesellschaft frei gemacht. In dieser Freiheit konnte er mit allen Menschen umgehen, mit Armen und Reichen, Frommen und Sündern. Der Kommentar der Leute beunruhigte ihn nicht. Er bewahrte sich diese Freiheit auch in der Beobachtung der Tradition: Die Not der Leidenden ist ihm wichtiger als traditionelle Bräuche. Diese Freiheit aber macht ihn einsam. Er findet nicht mehr die schlichte Geborgenheit unter den Menschen: »Füchse haben ihre Höhlen und die Vögel ihre Nester, aber der Menschensohn hat keinen Ort, wo er sein Haupt hinlegen kann« (Lk 9,58). Das ist auch das Los seiner Jünger. Wer es wagt, ihm zu folgen, muß bereit sein, den einsamen Pfad mit ihm zu gehen: »Keiner, der die Hand an den Pflug gelegt hat und nochmals zurückblickt, taugt für das Reich Gottes« (Lk 9,62).

Teilnahme an Jesu Leiden

Diese Forderungen sind so hart, weil sie einfach zu Jesu Sendung gehören. Seine Jünger sind mehr als ein Arbeitsteam. Sie sind in eine persönliche Lebensgemeinschaft mit ihm eingetreten zur Verwirklichung des Gottesreiches. Diese Gemeinschaft bedeutet eine völlige Neuorientierung des ganzen Lebens. Jesus gibt keine systematische Erklärung dieser Orientierung, er lädt einfach ein: »Kommt und seht« (Joh 1,39). Es ist ein geduldiges, mühsames Lernen, eine Hinführung zum innersten Kern seiner Sendung, bis zu Tod und Auferstehung.

Aufschlußreich ist die Szene, in der zwei Jünger sich um die besten Plätze in seinem Reich bewerben, zu seiner Rechten und Linken. Jesus schiebt das Ansuchen gleichsam beiseite, er stellt nur die Grundfrage der Jüngerschaft: »Könnt ihr den Kelch trinken, den ich trinken werde?« (Mk 10,38), d.h., seid ihr bereit, mein Los zu teilen, bis in den Tod? Alles andere ist unwichtig. Aber die Szene verärgert die anderen Jünger, und nun erklärt Jesus, was er unter Jüngerschaft versteht. Er lehnt die landläufigen Vorstellungen der Gesellschaft ab: Alle wollen herrschen, suchen einen Platz an der Sonne. »Bei euch soll es nicht so sein. Wer bei euch groß sein will, der soll euer Diener sein, und wer bei euch der erste sein will, soll der Sklave aller sein.« Solche Weisungen sind schwer zu verstehen: Wie können wir in unserer Gesellschaft weiterkommen, wo doch nur die Starken überleben, die sich durchzusetzen wissen? Jesus läßt sich nicht auf Argumente ein. Die einzige Begründung seiner Weisung ist er selbst. Das ist Jüngerschaft: Wir lernen vom Meister, wir glauben ihm, langsam werden wir dann verstehen. Jesus hat selbst so gehandelt; nie hat er andere beherrscht, nie den besseren Platz für sich gesucht: »Der Menschen-

sohn ist nicht gekommen, sich dienen zu lassen, sondern um zu dienen.« Dieses Dienen besteht nicht bloß in äußeren Dienstleistungen, es ist der Kern seines Wesens; sein ganzes Leben ist Dienst. Er kam, »sein Leben hinzugeben als Lösegeld für viele« (Mk 10,45).
Das also heißt Jüngerschaft bei Jesus. Die Seinen müssen schrittweise mit seinem nahenden Leiden vertraut werden, das immer auch die Jünger mitbetrifft. »Wenn die Welt euch haßt, dann wißt, daß sie mich schon vor euch gehaßt hat... Weil ich euch aus der Welt erwählt habe, darum haßt euch die Welt« (Joh 15,18f). Der Weg Jesu ist in der Kurzformel zusammengefaßt: »Wer sein Leben retten will, wird es verlieren; wer aber sein Leben um meinetwillen und um des Evangeliums willen verliert, wird es retten« (Mk 8,35). So also sieht Jesus unser menschliches Leben: Solange wir uns in unsere Welt mit den eigenen Interessen einschließen, verlieren wir den Reichtum und die Weite unseres Lebens. Wahres Leben beginnt, wenn wir uns zu neuen Horizonten hin öffnen, zur Welt des Nächsten, zu unserer Gesellschaft, zum Leben, zum Geheimnis, zur Liebe Gottes. Das ist Jesu unerbittliche Forderung – das ist seine liebende Einladung.

Bleibt in mir

Die Jüngerschaft Jesu ist nie abgeschlossen; auch darin unterscheidet sich christliche von rabbinischer Jüngerschaft. Die Zeit im Haus eines Rabbi war begrenzt; der Schüler hatte das Ziel, sein eigenes Leben aufzubauen. Es ist der Sinn jeder Karriere, einen Menschen selbständig zu machen.
Jüngerschaft bei Jesus ist anders. Gott spricht durch ihn, durch seine Worte und Werke. Immer neu fließen Gottes Leben und Liebe durch ihn in unsere Herzen

und unsere Welt. Immer müssen wir für Gott offen bleiben. Es war die Erfahrung der Jünger, daß sie in Jesus die Nähe Gottes spürten. Wenn sie Jesus beten sahen, fühlten sie das Verlangen, Gott ebenso nahe zu sein; sie baten ihn, sie beten zu lehren (Lk 11,1). Diese Erfahrung, daß sie mit Jesus bei Gott sind, bringt auch das Wort zum Ausdruck: »Niemand kennt den Vater, nur der Sohn, und der, dem es der Sohn offenbaren will« (Mt 11,27). Bedeutsam ist das Zwiegespräch bei Johannes, in dem Philippus bittet: »Zeig uns den Vater.« Jesus ist unmutig: »Schon so lange bin ich bei euch, und du hast mich nicht erkannt, Philippus? Wer mich gesehen hat, hat den Vater gesehen. Wie kannst du sagen: Zeig uns den Vater? Glaubst du nicht, daß ich im Vater bin und daß der Vater in mir ist?« (Joh 14,8–10). Die Jünger haben die einzigartige Verbundenheit Jesu mit dem Vater erfahren. Wer Jesus begegnet, muß etwas von dem unsichtbaren Band spüren, das Jesus mit dem Vater verbindet; er ist erfüllt vom Bewußtsein der Liebe des Vaters und der ihm anvertrauten Sendung. Jeder, der mit offenem Herzen zu Jesus kommt, wird der Lebensquelle gewahr, aus der sich Jesu Freiheit und Friede nähren, der Klarheit und Sicherheit, mit der er handelt: das Band Jesu mit seinem Vater.
So ist es auch, seitdem Jesus in seine Herrlichkeit eingegangen ist. Er bleibt unser Weg zum Vater. Immer müssen seine Jünger mit ihm vereint bleiben: »Wie mich der Vater geliebt hat, so habe ich euch geliebt. Bleibt in meiner Liebe!« (Joh 15,9). Am stärksten ist die bleibende Gemeinschaft mit Jesus, wie sie von der jungen Gemeinde erfahren wurde, in der Parabel vom Weinstock und den Reben veranschaulicht. Zu Beginn seiner Tätigkeit ruft Jesus seine Jünger: Kommt, seht, folgt mir nach! Jetzt sagt er: »Bleibt in mir, dann bleibe ich in euch« (Joh 15,4). Diese Gemeinschaft wird vollendet in der Teilnahme an Jesu Verherrlichung: »Wenn ich ge-

gangen bin und einen Platz für euch bereitet habe, komme ich wieder und werde euch zu mir holen, damit auch ihr dort seid, wo ich bin« (Joh 14,3).
So ist Jesus der Anfang der neuen Gemeinschaft, der neuen Schöpfung. Die kleine Gruppe der Jünger in Galiläa ist der unscheinbare Beginn. Sie muß wachsen, Reich Gottes werden, das alle Menschen umfaßt.

ZUR BETRACHTUNG

Die Berufung der ersten Jünger (Mk 1,16–20)

Markus stellt den ersten Berufungsbericht an den Anfang des Wirkens Jesu, unmittelbar nach der Ankündigung des kommenden Gottesreiches. Das Gottesreich ist nicht ein vager Traum; es muß Wirklichkeit werden in unserer menschlichen Gesellschaft.

– »Als Jesus am See von Galiläa entlangging, sah er Simon und Andreas...«: Der Beginn scheint fast zufällig, mit ein paar Fischern am Seeufer. So ist Gottes Reich. Es kommt nicht in Macht und Herrlichkeit, es wächst auf unserer Erde, es ereignet sich im täglichen Leben, wo Jesus vorbeigeht und uns sieht.
– »Kommt her, folgt mir nach«: Die abrupte Kürze des Rufes drückt die Neuheit ihres Lebens mit Jesus aus. Mitte dieses Lebens ist Jesus. Er wird ihr Leben gestalten, umgestalten.
– »Ich werde euch zu Menschenfischern machen«: Es geht nicht nur um die persönliche Nachfolge, sondern um die Aufgabe im Gottesreich. Die Jünger werden teilhaben an Jesu Sendung, am Werden einer neuen Gemeinschaft.
– »Sogleich ließen sie ihre Netze liegen und folgten ihm«: Jesu Ruf ist Einladung; sie folgen in Freiheit.

Für diese Jünger bedeutet die Berufung Bruch mit der Vergangenheit. Andere kehren in ihre eigene Welt zurück, um dort Zeugnis zu geben (Mk 5,19).

Der Ernst der Nachfolge (Lk 14,25–35)

- »Viele Menschen begleiteten ihn«: Jesus liebt die Menschen; er hat Mitleid mit den Bedrückten (Mt 9,36); er ist von einer großen Menge umgeben. Aber Jüngerschaft ist anders. Eine Entscheidung ist verlangt.
- »Wenn jemand zu mir kommt, und nicht Vater und Mutter... gering achtet, kann er nicht mein Jünger sein«: Unser Leben ist aus tausend Banden geflochten, sie sind kostbar, in allen ist Gottes Liebe bei uns. Sie dürfen aber nicht zu Fesseln werden. Gott ist größer. Jesus verkündet Gottes Herrschaft, die alles Geschaffene übersteigt.
- »Wer nicht sein Kreuz trägt und mir nachfolgt, der kann nicht mein Jünger sein«: Der Jünger muß am Leiden Jesu teilhaben, jeder auf seine Weise.
- »Wenn einer von euch einen Turm bauen will,... rechnet er, ob seine Mittel ausreichen«: Jesus will nicht, daß wir kleinlich zu rechnen anfangen; Gottes Liebe ist absolut. Aber der Jünger soll wissen, daß seine Ganzhingabe verlangt ist.
- »Wenn ein König in den Krieg zieht...«: Der Jünger muß bereit sein, die Anforderungen der Nachfolge auf sich zu nehmen.
- »Keiner von euch kann mein Jünger sein, wenn er nicht auf seinen ganzen Besitz verzichtet«: Die wörtliche Erfüllung dieser Forderung ist immer wieder unter Jesu Jüngern verstanden und geübt worden. Aber notwendig für alle bleibt die innere Freiheit, die Gott und Gottes Herrschaft den Vorrang gibt.

– »Wenn Salz seinen Geschmack verliert, womit kann man ihm die Würze wiedergeben?«: Werden Jesu Jünger den Ernst der Nachfolge immer erkennen und in ihrem Leben verwirklichen?

Nachfolge ohne Vorbehalt (»Geistliche Übungen«, Nr. 140–152)

In der Zweiten Woche der »Geistlichen Übungen« geht es um Sinn, Orientierung und Erfülltheit unseres Lebens in Jesu Nachfolge. Normen für diese Orientierung sind in den Erwägungen über die zwei Banner (Nr. 140–148) und über die drei Stufen der Demut (Nr. 165–168) gegeben. Orientierungen aber bleiben fruchtlos, wenn nicht Entscheidungen folgen. So legt Ignatius eine weitere Erwägung darüber vor, wie richtige Entscheidungen getroffen werden. Es geht dabei nicht bloß um praktische Winke, sondern um die Grundhaltung Gott gegenüber. So lädt Ignatius uns ein, zum Beginn dieser Erwägung »uns vor dem Angesicht unseres Herrn und Gottes und aller Heiligen zu sehen, mit dem tiefen Verlangen, zu erkennen, was seiner göttlichen Güte gefällt«.
Er geht von einer sehr gewöhnlichen Geschichte aus, die aber deutlich unser Verhalten in Entscheidungssituationen illustriert: Ein Mann hat mit zweifelhaften Mitteln ein großes Vermögen zusammengebracht; nun ist er beunruhigt. Er möchte die Sache in Ordnung bringen. Drei Verhaltensweisen sind möglich:
1. Der Mann verschiebt die Entscheidung von Tag zu Tag, bis sein Ende kommt – und er hat nichts getan. Es gibt viele Probleme, denen wir ausweichen: Entscheidungen des persönlichen Lebens, des Berufslebens, der Beziehung zu Mitmenschen. Wir müssen Mut zur Entschiedenheit haben.

2. Der Mann will etwas tun, macht aber Vorbehalte: Er will das Vermögen auf jeden Fall behalten, würde aber etwa gute Zwecke unterstützen... Oft machen wir in unserem Leben solche Bedingungen. Dadurch werden unsere Entscheidungen entwertet. Wir wollen nicht Gottes Willen tun. Wir haben die Grundentscheidung schon getroffen und suchen dennoch Kompromisse.

3. Die vorbehaltlose Hingabe: »Er sucht nur zu wollen und nicht zu wollen, wie Gott, der Herr, es ihm eingibt, und wie es mehr dem Dienst und Lob der göttlichen Majestät entspricht.«

In dieser Erwägung geht es also nicht um abstrakte Prinzipien, sondern um den entschiedenen Willen, die konkreten Fragen unseres Alltags oder auch tiefergreifender Entscheidungen in voller Offenheit auf Gott hin zu beantworten, frei von individuellen Neigungen und Interessen. Wir sollen diese Gnade der reinen Hingabe in einem dreifachen Zwiegespräch erbitten: Wir suchen Marias Fürbitte, wir beten zu Jesus, wir wenden uns an Gott, den Vater.

Weitere Texte

Mt 8,21–22: ein unentschiedener Jünger.

2 Kor 2,14–17: Der Duft der Erkenntnis Christi wird durch die Jünger verbreitet.

Phil 2,12–18: die Jünger als Licht in der Welt.

FRAGEN

- Wie steht es mit meiner Jüngerschaft? Ich sehe mich in Jesu Gefolgschaft: Welche Fragen stellen sich mir?
- Wie steht es mit meinen Entscheidungen? Verschiebe ich sie, um ihnen auszuweichen? Mache ich Bedingungen? Habe ich den Ernst, aber auch den Frieden der vorbehaltlosen Offenheit für Gott erfahren?

ZUR ERWÄGUNG

»Herr, du fragst mich: Was suchst du, wenn du mir nachgehst? Schon halte ich betroffen inne: Gehe ich wirklich nach? Nach außen hin gehe ich dir nach. Aber bin ich wirklich darin? Bin ich darin ›von ganzem Herzen‹?

Ich habe Mißtrauen gegen mich selbst: meine Beweggründe, dir nachzufolgen – wieviel Unlauteres, Ichbezogenes mischt sich darin? Sicher, es gibt Stunden der reinen Absicht. Aber es ist notwendig, daß du mich immer wieder fragst: Was suchst du? Damit ich mit der Kraft deiner gütigen und ernsten Frage wieder angezogen werde von Dir, aus aller Ablenkung und Selbsttäuschung meines Jüngerweges.

Du fragst mich: Was suchst du? Ich möchte dir antworten: Herr, du weißt es: Dich suche ich!«

Johannes Bours

(Da fragte Jesus ihn. 4. Auflage 1985, Seite 32, Verlag Herder Freiburg–Basel–Wien)

III. Teil: DER ENGE PFAD

Johannes leitet den letzten Abschnitt seines Evangeliums, der von Jesu Leiden, Tod und Auferstehung berichtet, mit feierlichen Worten ein: »Jesus wußte, daß seine Stunde gekommen war, aus dieser Welt zum Vater hinüberzugehen ...« (Joh 13, 1). In biblischer Sprache ist die Stunde nicht einfach eine Zeitspanne im ebenmäßigen Fluß der Zeit, sondern sie bedeutet eine Entscheidungssituation. Jesu Leben und Werk haben ihren Gipfel erreicht. In den letzten Ereignissen seines Lebens erfüllt und enthüllt sich der ganze Sinn seines Wirkens und Lehrens. Wir beginnen zu sehen, wer Jesus wirklich ist, was seine Botschaft vom Gottesreich bedeutet, wie sich diese Gottesherrschaft in unserer Welt verwirklichen soll.
In jedem der Evangelien bilden Jesu Leiden und Auferstehung einen Abschnitt, der deutlich von den vorausgehenden Berichten abgegrenzt ist. Zugleich sind die Ereignisse um das Paschafest die Fortsetzung und unausweichliche Folge von Jesu Sendung, das Ergebnis des wachsenden Konflikts mit den Führern des Volkes. Ohne die vorausgehende Entfremdung Jesu von der Führerschicht wären Jesu Verurteilung und Kreuzigung unverständlich.
Für die Betrachtungen der Dritten Woche sind sowohl die Kontinuität von Jesu Leben und Leiden, als auch die deutliche Absetzung des »Ostergeheimnisses« (Tod und Auferstehung) von den vorausgehenden Begebenheiten wichtig. Bedeutsam ist die Kontinuität: Wollte man Jesu

Leiden und Tod von seinem irdischen Leben isolieren, so verlören sie ihren Zusammenhang mit Jesu Sendung; sie büßten auch ihre Bedeutung für Jesu Jünger ein. Tatsächlich finden sich die Ansätze zu einer isolierten Betrachtung der Passion schon in der Heiligen Schrift, wenn in der Kultsprache der jüdischen Tradition von Jesu Blut als Opfer und Sühne die Rede ist. Aber in den apostolischen Gemeinden las man diese Ausdrücke im viel unmittelbareren Bewußtsein der geschichtlichen Ereignisse des Lebens Jesu. Spätere Theologie und Spiritualität haben Jesu Tod mehr und mehr unabhängig von seiner Botschaft betrachtet. Es entwickelte sich eine Erlösungslehre von Opfer und Genugtuung, ohne innere Beziehung zu seiner Sendung und zu seinem Kampf gegen Unrecht, Sünde, Selbstgerechtigkeit.
Für den Exerzitanden ist die Kontinuität von Jesu Sendung und Passion bedeutsam, eben weil die Dritte Woche nicht einfach eine allgemeine Betrachtung über Jesu Leiden ist, sondern die Einladung zur endgültigen Nachfolge Jesu auch auf dem Weg des Kreuzes. Jesu Tod ist der Preis, den er zu zahlen hat für den unentwegten Gehorsam seinem Vater gegenüber in der Erfüllung seiner Sendung. In der Betrachtung der Passion wird der Exerzitand eingeladen, seinem Meister auch in die Dunkelheit des Leidens zu folgen.
Aber die Passionsgeschichte enthält auch etwas ganz Neues. Während des irdischen Lebens ist Jesus in gewisser Hinsicht Herr seines Planens und Wirkens: Er verkündet Gottes Reich, belehrt das Volk, fordert die Mächtigen heraus. Später zieht er sich zurück, weicht den Feinden aus – seine Stunde war noch nicht gekommen. Nun hat sich die Situation gewandelt, er scheint nicht mehr Herr der Situation zu sein. Er überantwortet sich fremden Mächten, Mächten der Finsternis. Noch einmal, im Garten, wollen die Jünger die Initiative ergreifen und kämpfen. Jesus will nicht. Zu den Feinden

sagt er: »Das ist eure Stunde, jetzt hat die Finsternis die Macht« (Lk 22,53). Über den Mächten der Finsternis aber steht Gottes Macht: »Der Kelch, den mir der Vater gegeben hat, soll ich ihn nicht trinken?« (Joh 18,11). Auch in dieser Stunde ist Gott am Werk.

Jesus ist ganz Mensch, bis in die Nacht des Todes hinein; er tritt in die Unbegreiflichkeit Gottes ein. Gottes Herrschaft bricht da an, wo unser Menschenwerk sich erschöpft hat. Jesus überantwortet sich dem Geheimnis Gottes.

Wir haben das Gleiche zu tun. In der Dritten Woche der »Geistlichen Übungen« ändert sich die Atmosphäre. Wir nähern uns dem letzten Geheimnis. In der Zweiten Woche haben wir die Entscheidung für Jesus getroffen. Jetzt finden wir uns mit Jesus an der Stelle, wo eigenes Planen und Denken zu Ende kommen. Wir teilen das Alleinsein mit Jesus, der von allen verlassen ist, in der letzten Selbsthingabe an Gott in Glaube und Liebe, bis zum Tod am Kreuz.

1. Das Abschiedsmahl

In seinem Leiden und Sterben ist Jesus allein. Die Jünger sind zerstreut. Das letzte Stück seines Lebensweges ist Einsamkeit ohne menschliche Stütze.
Und doch ist uns Jesus gerade jetzt näher als in allen anderen Situationen seines Lebens. Die Passion betrifft jeden; alle Menschen müssen durch die gleiche äußerste Einsamkeit des Sterbens gehen. Mit Jesus sollen sie die letzte und ganze Übergabe ihres Lebens an Gott lernen. So ist uns Jesus in seiner einsamsten Stunde am nächsten. Wie aber sollen die Jünger diese tiefste Gemeinschaft mit ihm in der Dunkelheit des Karfreitags verstehen, im Lärm und Haß, in den Lügen und Grausamkeiten dieses blutigen Tages? Noch einmal, am Vorabend des Leidens, wurde den Jüngern in neuer, einmaliger Weise deutlich, was Jesus für sie bedeutete, wer er für die Jünger aller Zeiten sein wird. Die Stunde dieses letzten Zusammenseins soll nicht nur in ihrer Erinnerung bleiben, sondern immer neu das Band der Gemeinschaft mit ihm und der Jünger untereinander knüpfen. In der Feier dieser Stunde erfahren sie, was sie durch ihn geworden sind: das neue Volk Gottes, in endgültigem Bund von Gottes Liebe umschlossen, mit der Verheißung seliger Vollendung.

Das Paschafest

Jesus feiert diesen Abschied im Rahmen des Paschafestes, des großen Tages, an dem die Juden der Gottestaten in ihrer Geschichte gedenken: der Befreiung aus Ägypten, als Gott sie zu seinem Volk machte und in seine Hut nahm, »wie der Adler, der seine Schwingen ausbreitet, ein Junges ergreift und es flügelschlagend davonträgt« (Dtn 32,11). An diesem Tag fühlten sie sich eins, zusammengekommen aus Dörfern, Städten und fernen Ländern; sie sind sich ihrer Erwählung bewußt, als Gottes »besonderes Eigentum« unter allen Völkern (Ex 19,5). An diesem Tage fühlten sie sich stark und stolz, trotz der demütigenden Römerherrschaft. Jerusalem hallte wider von den Liedern der Freude, denn sie wußten – das war ihr Glaube –, daß Gott sein Volk nicht nur in der Vergangenheit befreit hatte, sondern auch heute in ihrer Mitte war als der Gott der Befreiung.

Konnte Jesus dieses Fest noch mitfeiern? Sie hatten ihn doch abgewiesen, der Verrat war schon besiegelt. Morgen werden sie ihn verurteilen und außerhalb der Stadtmauern kreuzigen; er gehört nicht mehr zu ihnen.

Jesus hat ganz in der Tradition seines Volkes gelebt. Er liebte die großen Feste. Es schmerzte ihn, wenn geheiligte Traditionen zu leeren Zeremonien geworden waren. Jerusalem war die heilige Stadt, und der Tempel das Haus seines Vaters. Das Paschafest war doch der Tag der Macht und Liebe Gottes für sein Volk, der Tag der Verheißung der Gottesherrschaft, des Sieges über die bösen Mächte, des ewigen Bundes, der neuen Gemeinschaft, in der alle Schwestern und Brüder sind.

Das war Jesu Sendung: die Gottesherrschaft zu verkünden, die neue Gemeinschaft. Sie hatte schon angefangen; die kleine Schar seiner Jünger war ihre erste Verwirklichung. An diesem Tag nun sollen sie sich als die Gemeinschaft des neuen Bundes erfahren. Aus dem alten Paschafest wächst der neue Bund.

Die Gemeinschaft der Jünger, die Fußwaschung
(Joh 13,1–20)

Für Johannes ist dienende Gemeinschaft die entscheidende Botschaft des Abendmahles. Jesus wäscht die Füße der Jünger und erklärt sein Tun: »Begreift ihr, was ich an euch getan habe?« Sie sollen in seiner Tat das Symbol ihrer eigenen Gemeinschaft sehen. Er ist doch Meister und Herr, aber er übt seine Autorität nur durch Dienst aus. Die Jünger müssen lernen, daß das Wesen ihrer Gemeinschaft Dienst ist: Dienst erweisen, Dienst empfangen. Beides ist notwendig. Petrus glaubt, den Dienst Jesu nicht annehmen zu können. Wer sich weigert, sich in die Gemeinschaft gegenseitigen Dienens hineinnehmen zu lassen, gehört nicht zur Gemeinschaft: »Wenn ich dich nicht wasche, hast du keinen Anteil an mir.« Alle müssen es lernen: Ihr müßt einander die Füße waschen. Jesus ist vorangegangen, die Jünger müssen folgen, denn »der Sklave ist nicht größer als sein Herr«. All das ist nicht mehr Diskussionsgegenstand; Jesus setzt ein Zeichen: »Was ich tue, verstehst du jetzt noch nicht, doch später wirst du es begreifen.« Es ist die Substanz christlicher Gemeinschaft: »Selig seid ihr, wenn ihr das wißt und danach handelt.«

Brot und Kelch

Für die Synoptiker ist das Paschamahl der Rahmen, in dem Jesus die neue Gemeinschaft seiner Jünger feiert; so wird sie für alle Zeit in der Eucharistie gefeiert werden. Immer war für Jesus das Mahl der deutlichste Ausdruck der Gemeinschaft. Alle Mahlszenen des Neuen Testamentes erläutern Gemeinschaft: Jesus läßt sich von Zöllnern zum Mahl einladen, denn auch Zöllner gehören in die Gemeinschaft des Gottesreiches (Mk

2, 15–17). Ins Gottesreich der Endzeit werden viele aus Ost und West kommen, um am Festmahl der Vollendung teilzunehmen (Mt 8, 11). Auch nach der Auferstehung erkennen die Jünger Jesus an der vertrauten Geste der Mahlgemeinschaft, am Brotbrechen. So feiert Jesus auch sein letztes Zusammensein mit den Jüngern als Mahl.

Das Paschamahl folgt der traditionellen Ordnung: Nach einleitenden Riten wird das Mahl feierlich vom Familienvater mit dem Segensgebet eröffnet. Er preist Gott für die Großtaten in der Geschichte des Volkes. Gott hat ihnen ihr Land gegeben; es war ihr Brot und ihr Reichtum. Das Brot, das jeder Familienvater in Israel an diesem Abend in Händen hielt, bedeutete ihnen Gottes treue Liebe, die täglich greifbare Sorge Gottes um sein Volk. Brot wird gebrochen und verteilt; so wird es Zeichen der Gemeinschaft.

Jesus feiert das Paschamahl in einer neuen Gemeinschaft. Neu ist sie, weil sie in der Person Jesu ein neues Band der Einheit hat, stärker als die Bande der Tradition, die Israel zusammenhalten. Bei Jesus hatten die Jünger gelernt, was Gottes Reich wirklich bedeutet: nicht ein sensationelles Wunder, das vom Himmel fällt, sondern ein neues Zusammensein mit Jesus als verbindender Mitte, eine Gemeinschaft ohne einengende Grenzen, in der alle Platz haben. Sie haben diese Gemeinschaft erfahren im täglichen Zusammensein, als Jesus lehrte, heilte, sie führte. Diese Gemeinschaft war die Verheißung einer neuen Schöpfung, in der Gottes Liebe alle verbindet.

Jesus hielt an diesem Abend also das Brot in seinen Händen und sagte Dank. Sein Gebet nahm aber eine unerwartete Wendung: »Nehmt und eßt, das ist mein Leib.« In dem gebrochenen und verteilten Brot, in dem Zeichen der Gemeinschaft, gibt Jesus sich selbst. »Leib« bedeutet sein ganzes Wesen: seine Hingabe an Gott. Er

gehört aber auch ganz uns: Nehmt und eßt. Jede Stunde seines Lebens hat uns gehört; er wird immer uns gehören; auch als der Auferstandene wird er immer mit uns sein. »Tut dies zu meinem Gedächtnis«: Es ist bleibendes Zeichen seiner Gegenwart und Hingabe an uns.
Die Jünger müssen das Brot »nehmen«. Es ist kein passives Empfangen, sondern freie Annahme der Gemeinschaft mit Jesus in Glauben und Jüngerschaft, um von ihm verwandelt zu werden. Denn Jesu Sendung muß in seiner Gemeinschaft verwirklicht werden durch neues Leben, neue Brüderlichkeit. Das Nehmen des Brotes ist eine Verpflichtung auf die Sendung Jesu.
Die Jünger sollen das Brot »essen« – dazu ist Brot da. Die Bibel kennt noch etwas von der Mystik des Essens. Alte indische Weisheit sagt: »Was du ißt, das wirst du.« Nahrung wird ein Stück von uns selber. Wer dieses Brot ißt, macht sich Jesu Leben und Sendung zu eigen: »Ihr könnt nicht Gäste sein am Tisch des Herrn und am Tisch der Dämonen« (1 Kor 10,21). Die Teilnahme an der Eucharistie wird das einigende Band der Gemeinde: »Ein Brot ist es. Darum sind wir viele ein Leib, denn wir alle haben teil an dem einen Brot« (1 Kor 10,17).
Das Mahl geht weiter. Alle essen vom gebratenen Lamm; das Fest nähert sich seinem Höhepunkt, wenn das große Hallel erklingt (die Psalmen 113f). Es ist der jubelnde Preis Gottes für den heiligen Bund. Der dritte Becher wird gefüllt, der »Becher des Segens«. Die Feiernden sind Gottes Volk. Aber dieser Bund muß neu werden; Gottes Volk muß neu werden, nicht mehr in Absonderung einer Nation von den anderen Völkern. Es ist weltweite Gemeinschaft aller ohne trennende Mauern in der Liebe Gottes. Jesus hat diesen Bund gelebt in seinem Einssein mit dem Vater, in seiner Hingabe an die Jünger, an alle. Morgen wird er diese Hingabe mit seinem Blut besiegeln. Blut ist Leben; Blut fließt in unseren Adern, das Blut, das mein eigenes Leben ist. Jesu

Blut aber wird ausgegossen werden für uns, es soll mein Leben werden, das Leben der Welt. Das ist der neue Bund in seinem Blut für das ewige Leben aller.
Zum Abschluß des Mahles reicht Jesus den Kelch: »Dieser Kelch ist der neue Bund in meinem Blut, das für euch vergossen wird.« Nochmals sagt er: Nehmt und trinkt. Es ist nicht genug, Jesu Liebe zu empfangen. Sie muß die alles durchwaltende Gegenwart Gottes in seinem Volk werden. Wer den Kelch trinkt, macht sich Jesu Leben und Liebe zu eigen. Die Kelchkommunion fügt nicht etwas Neues zur Teilnahme am Leib Christi hinzu. Beidemale geht es um die ganze, intime Gemeinschaft mit Jesus, um Nachfolge und Sendung.
So ist in dieser Stunde des Abschieds das ganze Leben und Wirken Jesu zusammengefaßt. Es ist die Feier der Gottesherrschaft, die in Jesus geoffenbart ist. Die Jünger nehmen sie auf und verwirklichen sie in ihrem Leben, feiern sie in ihrer Gemeinde: »Tut dies zu meinem Gedächtnis.« Immer soll diese Stunde in Jesu Jüngern lebendig bleiben, nicht als wehmütige Erinnerung, sondern als Bewußtsein seiner bleibenden Gegenwart, als Gemeinschaftsband, als frohe Sendung.
So ist die Eucharistie Opfer. Denn Jesu ganzes Leben ist Gehen zum Vater, Sein beim Vater. Wer immer zu Jesus kommt und mit ihm vereint ist, wird durch ihn in diese Selbsthingabe an den Vater hineingenommen. Die eucharistische Gemeinschaft mit Jesus ist Selbsthingabe an Gott mit Jesus. Wie ein Rinnsal in den mächtigen Strom hineinfließt und in ihm zum Ozean getragen wird, so vereint sich die Hingabe der Gläubigen mit Jesu Hingabe an Gott.
Eucharistie ist auch Sakrament, Gottes lebenspendende Selbstmitteilung an uns. Immer wurde die Eucharistie als das zentrale Sakrament verstanden, in dem alle Gnaden zusammengefaßt sind. Noch mehr: Wer dieses Sakrament gläubig empfängt, wird selbst Träger der Erlö-

serliebe Gottes. In der Eucharistie wird die ganze Kirche, die Gemeinschaft aller Gläubigen, selbst »Sakrament, das heißt Zeichen und Werkzeug für die innigste Vereinigung mit Gott wie für die Einheit der ganzen Menschheit« (LG, 1).

ZUR BETRACHTUNG

Die Eucharistie in der frühen Kirche (1 Kor 11, 17–34)

Immer ist die Eucharistiefeier die Mitte der christlichen Gemeinde. Sie ist vielen Gefahren ausgesetzt; sie kann zum monotonen Ritual werden. Am größten ist die Gefahr, daß wir ihren innersten Sinn verlieren, Feier der in Jesus Christus geeinten Gemeinde zu sein.

- »Das kann ich nicht loben ...«: Paulus gebraucht harte Worte. Die Korinther, die sich ihrer Geistesgaben rühmen, wissen nicht mehr, was christliche Gemeinschaft ist. Es gibt Parteien (1 Kor 1, 12); die Armen werden öffentlich mißachtet.
- »Ich habe vom Herrn empfangen«: Paulus trägt nicht eine persönliche Meinung vor, sondern ein überliefertes Herrenwort.
- »In der Nacht, in der er ausgeliefert wurde«: Die Korinther sollen ihr Gemeindeleben an Jesu Vorbild prüfen. Seine Liebe ist am größten in der Stunde, in der er verraten wurde.
- »Jeder soll sich selbst prüfen«: Teilnahme an der Eucharistie ist Verpflichtung auf Jesu Geist, auf Gemeinschaft; sie ist die immer erneute Einladung zu gegenseitiger Achtung, zu Versöhnung, Verständnis, Brüderlichkeit. Immer wieder machen wir Fehler, aber sie dürfen nicht zur Regel werden.

- »Wartet aufeinander«: Es ist eine Grundeinstellung, nicht nur sein eigenes Interesse zu kennen, sondern offen zu sein für die Situation und Not des Nächsten.

Nahrung auf der Pilgerschaft (Joh 6)

Das Wüstenerlebnis Israels, wo Gott sein Volk mit Manna nährte (Ex 16,6–27), ist in Jesus erfüllt. Auch Jesus gibt dem Volk Brot (6,1–14). Neu ist die Weise, wie er Brot gibt: Das Brot ist Gottes Gabe, aber es kommt durch Menschenhände, von den fünf Broten des kleinen Jungen, durch die Verteilung der Apostel. So sind Gottes Gaben im Neuen Bund.

- »Ich bin das Brot des Lebens« (6,35): Neu ist vor allem das Brot, die Eucharistie, Jesus selbst. Gottes Gabe ist nicht nur Nahrung für das vergängliche Dasein; Gott läßt uns in Jesus an seinem eigenen Leben teilnehmen.
- »Es ist der Wille meines Vaters, daß alle, die den Sohn sehen und an ihn glauben, das ewige Leben haben« (6,40): Gottes Leben kommt zu uns, wenn wir uns ihm glaubend öffnen.
- »Wer mein Fleisch ißt und mein Blut trinkt, der bleibt in mir, und ich bleibe in ihm« (6,56): Das Vereintsein im Glauben führt zur sakramentalen Gemeinschaft mit Jesus. So ist jede Eucharistiefeier gestaltet: Sie führt durch das Gotteswort zum Glauben und im Glauben zum Empfang des Leibes Christi.
- »Niemand kann zu mir kommen, wenn es ihm nicht vom Vater gegeben ist« (6,65): Gott allein ist Quelle allen Heils. Er spricht zu uns durch Jesus, seinen Sohn; durch ihn gibt er uns ewiges Leben.

Weitere Texte

1 Kor 10,14–17: ein Leib in Christus.
1 Kor 13: größer ist die Liebe.
Phil 1,3–11: der Apostel und seine Gemeinde.

FRAGEN

- Hat die Eucharistie einen zentralen Platz in meinem Leben? Habe ich sie als das Sakrament meiner Gemeinschaft mit Jesus, mit meinen Schwestern und Brüdern verstanden?
- Wie komme ich mit der häufigen Eucharistiefeier zurecht? Wie kann sie mir zur persönlichen Begegnung mit Jesus und meiner Gemeinde werden?

ZUR ERWÄGUNG

»Wenn wir wirklich Eucharistie, Danksagung feiern, öffnen wir uns einander, kümmern wir uns umeinander, sorgen wir füreinander, lassen wir einander gelten, dienen wir einander, trauern und leiden wir miteinander, freuen wir uns miteinander, und was der Apostel Paulus in dem großen Gleichnis von 1 Kor 12 alles sonst ausführt. Und so sind wir der ›eine Leib‹, der ›Leib Christi‹, die innige Korporation derer, die vom Herrn leben und deshalb füreinander leben. Im Herrenmahl wird sie immer von neuem gefestigt und sichtbar. Letztlich von ihm her muß sie sich dann im Alltag bewähren.«

Heinrich Schlier

(Die Freude seiner Nähe. Biblische Besinnung, 1980, Seite 54f, Verlag Herder Freiburg–Basel–Wien)

2. Eintritt ins Leiden

Die Betrachtungen des Leidens Jesu in der dritten Woche der »Geistlichen Übungen« sollen durch die innige Gemeinschaft mit Jesus zur tieferen Erfahrung des Willens und der Wege Gottes im eigenen Leben führen. Wichtig ist die »Atmosphäre« dieser Betrachtungen. Ignatius sagt, wir sollen in diesen Betrachtungen um »Trauer und Mitleiden« bitten (Nr. 193). Wir müssen das richtig verstehen. Sicherlich meint er mit Trauer nicht ein Gefühl der Niedergeschlagenheit, wenn die Dinge anders ausgehen, als wir uns erhofft hatten. »Mitleiden« ist auch etwas anderes als »Mitleid«. Jesus will nicht bemitleidet sein. Ignatius sagt, wir sollen Jesus betrachten, der »nach dem Leiden verlangt« (Nr. 195). Mitleiden bedeutet Teilhaben an Jesu Leiden, mit ihm eintreten in den Schmerz und die Dunkelheit, die er mit uns allen teilt. Denn sein Leben gehört zum Kampf gegen die Mächte der Nacht, die uns alle umfangen und die wir alle, mit ihm, besiegen sollen.

Abschied

Jede Stufe unseres menschlichen Lebens bedeutet einen Abschied. Wir lassen etwas von der Schönheit, Freude, Gemeinschaft zurück und wandern neuen Horizonten entgegen, bis zu jenem letzten Ende, das uns alle im Tod erwartet. Augustinus wußte: Am Tag unserer Geburt beginnen wir zu sterben.
Auch Jesus wanderte von Stufe zu Stufe. Wir sollten uns nicht vorstellen, daß sein ganzes Leben gleichsam ausgebreitet vor ihm lag und er immer schon sein Ende vorauswußte. Es gibt dafür weder biblische noch theolo-

gische Beweise. Er lebte ein wahres menschliches Leben mit seinen immer neuen Horizonten, Überraschungen, Forderungen. Jesus hat also nicht nur unsere Leiden geteilt, sondern auch die Freuden unseres menschlichen Lebens, z.B. eine glückliche Kindheit in friedvoller, ländlicher Umgebung, wie sie sich in seinen Gleichnissen spiegelt. In seinem Bewußtsein von der Liebe und Sorge Gottes konnte er sich tiefer als andere Menschen an der unbeschwerten Freiheit der Vögel freuen und an der unvergleichlichen Schönheit der Blumen, die heute blühen, obgleich sie morgen welken. Um wieviel größer ist Gottes Sorge für seine Kinder!

Jesu Passion beginnt mit dem Abschied von Nazaret. Er ist der Kindheit, den Jugendjahren entwachsen. Er hat eine Sendung – er muß hinausgehen. Er beginnt, seinen einsamen Weg zu gehen, wo er keinen Platz hat, sein Haupt hinzulegen (Mt 8,20). Die Trennung von der Geborgenheit der Familie ist sein erster Abschied.

Eine neue Welt öffnet sich für ihn. Unsagbare Freude erfüllt ihn. Er fühlt die gewaltige Macht seiner Botschaft für eine Welt, in der die Armen in Seligkeit ihre Augen öffnen, die Hungrigen zu essen haben und die kleinen Leute, die unter das Joch der Mächtigen gebeugt sind, das Land besitzen. Eine ungeheure Kraft klingt aus seinen Anklagen gegen die selbstgerechten Heuchler, die auf die einfachen Leute herabschauten, und in der Herausforderung der herrschenden Klasse, die sich ihrer überlegenen sozialen Stellung bewußt war. Man kann sich kaum ein reicheres, erfüllteres Leben vorstellen – anders freilich, als sich die meisten Menschen ihr Glück denken: nicht Bequemlichkeit oder soziales Prestige, sondern ein Leben, das ganz gelebt ist, aus seiner innersten Tiefe heraus, mit dem Bewußtsein einer Sendung, ohne Furcht vor irgendeiner irdischen Macht, weil es unter Gottes Schutz steht.

So scheint es, daß in dieser ersten Phase des Wirkens Jesu der Schmerz des Abschieds von Nazaret durch die neuen Horizonte, die sich vor ihm öffneten, aufgewogen wurde. Bald aber muß er spüren, daß sich der Widerstand gegen ihn versteift. Die führenden Kreise werden seine Feinde, und das Volk schwankt, zieht sich zurück. Jesus findet sich im engen Kreis seiner Jünger. Die Synoptiker beschreiben diese »Krise« in der Szene von Cäsarea Philippi (Mk 8,27–33). Johannes schildert die gleiche Situation in der bedrückenden Erfahrung in Kafarnaum: Jesus hatte die Menge mit Brot gespeist. Nochmals umringen ihn die begeisterten Scharen. Nun aber spricht Jesus von seiner wirklichen Sendung. Er selbst ist dieses Brot vom Himmel: »Ich bin das Brot des Lebens« (6,35). Er selbst ist Gottes Gabe an uns. Wir sollen an ihn glauben, von ihm ewiges Leben erhoffen. Das können sie nicht verstehen: »Ist das nicht Jesus, der Sohn Josefs, dessen Vater und Mutter wir kennen?« Viele gehen weg. Jesus muß zusehen, wie sie sich von ihm zurückziehen, er will niemanden binden. Er hat den Mut, auch seine Jünger zu fragen: »Wollt auch ihr weggehen?« Petrus antwortet im Namen der Zwölf: »Herr, zu wem sollen wir gehen? Du hast Worte des ewigen Lebens« (6,68).

Jesus hat den Höhepunkt seines Wirkens überschritten. Er wird einsamer. Die Synoptiker berichten, wie er wach und tapfer seinem Leid entgegengeht. Nach menschlichem Ermessen war die Sendung, die ihm der Vater gegeben hatte, ein Fehlschlag. Er wird abgelehnt, verlassen. Der Pfad wird enger und steiler. Aber die Zwölf sind noch bei ihm.

Und die Zwölf?

Die Evangelien berichten von der nächsten Phase des Abschieds Jesu, die noch viel schmerzlicher ist: Während der Passion werden die Jünger völlig zerstreut. Aber schon früher sehen wir, wie die Distanz zwischen Jesus und den Jüngern wächst. Schon längst spürte Jesus, daß es bei Judas zu einer Entfremdung gekommen ist (Mk 3,19; Joh 6,70f). Alle Evangelisten erzählen von der qualvollen Situation während des letzten Zusammenseins beim Paschamahl, wo der Verräter unter ihnen ist: »Einer von euch wird mich verraten und ausliefern, einer von denen, die mit mir essen« (Mk 14,18). Bis zum letzten liebt Jesus den Jünger, der an ihm irre geworden ist. Das betont vor allem Johannes (Joh 13,21–30). Aber Judas geht hinaus in die Dunkelheit.
Die Elf stehen immer noch im Bann der Persönlichkeit Jesu, sie werden gleichsam von ihm getragen und merken gar nicht, wie schwach sie selber sind. Mit voller Überzeugung kann Petrus sprechen: »Herr, ich bin bereit, mit dir sogar ins Gefängnis und in den Tod zu gehen.« Jesus weiß es besser: »Ich sage dir, Petrus, ehe heute der Hahn kräht, wirst du dreimal leugnen, mich zu kennen« (Lk 22,33f). Auch die andern werden ihn verlassen: »Ihr werdet alle Anstoß nehmen und zu Fall kommen« (Mk 14,26). Das Band zwischen Jesus und den Jüngern löst sich. Die klingenden Worte des Petrus und der anderen erreichen Jesus wie aus einer weiten Ferne. Je mehr Jesus sich seinem Ende nähert, um so tiefer wird sein Alleinsein. Nur der Vater bleibt bei ihm: »Die Stunde kommt, und sie ist schon da, in der ihr versprengt werdet, jeder in sein Haus, und mich werdet ihr allein lassen. Aber ich bin nicht allein, denn mein Vater ist bei mir« (Joh 16,32).
Das ist Jesu letzter Weg mit den Seinen: Er geht hinaus durch die Stadt, die von der Freude des großen Festes

widerhallt, durch das dunkle Kidrontal, zum Garten Getsemani. Er läßt die Jünger zurück: »Setzt euch und wartet hier, während ich bete.« Auch zu den dreien, die noch bei ihm sind, sagt er: »Meine Seele ist zu Tode betrübt, bleibt hier und wachet.« Als er zurückkam, fand er sie schlafend. Völlig allein mit seinem Vater kann er nur noch beten: »Abba, mein Vater« (Mk 14,32–41).

Für unsere Sünden

Ignatius lädt uns ein, in diesen Betrachtungen zu beten »um Beschämung, weil der Herr für meine Sünden in das Leiden geht« (Nr. 193). Immer wieder wird in der Liturgie und in der religiösen Literatur unsere Sünde mit dem Leiden Jesu in Verbindung gebracht. Über diese Verknüpfung von Jesu Tod und unseren persönlichen Sünden sollen wir etwas tiefer nachdenken.
Jesu Passion ist unlöslich mit seiner Verkündigung des Gottesreiches verbunden, mit seiner kompromißlosen Anklage gegen alle Mächte, die Gott widerstehen. Diese Mächte haben viele Namen. Jeder der Gegner Jesu hat seine eigenen Gründe, ihn abzulehnen. Es mag überraschen, daß bei der Verurteilung Jesu Pharisäer und Sadduzäer zusammenarbeiteten, obwohl sie sich sonst bekämpften. Die gemeinsame Basis, auf der sie sich fanden, war der Widerstand gegen das Gottesreich, so wie Jesus es verstand, als Herrschaft Gottes. Sie alle waren überzeugt davon, für Gott und sein Gesetz einzutreten. Das Urteil des Hohen Rates gegen Jesus lautete auf Gotteslästerung, weil er Gottes Autorität für sich und seine Botschaft in Anspruch nahm (Mk 14,63f). Jesus wurde im Namen Gottes verworfen.
Das ist eben die Frage: Wer ist Gott? Was bedeutet Gottesherrschaft? Für die Sadduzäer garantierte Gott die Stabilität ihrer politischen und wirtschaftlichen Macht;

sie verwalteten ihre Ämter in seinem Namen. Den Pharisäern gab Gott das Bewußtsein der moralischen Überlegenheit, der Gerechtigkeit; denn Gott gab doch das Gesetz, und seine Huld schenkt er denen, die es beobachten. Jeder der Feinde Jesu hatte Gott zum Hort seiner eigenen Einflußsphäre gemacht, in politischen, wirtschaftlichen und religiösen Dingen. Jeder baut an seinem eigenen kleinen Reich, für das er Gottes Autorität in Anspruch nimmt. Jesus aber kennt nur Gottes Herrschaft. So sind alle verwirrt und fühlen sich verunsichert. Wo ist ihre Sünde? Immer wieder sind wir versucht, Gottes Anspruch und unsere eigenen Interessen zu vermischen oder gar zu verwechseln. Das ist Sünde. Sie hat tausend Gesichter, unzählige Masken. In diesem Karneval der Sünde, in dem jeder sich selbst im Namen Gottes feiert, steht Jesus allein.

Das ist Jesu Sendung: Er kämpft gegen die Sünde, er wird von der Sünde überwunden. – Auch meine Sünde hat etwas mit Jesu Passion zu tun: Nicht als ob ich dabeigewesen wäre, als sie ihn verhöhnten und kreuzigten. Aber die offenen oder maskierten Mächte, die sich gegen ihn verschworen haben, sind doch auch in mein Herz eingedrungen und wehren sich gegen Jesu Botschaft. In diesem Konflikt sehe ich mich beschämt mit meinem geteilten Herzen, zwischen Gottesreich und Sünde.

Ich soll also in diesen Betrachtungen meine Entscheidung gegen die Sünde erneuern und vertiefen; ich soll mich deutlicher und endgültiger mit Jesus gegen die Mächte der Dunkelheit stellen. Ich soll auch bereit sein, den Konflikt und das Alleinsein in seiner Passion zu teilen. Gott ist unsere einzige Stütze.

Das Ölbergleiden (Mk 14,32–42; Lk 22,39–46)

- »Meine Seele ist zu Tode betrübt«: Jesu Werk und Kampf sind zu Ende. Dies ist die Stunde des Leidens, die Schwelle zwischen Leben und Tod. Sein letztes Schicksal muß er aus fremder Hand annehmen – nein, aus Gottes Hand.
- »Setzt euch und wartet hier, während ich bete«: Es gibt für ihn keine menschlichen Stützen mehr. Nur noch Gott ist da.
- »Abba, Vater«: Die Anrede zeigt die einzigartige Vertrautheit mit dem Vater, die Jesus uns vermacht hat. Daß Markus uns diese Anrede gerade im Zusammenhang des Ölbergleidens überliefert, hat tiefe Bedeutung.
- »Nimm diesen Kelch von mir«: Jesus macht sich den Notschrei der Millionen, die vom Leid erdrückt sind, zu eigen. Der Hebräerbrief ist noch deutlicher: »Mit lautem Schreien und unter Tränen hat er Gebete und Bitten vor den gebracht, der ihn aus dem Tod retten konnte« (Hebr 5,7).
- »Aber nicht, was ich will, sondern was du willst«: Es ist die Selbstübergabe an das letzte Geheimnis allen Seins, nicht an ein blindes Schicksal, sondern an Gottes unergründliche Liebe.
- »Da erschien ihm ein Engel vom Himmel und gab ihm Kraft«: Jesu Gebet ändert nichts am Lauf der Dinge. Aber Gott ist mit ihm. Lukas stellt Gottes Hilfe in der Erscheinung des Engels dar.
- »Er betete in seiner Not noch inständiger, und sein Schweiß war wie Blut«: Gottes Kraft erwirkt nicht einen leichten Sieg. Jesus will bei uns sein, auch in unserer Hilflosigkeit und Todesnot.

– »Simon, du schläfst? Konntest du nicht einmal eine Stunde wach bleiben?«: Jesus redet Petrus mit seinem ursprünglichen Namen an, nicht mit dem Namen, den er ihm gegeben hatte. Petrus erscheint hier in seiner menschlichen Begrenztheit.
– »Wachet und betet, damit ihr nicht in Versuchung geratet«: Selbst in dieser Stunde ist Jesus mehr um die Jünger besorgt als um sich selbst. In der nahenden Not brauchen sie Wachsamkeit und Gebet.
– »Es ist genug, die Stunde ist gekommen. Jetzt wird der Menschensohn den Händen der Sünder ausgeliefert. Steht auf, wir wollen gehen«: Der innere Kampf ist entschieden. Verlassen von Menschen, allein vor Gott hat Jesus seine Hingabe erneuert. Klarheit und Festigkeit sind die Kennzeichen auch seiner letzten Stunden.

Die Stunde der Finsternis (Mk 14,43–51; Lk 22,47–54)

– »Eine Schar von Männern kam mit Schwertern und Knüppeln«: Jesu innerer Kampf ist vorbei, die grausame Realität der Passion beginnt. Das ist die Antwort auf Jesu Verkündigung von Gerechtigkeit und Liebe im Gottesreich.
– »Judas, mit einem Kuß verrätst du den Menschensohn?«: Judas macht das Zeichen der Liebe und Jüngerschaft zum Zeichen des Verrates.
– »Herr, sollen wir mit dem Schwert dreinschlagen?«: Jesus kennt keine Gewalt. Gottes Reich hat keine anderen Waffen als Wahrheit und Liebe. Gewalt trennt, schafft neuen Haß. Lukas beendet die Szene mit Jesu Geste, die den verwundeten Gegner heilt.
– »Da verließen ihn alle und flohen«: Zu bewaffnetem Widerstand wären die Jünger bereit gewesen, das war ihr natürlicher Instinkt. Sie sind aber noch nicht zum

Leiden bereit. Den letzten Glauben an Gottes Sieg in ihrer offenkundigen Hilflosigkeit finden sie erst nach Ostern.

– »Das ist eure Stunde, jetzt hat die Finsternis Macht«: Jesus überläßt sich den Mächten, gegen die er sein Leben lang gekämpft hatte. Es scheint eine völlige Niederlage zu sein: »Sie nahmen ihn fest und führten ihn ab.« Jesus aber weiß, daß sich durch diese dunklen Mächte Gottes Heilsplan verwirklicht.

Weitere Texte

Jes 52, 13–53, 12: der leidende Knecht Jahwes.
Ps 22: Übergabe in Gottes Hände im Leiden.

FRAGEN

- Wann habe ich in meinem Leben Abschied erfahren, das Verlassen lieber Menschen oder Orte, das Gehen ins Dunkel?
- Bin ich den Mächten der Dunkelheit begegnet: in meinem persönlichen Leben, in meiner Umgebung? Wie bin ich mit Haß, Verrat, Grausamkeit fertig geworden?

ZUR ERWÄGUNG

»Herr Jesus Christus, Heiland und Erlöser, ich knie vor deinem gebenedeiten Kreuz. Ich will meinen Geist und mein Herz öffnen für die Betrachtung deines heiligen Leidens. Ich will dein Kreuz vor meine arme Seele stel-

len, damit ich wieder ein wenig besser begreife und mir zu Herzen nehme, was du getan und gelitten hast und für wen du gelitten hast. Deine Gnade stehe mir bei, daß ich die Stumpfheit und Gleichgültigkeit meines Herzens abschüttle, daß ich wenigstens für eine halbe Stunde meinen Alltag vergesse, damit meine Liebe, meine Reue und Dankbarkeit bei dir verweilen.
König der Herzen, deine gekreuzigte Liebe umfange mein schwaches, armes, müdes und verdrossenes Herz. Gib ihm ein innerliches Empfinden für dich. Weck auf in mir, was ich in mir vermisse: Anteilnahme an dir, Liebe zu dir, Ernst und Treue, die aushalten in der Betrachtung deines heiligen Leidens und Sterbens.«

Karl Rahner

(Gebete des Lebens, 7. Auflage 1987, Seite 61, Verlag Herder, Freiburg–Basel–Wien)

3. Das Kreuz

»Ich hatte mich entschlossen, bei euch nichts zu wissen außer Jesus Christus, und zwar als den Gekreuzigten« (1 Kor 2,2)

Es ist unmöglich, über das Kreuz philosophieren, es »verstehen«, seinen Sinn rational erfassen zu wollen. Am Karfreitag lesen wir die Leidensgeschichte; wir bringen unsere Gebete, die Leiden und Nöte der ganzen Welt, vor Gott; wir knien nieder vor dem Kreuz und beten den unbegreiflichen Gott an. Nirgendwo ist Gott uns näher als in Jesu Kreuz, nirgendwo scheint er aber auch so fern zu sein, so gänzlich über alles Verständnis hinaus wie auf Golgota. Das ist Jesu Stunde, in der alles, was er ist und was Gott uns in ihm sagen wollte, zusammengefaßt ist. Jesus lehrt nicht mehr, er vergibt, er betet, bis seine Stimme stirbt.

Jesus verkündet den Vater

Wer ist Gott? Keiner hat ihn gesehen. Und doch hat Gott sich geoffenbart. Er tut es zu allen Zeiten in der Schöpfung, wie sie vor uns ausgebreitet ist. Dieses gewaltige Schauspiel von Größe, Weisheit und Macht ist in seiner reichen Vielfalt zusammengewoben in eine Harmonie, in der alle Konflikte, der Kampf ums Überleben versöhnt sind in einer geheimnisvollen Ordnung des Wachstums. In dieser geschaffenen Welt gibt Gott uns nicht nur »den dauernden Beweis seiner selbst«, so daß wir immer auf sein göttliches Geheimnis verwiesen sind, sondern wir erkennen darin auch seine Sorge um uns, da »er uns einen Weg zum himmlischen Heil geöffnet hat« (DV, 3). Niemand hat das besser verstanden als

Jesus, für den die Welt und unser menschliches Leben ein Spiegel waren, in dem er seinen Vater erkannte, seine Liebe und Sorge.

Aber Jesus wußte mehr von Gott als das, was sich in der Natur spiegelt. Er betete zu ihm in einzigartiger Intimität: »Abba«, lieber Vater, wie es für die religiöse Tradition unter den Juden unerhört war. In Jesus kam Gott ganz nahe zu uns. Jesus konnte von ihm in einer Weise zu den Armen und Bedrückten sprechen wie keiner vor ihm: Kein Haar fällt von eurem Haupt, ohne daß der Vater es weiß. Wenn sie sich verloren und verlassen vorkommen, dann ist Gott nahe, um sie zu suchen und heimzuführen. Jesu Kommen ist wirklich wie ein Hochzeitsfest. Jesus selbst gebraucht diesen Vergleich. An einem solchen Fest dürfen die Leute die trübe Alltäglichkeit ihres Lebens vergessen, sie lachen und tanzen in einem Rausch von Freude und Musik. Und dieses Fest ist nicht für eine privilegierte Gruppe reserviert; alle sind willkommen, die Armen, die Ausgestoßenen, Blinde und Lahme (Lk 14,21). Bei Jesus gibt es keine sozialen Unterschiede oder politische Abgrenzungen. Alle finden ihre gottgegebene Würde – die einzige Würde, die wir wirklich haben, als Kinder Gottes.

Das ist Jesu Botschaft von Gott, neu und befreiend, damals wie heute: die Botschaft von Gottes Liebe und Sorge, die tiefer, reicher, treuer ist als alle menschliche Liebe und Sorge. Wir können diese Botschaft irgendwie erfassen und sie in menschliche Worte kleiden. Sie ist aber noch nicht das letzte Wort. Gott spricht sein letztes Wort zu uns in Jesu Tod am Kreuz. Wir müssen Jesus in dieses letzte Geheimnis folgen, das jenseits unseres menschlichen Verstehens liegt, wo es nur noch Glaube und Liebe gibt.

Seit Urzeiten ahnen Menschen dieses Geheimnis. Sie lassen die ersten Früchte an den Bäumen – als Zeichen, daß sie Gott gehören. Tiere werden auf dem Altar von den Flammen verzehrt und vom Rauch ins Unbekannte getragen. Hat das einen Sinn? Ist es naiver Aberglaube oder Magie? Oder ist es ein dunkles Ahnen des Geheimnisses Gottes, das jenseits unseres Verstehens und praktischer Nützlichkeit liegt? Gott ist größer als unser Denken, als unsere Welt, als unser Herz.
Das Kreuz ist Jesu letzte Begegnung mit dem Geheimnis Gottes. Sein ganzes Leben war ein Gehen zu Gott, ein Pilgern ins Unbekannte. Dies geschah nicht in beklemmender Angst, sondern in Liebe.
Jesus erfährt sein Leben als Weg zu seinem Ziel, Schritt für Schritt, bis er jene letzte Grenze erreicht, wo Gott verhüllt ist, wo alles Erkennen ans Ende kommt. Er tritt in die Dunkelheit des Leidens ein, in die Stunde der Finsternis. Sie wird dichter und bedrängender, je näher sein Ende kommt. »Eine Finsternis brach über das ganze Land herein ... Die Sonne verdunkelte sich« (Lk 23,44). Alles, was Jesus von seinem Vater gesagt hatte, schien verloren; sein letztes Gebet ist: »Mein Gott, mein Gott, warum hast du mich verlassen?« (Ps 22; Mk 15,34).
Wer ist Gott? Je weiter Jesus in seiner Sendung voranschreitet, um so tiefer scheint Gott verhüllt zu sein. Jesus sieht sich selbst vom Vater verlassen. Aber das gerade ist seine Sendung, bei uns zu sein, uns Gottes Liebe zu zeigen und zu bringen. Er erleidet unsere Todesnot, er stirbt für uns: »Es gibt keine größere Liebe, als wenn einer sein Leben für seine Freunde hingibt« (Joh 15,13). Gott ist Liebe. Es bleibt wahr, daß niemand ihn gesehen hat; in Jesu Tod ist es schrecklich wahr. Wer konnte Gott in dieser Verwirrung von Haß, Lüge, Grausamkeit, Blasphemie erkennen?

Wir sollen nicht versuchen, Gott zu sehen, aber wir spüren die Nähe Jesu. Er wurde unser Bruder, um bei uns zu sein in dieser Welt der Dunkelheit und des Sterbens. Das ist Liebe, und wo Liebe ist, da ist Gott. Gott hat aufgehört, in Worten und Taten zu sprechen, die wir analysieren können. Hier am Kreuz ist er mit seinem Wesen – und ich bin mit ihm, wenn ich liebe.

Als das kurze Leben der hl. Theresa vom Kinde Jesu zu Ende ging, erlitt sie nicht nur die körperlichen Qualen eines grausamen Todes, sondern auch die tiefe Nacht des Herzens. Sie fühlte sich völlig verlassen, und dunkle Zweifel stiegen auf. Sie wußte nicht mehr, ob sie wirklich noch an Gott glaubte. Aber die Liebe blieb: »Ich weiß nichts mehr, ich weiß nur noch, daß ich liebe.« Das ist das Geheimnis des »kleinen Weges«, weiter und weiter zu gehen in der Liebe Gottes, bis alles verschwindet, alle Garantien zusammenbrechen, nur eines bleibt: die Liebe, die größer ist als alles Verstehen.

Erlösung durch das Kreuz

Jesu irdisches Leben und seine Sendung enden am Kreuz. Auf Golgota spricht Gott im gekreuzigten Jesus sein Wort des Heils. Stets wird das Kreuz die Mitte der christlichen Gemeinde sein. Es ist unsere Hoffnung. Wie aber sind wir erlöst durch das Kreuz?

Die Heilige Schrift spricht in verschiedener Weise von unserer Erlösung. In den Schlüsseltexten des Römerbriefes sagt uns Paulus, daß wir unser wahres Leben in Gott nicht durch die Beobachtung des Gesetzes, sondern durch Gottes Gnade haben, »durch die Erlösung in Christus Jesus. Ihn hat Gott dazu bestimmt, Sühne zu leisten mit seinem Blut, Sühne, wirksam durch Glauben« (Röm 3,24f). Es ist Gottes eigenes Werk, »der uns der Macht der Finsternis entrissen und uns in das Reich

seines geliebten Sohnes aufgenommen hat« (Kol 1,13). »Durch sein Blut haben wir Erlösung« (Eph 1,7).
Was ist Heil? Es kann doch nur unser ganzes Menschsein bedeuten, als einzelne und als Gemeinschaft, so wie Gott uns von Anfang an wollte, nach seinem Bild. Gott selbst ist Liebe, ewige Liebe. So ist auch der Mensch nur dann wirklich Mensch, wenn er liebt, so wie Gott selbst liebt, wie er es uns in Jesus, seinem Sohn, geoffenbart hat.
Jesus liebte seinen Vater in ungebrochener Treue, in Vertrauen und Gehorsam bis zum Ende, in der Dunkelheit des Leidens, als sein Vater unendlich ferne schien. Jesus liebte uns, als seine Schwestern und Brüder, mit einer Liebe, die sich nicht durch Verrat, Haß und Grausamkeit ersticken ließ. Nie wird das Licht seiner Liebe von den dunklen Mächten verschlungen. Das ist Jesu Liebe bis zum Ende, daß er sich uns ganz gibt, damit wir durch ihn und in ihm leben. In diesem Gehorsam gegen Gott, in dieser Liebe zu uns ist er Gottes geliebter Sohn. Das ist der Mensch, wie Gott ihn wollte.
In Jesus zeigt uns Gott auch, wie schwer es ist, ganz zu lieben. Wir gebrauchen dieses Wort oft leichtfertig für kurzlebige Gefühle; wir mißbrauchen es als Verschleierung selbstsüchtiger Leidenschaft. Jesu Liebe weist über alle Grenzen der Schöpfung hinaus auf das letzte Geheimnis Gottes, wo Verstehen und Berechnen aufhören, wo nur noch Anbetung und Hingabe bleiben. Und Liebe zum Nächsten schließt daher alle ein, auch Fremde und Feinde. So ist sie viel tiefer als die natürlichen Gemeinschaftsbande, aus denen unsere Gesellschaft gewoben ist. Sie hat ihre Quelle in Gott und fließt aus seiner unergründlichen Tiefe in unsere Welt. Sie läßt sich nicht verbittern, sie wird nicht durch Schwachheit und Bedrohung enttäuscht, sie läßt sich nicht durch Grausamkeit vergiften, und sie versickert nicht in der lieblosen Öde unserer Welt.

Solche Liebe also ist unser Heil. Gott hat uns dieses Heil in Jesus geschenkt; in ihm ist die Sünde überwunden. Wie aber kann diese Liebe *mich* retten, mein Leben neu schaffen, mich aus der Enge meiner Selbstsucht befreien? Seine Liebe beschämt mich, wie kann sie mich erlösen? Ich bin doch einer solchen Liebe unfähig, sie liegt jenseits meiner Möglichkeiten. Können wir Menschen solche Höhen je ersteigen?

Wirklich, solche Liebe scheint außerhalb unserer Reichweite, und doch ist sie die einzige Möglichkeit unseres Heils – nicht etwas, das wir selbst erringen können, sondern Gottes Geschenk. Gott gibt sie mir in Jesus, ich muß sie glaubend aufnehmen. Gott sieht mich, Gott sieht uns alle in Jesus, seinem Sohn. Durch ihn zieht er uns in das Geheimnis seiner Liebe. Wenn ich mich in wahrem Glauben an Jesus klammere, mein Leben vor ihm öffne und ihn bitte, mein ganzes Sein zu erfüllen, dann werde ich wachsen und von ihm umgewandelt. Ich werde das Wirken seiner Macht erfahren, wenn ich glaubend auf ihn schaue: »Sie werden auf den blicken, den sie durchbohrt haben« (Joh 19,37). So empfange ich ihn im Sakrament des Glaubens und der Liebe; ich esse das Brot, den gebrochenen Leib und trinke von dem Kelch das Blut, das in Liebe vergossen wurde. Wenn ich es in Glaube und Liebe tue, wird er mich umwandeln, Tag für Tag; ich werde sein Leben und seine Liebe in der Gemeinschaft der Glaubenden finden. Wenn wir in wahrer Gemeinschaft des Glaubens und der Liebe verbunden sind, wird sich das Geheimnis der erlösenden Liebe Gottes immer tiefer in unsere Herzen und unsere Welt einsenken; wir werden seine heilende, heilbringende Macht erfahren.

Der Erlöser in seinem Tod (Lk 23,26–49)

Jedes der Evangelien hat seine eigene Leidensgeschichte mit der ihm eigenen Botschaft. Wir wählen den Bericht des Lukas, der Jesu Erlöserliebe bis zum Ende darstellt.

– »Sie ergriffen einen Mann aus Zyrene namens Simon... Ihm luden sie das Kreuz auf«: Simon ist gegen seinen Willen in Jesu Passion hineingezogen worden, aber so kam er mit der erlösenden Liebe Gottes in Berührung.
– »Weint nicht über mich, weint über euch und eure Kinder«: Jesus spricht zu den klagenden Frauen, die seinen Leidensweg begleiten. Er ist mehr besorgt um Jerusalem und das kommende Unheil als um sich selber.
– »Vater, vergib ihnen, denn sie wissen nicht, was sie tun«: Es ist Jesu Gebet um Vergebung für seine Feinde, mitten in den Orgien von Haß, Hohn und Grausamkeit. Es ist das Gebet, das durch die Jahrhunderte weitergesprochen wird, wo immer wahre Jünger Jesu an seiner Passion teilhaben (vgl. das Gebet des Stephanus, Apg 7,60).
– »Anderen hat er geholfen, nun soll er sich selber helfen, wenn er der erwählte Messias Gottes ist«: Diese Worte des Spottes enthalten die tiefe Wahrheit, daß Jesus unser Heil ist. Seine Liebe sucht unser Glück, nicht sein eigenes. Immer hat er der Versuchung, sein eigenes Heil zu suchen, widerstanden.
– »Das ist der König der Juden«: Auch diese Verhöhnung enthält die tiefe Wahrheit, daß Jesu königliche Macht auf Liebe gründet.
– »Amen, ich sage dir: Heute noch wirst du mit mir im Paradies sein«: Das ist Jesu letzter Trost: nicht daß

ihm jemand Erleichterung bringt, sondern daß er einem verlorenen Menschen das Tor zum Heil öffnet.

– »Finsternis brach über das ganze Land herein ... Der Vorhang im Tempel riß mitten entzwei«: In den Evangelienberichten wird die Stunde der Finsternis als Nacht, die über die Erde fällt, greifbar. Aber in dieser Nacht öffnet sich der Zugang zu Gott; der trennende Vorhang zwischen Gott und seinem Volk ist zerrissen. Durch Jesu Hingabe an den Vater sind Himmel und Erde versöhnt.
– »Vater, in deine Hände lege ich meinen Geist«: Das ist, nach Lukas, Jesu letztes Gebet. In der Nacht des Todes findet Jesus die letzte Geborgenheit im Vater.
– »Als der Hauptmann sah, was geschehen war, pries er Gott und sagte: Das war wirklich ein gerechter Mann«: Die Mächte der Dunkelheit haben ausgetobt, nun ist Stille. Heil und Frieden beginnen, in unsere Welt zu strömen. Der Hauptmann, der die Hinrichtung überwacht hatte, ist als erster davon berührt.

Charaktere im Drama der Passion

Der Kampf zwischen Licht und Nacht geht in der Geschichte weiter, mit immer neuen Namen und Gesichtern. Eine Reflexion über die Charaktere der Passionsgeschichte mag uns helfen, diesen Konflikt, in dem wir selber stehen, deutlicher zu sehen. In jedem Menschen spiegelt sich der Kampf zwischen Gnade und Sünde.

Da sind die *Gegner:*
– Die jüdische Obrigkeit, die Jesus im Namen Gottes verfolgt.
– Judas, der enttäuschte Jünger, dessen Erwartungen sich nicht erfüllten. Hat er sich jemals ohne Vorbehalt der Gnade, der Liebe geöffnet? Warum konnte er

nicht nach seiner dunklen Tat neues Vertrauen finden?
- Die Richter und Zeugen, die gegen Jesus aussagen, die glauben, im Namen Gottes zu handeln und geheiligte Traditionen ihres Volkes zu schützen.
- Soldaten, die sich ihren Instinkten überlassen.
- Der Politiker Pilatus, der sich von dem taktisch angelegten Spiel der Gegner einfangen läßt.
- Herodes, dem es nicht um Recht geht, sondern um die Gelegenheit, einen Wundertäter zu sehen.

Da sind die *Schwankenden:*
- Die blinde Masse des Volkes, die beeinflußbar ist, die Jesus zujubelt und dann seinen Tod verlangt.
- Petrus muß mit Schmerzen lernen, wie wenig er auf sich selber bauen kann, wie sehr Jesus die einzige Stütze für ihn ist.
- Die müden und entmutigten Jünger, die fliehen; sie müssen erst erfahren, daß es einen Glauben gibt, der von keiner irdischen Macht gebrochen werden kann.
- Die schweigende Mehrheit des Volkes, die Jesus liebt, aber nicht den Mut zu einem Risiko hat.

Da sind die *Treuen:*
- Maria von Magdala, die Jesus immer folgte und ihm auch auf Golgota treu bleibt.
- Maria von Betanien, von der Jesus die letzte liebende Verehrung annimmt, die durch alle Zeiten verkündet werden soll.
- Simon, der Jesu Kreuz trägt.
- Der sterbende Sünder, der neben Jesus in seinen Tod einwilligt.
- Der Hauptmann, der als erster unter dem Kreuz den Glauben findet (Mk 15,39).

FRAGEN

- Es gibt viele Weisen, über Jesu Leiden und Tod zu betrachten. Habe ich gelernt, glaubend, mit Jesus, in die Dunkelheit des Leides einzutreten?
- Jesu Passion war die Folge seines Kampfes gegen die Sünde. Bin ich bereit, gegen ungerechtes Leiden, Unterdrückung, Ausbeutung zu kämpfen, auch wenn es persönliches Leiden für mich bedeutet?
- In welchen Gestalten, die mir in Jesu Passion begegnen, erkenne ich mich selber?

ZUR ERWÄGUNG

»Im Gottesgarten der Natur
da siehst du Gottes große Spur
und willst du ihn noch näher sehn
so mußt du zu dem Kreuze gehn.«

Wegkreuz in Batschuns (Vorarlberg)

4. Tag des Schweigens

»Am Sabbat aber hielten sie die vom Gesetz vorgeschriebene Ruhe ein« (Lk 23,56)

Es ist der Tag der Stille. Jerusalem feiert den großen Sabbat. Die kleine Schar der Getreuen hatte Jesus in Eile vor Sonnenuntergang begraben. Der Kampf ist vorbei; Jesu Feinde haben erreicht, was sie wollten. Jesu Jünger sind verschüchtert und wieder daheim. Alles ist still. Es ist das Ende des Lebens Jesu – es ist der Anfang des wahren Lebens. Dazwischen aber liegt der Tag der Stille.
Die Liturgie begeht den Karsamstag ohne eigene Feier, als Brücke zwischen Karfreitag und Ostern. Auch in den Exerzitien soll es ein Tag des Schweigens sein. Kein neues Thema wird eingeführt, das die Aufmerksamkeit vom Wort Gottes, das er am Kreuz gesprochen hat, ablenken könnte. Das Geheimnis der Liebe Gottes muß ins Herz einsinken. Jesu Blut ist vergossen, das Grab ist geschlossen und versiegelt. Was bedeutet das alles? Was bedeutet es in Jesu eigenem Leben, in meinem Leben, im Leben der Welt?
Wir brauchen diese Ruhe; das ist Gottes Gebot: »Gedenke des Sabbats: Halte ihn heilig! Sechs Tage darfst du schaffen und jede Arbeit tun. Der siebte Tag ist ein Ruhetag, dem Herrn, deinem Gott, geweiht. An ihm darfst du keine Arbeit tun... Darum hat der Herr den Sabbattag gesegnet und ihn für heilig erklärt« (Ex 20,8–11).
Die ganzen Exerzitien sind eine Zeit des Schweigens. Dieser Tag soll außerdem von allen gemeinsamen Übungen freigehalten werden. Es ist ein Tag des Alleinseins mit Gott in Gebet, Meditation, Anbetung. Jeder muß seinen eigenen Zugang zum tieferen Verstehen des Leidens und Sterbens Jesu finden.

FRAGEN

- In unserem Leben gibt es Zeiten des Handelns, Zeiten des Feierns. Wir brauchen auch Zeiten des Schweigens und der Stille, in denen die göttlichen Geheimnisse in uns eindringen, Inhalt unseres eigenen Lebens werden. Kenne ich solches Schweigen, liebe ich es? Kann ich es mit Gottes Gegenwart füllen?
- Habe ich gelernt, mein Leben im Spiegel des Lebens Jesu, seines Leidens und seiner Auferstehung zu sehen?

ZUR ERWÄGUNG

Das Gebet der Kirche:
»Es übergibt mich dem Schweigen, jenem Schweigen, das der Urstoff des Gebets ist.
Es übergibt mich dem Schweigen durch seine unaufhörlichen, unerläßlichen, nie endenden Rufe,
die es der Herrlichkeit Gottes entgegenwirft.
Es macht mich frei, für ein aus meinem ganzen Selbst geformtes Flehen für die Bedürfnisse aller, auch der mir Unbekannten, verfügbar zu sein;
denn in seiner Fürbitte greift es ohne Ende die wesentlichen Anliegen der ganzen Menschheit auf, der jedes Bedürfnis – eines jeden Menschen – jeden Tag entfließt.«

Madeleine Delbrêl

(Gebet in einem weltlichen Leben, Johannes Verlag Einsiedeln, 1974, Seite 71)

IV. Teil: MIT IHM

1. Ostern

»Er ist auferstanden, er ist nicht hier« (Mk 16,6)

Ostern ist nicht eine Fortsetzung des irdischen Lebens Jesu, ein Schlußkapitel mit gutem Ausgang. Sein irdisches Leben endet auf Golgota. Ostern ist aber auch nicht etwas schlechthin Neues, etwas anderes als sein Wirken in den Dörfern um den See Gennesaret. Seine Verkündigung während des irdischen Lebens ist nicht von der christlichen Botschaft in der frühen Kirche abzutrennen. Der Jesus der Geschichte und der Christus unseres Glaubens und unserer Anbetung gehören zusammen. Die Offenbarung in Jesus Christus ist eine umfassende Einheit, die nicht aufgelöst werden darf.
Man darf Ostern auch nicht nur als eine nachträgliche Bestätigung der Ansprüche Jesu, seiner Sendung und seiner Botschaft verstehen. Jesu Leben und Wirken ruhen ganz auf seiner eigenen Autorität. Sie besteht in der authentischen Kraft seiner Persönlichkeit und seiner Verkündigung. Von Anfang an spürten die Leute den Unterschied zwischen dem Lehren Jesu und dem der Gesetzeskundigen. Jesus lehrt wie einer, »der Vollmacht hat« (Mk 1,22), mit der Klarheit und Sicherheit, die keine Beweise braucht. Sein Wirken ist eine fortschreitende Offenbarung seiner göttlichen Sendung. Immer aber bleibt diese Offenbarung ein Zwiegespräch: Gottes Wort an uns, das unsere Antwort in der gläubigen An-

nahme sucht. Denn jeder Mensch kann sich zurückziehen und sich in seine Welt einschließen. Er kann ein »Beobachter« werden, der gleichsam von außen Jesus sieht, hört, beurteilt. Er kann dann zum Feind werden, wenn er sich in seinen eigenen Interessen von Jesu Botschaft bedroht fühlt.

So sind auch Jesu Wunder nicht eigentlich Beweise für seine Lehre, von außen angefügt als eine Art Stütze, als ob die innere Wahrheit der Botschaft Jesu durch wunderbare Taten erwiesen werden könnte. Seine Wunder sind Zeichen, durch die er spricht. In seinen Wundertaten wird das Kommen der Gottesherrschaft sichtbar, greifbar im Bereich unserer Erfahrung. Jesu Botschaft ist nicht ein Traumgespinst, das sich im harten Licht der Wirklichkeit verflüchtigt. Jesus heilt, er ist stärker als die zerstörenden Gewalten, die in unserer Welt wirksam sind. Eine neue Schöpfung ist im Werden. Aber auch diese Zeichen Jesu müssen, ebenso wie seine Worte, mit offenem Herzen betrachtet und angenommen werden. Man kann sie zum Gegenstand von Debatten machen, verlachen, ablehnen. Das haben Jesu Gegner getan.

Das Osterereignis ist also die volle, endgültige Offenbarung Jesu, seiner Person und seiner Botschaft vom Gottesreich. Noch einmal begegnet er seinen Jüngern. Nun ist sein Leben nicht mehr den Zufälligkeiten seines irdischen Daseins und dem Ränkespiel der Gegner ausgesetzt. Gott hat ihn auferweckt und offenbart ihn den Jüngern so, wie er selbst ihn von Anfang an sah: als seinen geliebten Sohn, an dem er Gefallen gefunden hat. So soll Jesus von den Aposteln und von allen Glaubenden gesehen werden. Dieses neue Verstehen Jesu beginnt zu Ostern und muß sich in christlicher Erfahrung entfalten.

Der Osterglaube

Alles, was die Jünger in den Tagen des irdischen Lebens Jesu gesehen haben, erscheint in neuem Licht. Sie »erkennen« ihn. Er ist derselbe Meister, den sie auf den Wegen durch Galiläa begleitet haben, der gelitten hat und gekreuzigt wurde. Die Evangelisten machen es auf ihre Weise deutlich, wenn Jesus den Jüngern die Wunden seiner Passion zeigt. Nun aber ist er hineingenommen in Gottes Leben und Licht.
Dieses Licht fällt nun auch mehr und mehr auf die früheren Erfahrungen. Die Jünger waren von seiner Persönlichkeit fasziniert und folgten ihm; sie hörten und lernten. Es war ein tastendes Eindringen in seinen Geist, mit vielen Rückschlägen. Jetzt, seit Ostern, beginnt ein neues Verstehen: Er hat Worte ewigen Lebens. Was sie gesehen, gehört und in ihrem Gedächtnis gespeichert hatten, gewinnt neue Bedeutung. Es wird nicht einfach »erinnert«, sondern in seinem tieferen Sinn verstanden, so wie wir oft die Bedeutung früherer Erlebnisse erst in einem reiferen Alter ganz erfassen. Nun also beginnen Jesu Freunde Zusammenhänge zu sehen: Jesus war von seinem Vater zur Verkündigung des Gottesreiches gesandt worden. Es war in ihm verkörpert. Es hatte in seiner kleinen Gruppe angefangen, Gestalt anzunehmen. All das verstehen die Jünger jetzt im Licht der Ostererfahrung. Lukas faßt in kurzen Worten zusammen: »Ihnen hat er nach seinem Leiden durch viele Beweise gezeigt, daß er lebt; vierzig Tage hindurch ist er ihnen erschienen und hat vom Reich Gottes gesprochen« (Apg 1,3).

Was Jesus seinen Jüngern gab – das wahre Verständnis seines Lebens und seiner Botschaft, das Bewußtsein ihrer eigenen Berufung, Aufgabe und Gemeinschaft –, gilt für alle Gläubigen. Jesus kam für alle. Auch wir müssen Jesus verstehen und seine Botschaft uns zu eigen machen. Sie ist für unsere Welt bestimmt. Das ist nur möglich, wenn auch wir am Osterlicht teilhaben. Wir brauchen wohl mehr als zu anderen Zeiten die Zusicherung der Sorge und Liebe Gottes und die Hoffnung auf Vollendung. Wir brauchen das Osterlicht auf unserem Weg durch die Welt.

In der vierten Woche der »Geistlichen Übungen« sollen wir lernen, wie wir im Licht des auferstandenen Herrn, im Licht des Glaubens leben können. Jeder Christ findet sich mitten in verwirrenden, oft schmerzlichen Situationen, die sich rational nicht auflösen lassen. Er lebt im Glauben. Glaube ist ein neues Bewußtsein von Gottes Gegenwart und Wirken mitten in unserer verworrenen Welt. Er gibt unserer Erfahrungswelt eine Dimension, die sich nicht beweisen läßt und doch viel wirklicher ist als alles, was wir mit dem leiblichen Auge sehen. Was hat Mose in jener Begegnung mit Gott erfahren, die in der biblischen Geschichte vom brennenden Busch berichtet wird? War das bloße Einbildung, eine Art Halluzination? Wie kann er beweisen, daß wirklich Gott ihm begegnet ist? Was hat er denn aus dieser Erfahrung mitgebracht? Da ist nichts Greifbares an Machtmitteln, mit denen er dem Pharao hätte entgegentreten können. Mose würde es schwer finden, stichhaltige Argumente zu geben. Aber er weiß, daß seit dieser Begegnung sein ganzes Leben eine Wendung genommen hat. In dieser Stunde hat Israels Geschichte begonnen. Gott ist mit Mose, und so hat er den Mut und die Kraft, die schwere Aufgabe auf sich zu nehmen.

Sein Leben, Israels Geschichte, bezeugen, daß Gott ihm wirklich begegnet ist.
So ist es mit den Jüngern seit Ostern: Sie leben im Glauben. Gott war bei ihnen während des irdischen Lebens Jesu; sie hatten seine verhüllte Gegenwart gespürt. Jetzt ist die Hülle gesprengt, der Tod ist überwunden. Im auferstandenen Jesus ist Gott in der Mitte der Jünger. Mit ihm werden sie seine Sendung fortführen können. Die Kirche beginnt.
So ist es in unserer Welt. Der gläubige Mensch lebt im Bewußtsein der schweigenden, machtvollen Gegenwart Gottes, die man nicht sehen kann und die doch wirklich ist. Die äußeren Umstände ändern sich nicht, keine neuen Mittel scheinen uns zur Erfüllung unserer Aufgaben zur Verfügung zu stehen. Aber Zuversicht, Friede, Kraft erfüllen die Jünger seit dem Ostertag. Gott hat uns in Jesus Christus sein Wort gegeben, er läßt seine Kirche nicht im Stich. Darauf vertraut Paulus: »Ich vertraue darauf, daß er, der bei euch das gute Werk begonnen hat, es auch vollenden wird bis zum Tage Christi Jesu« (Phil 1,6). Dieses Bewußtsein der Gegenwart Gottes in Macht und Liebe, verborgen und doch wirksam, ist die Kraftquelle christlichen Lebens. Es gibt Festigkeit, die nicht von irdischen Mächten stammt.

Weisungen des hl. Ignatius

Wir sollen nach Ignatius' Weisung in den Betrachtungen dieser Woche »um die Gnade bitten, uns in der Freude und Verherrlichung Christi des Herrn tief zu freuen« (Nr. 221). Was Gott uns in Jesus, seinem Sohn, sagen wollte, ist im Auferstandenen zusammengefaßt: der Sieg der Liebe. In Jesu irdischem Leben ist die Liebe verwundbar: Sie hat keine Waffen, sich durchzusetzen; sie kann sterben, aber nicht töten. Im auferstandenen

Herrn ist Liebe siegreich, nicht mehr den Mächten der Zerstörung ausgeliefert. Sie überlebt allen Haß, sie ist das Saatkorn der neuen Schöpfung.
Wir wollen weiterhin betrachten, wie »die Gottheit, die in Jesu Passion verborgen war, sich nun wunderbar offenbart« (Nr. 223). Gott hat zu uns in Jesu irdischem Leben und Wirken gesprochen. Dieses Leben – begrenzt, gefährdet, am Ende zerstört – gehörte in unsere irdische Welt. Im Auferstandenen begegnen wir der Vollendung: Jesu eigener Verherrlichung und der Verheißung unseres Heils, des Heils der Welt.
Es ist die siegreiche Macht der Liebe Gottes. So ist der Exerzitand auch eingeladen, »Jesus als den Tröster zu betrachten« (Nr. 224). Jesus ist »für uns«, »für die Welt«. Während des irdischen Lebens war seine Liebe durch äußere Bedingungen eingeengt, seit Ostern gibt es keine Grenzen mehr. Das Ostergeheimnis ist die Offenbarung der erlösenden, befreienden Liebe Gottes zu uns, zur Welt. Tatsächlich wissen wir nichts über die Auferstehung selbst; wir finden den Lebenden nur in der Begegnung mit den Seinen.
So ist auch die Zeit der Erscheinungen nach der Auferstehung – nach Lukas sind es vierzig Tage – nicht so etwas wie eine letzte Periode des Zusammenseins Jesu mit den Jüngern. Es ist eher der Anfang der endgültigen, bleibenden Gemeinschaft Jesu mit den Seinen in der Kirche. Die Erscheinungen sind gleichsam eine Einführung in das Leben des Glaubens, in die dauernde Wahrnehmung seiner Gegenwart in unserem Leben. Der Herr ist mit uns als das Licht, das die Dunkelheit zerstreut, als das Leben, das den Tod besiegt. Wir können das Licht nicht sehen, aber wir sehen alle Dinge im Licht; wir können das Leben nicht berühren, aber Leben pulst in jeder Bewegung unseres Leibes. Das ist unser Leben im Glauben, wie wir es in der vierten Woche der »Geistlichen Übungen« erfahren sollen. Wir lernen,

in der Gegenwart und Kraft des auferstandenen Herrn zu leben.

ZUR BETRACHTUNG

Die Osterliturgie

In der Osternacht feiern wir das Geheimnis des neuen Lebens: Im österlichen Herrn ist es uns geschenkt; im Wort Gottes wird es verkündet; in Taufe und Eucharistie nehmen wir an ihm teil. Die Liturgie spricht in Symbolen. Betrachtend suchen wir ihren Reichtum zu erfassen und uns anzueignen.

- Feuer ist ein uraltes Symbol Gottes: Feuer durchbricht die Dunkelheit der Nacht, es leuchtet hervor aus dem düsteren Grab. Im Auferstandenen offenbart Gott seine Macht: »Vater, durch deinen Sohn, das Licht der Welt, haben wir Anteil am Licht deiner Herrlichkeit.«
- Die Osterkerze stellt Jesus in der Mitte der Kirche dar. Die Kerze ist mit Alpha und Omega gezeichnet: Jesus ist Anfang und letztes Ziel aller Schöpfung (Offb 1,8). Die Zahl des jeweiligen Kalenderjahres ist eingeritzt: »Alle Zeiten gehören ihm.« Jesu Wunden werden der Osterkerze eingeprägt: »Durch seine heiligen, glorreichen Wunden möge Christus, unser Herr, uns behüten.« Die Osterkerze wird feierlich in die noch dunkle Kirche getragen: »Christus, unser Licht – Dank sei Gott.« Alle Lichter werden an der Osterkerze entzündet; Jesus ist das Licht der Kirche, der im Glauben versammelten Gemeinde.
- Das »Exsultet« wird gesungen, der Hymnus, in dem wir für das österliche Licht danken.

- Die Liturgie des Wortes: Die Lesungen aus dem Alten Testament erzählen von Gottes Werken der Schöpfung und Erlösung. Der Schlüsseltext ist der Bericht von der Befreiung Israels aus der Knechtschaft und vom Durchschreiten des Roten Meeres (Ex 14,15–15,1). Diese Großtat Gottes ist das Vorbild des göttlichen Heilswirkens im Neuen Testament. Die Heilsgeschichte gipfelt in Jesus, in seinem Tod und seiner Auferstehung. Durch die Taufe haben wir Anteil an seinem Heil.
- Der Taufbrunnen: Die reinigende und lebenspendende Kraft des Wassers wird zum Symbol des Lebens, das wir in der Taufe empfangen: »Gib diesem Wasser durch die Kraft des Heiligen Geistes die heiligende Kraft deines Sohnes.«
- Die Erneuerung des Taufgelöbnisses: Wieder stehen wir vor der Entscheidung zwischen Leben und Tod. Wir erneuern und vertiefen die Entscheidung, die in der Taufe besiegelt wurde: die Abkehr von Satan und allem, was zu ihm gehört; den Glauben an Gott den Vater, den Sohn und den Heiligen Geist: »Möge Gott uns in der Treue zu Jesus Christus bewahren.«
- Die Osternacht schließt mit der Eucharistiefeier, dem Mahl, in dem die Gemeinschaft der Gläubigen gefeiert und die Vollendung des ewigen Heils in Gottes Herrlichkeit vorweggenommen wird.

Die Frauen am Grab (Mk 16,1–8)

Der Bericht vom Ostermorgen drückt die Neuheit der Ostererfahrung aus. Für die Frauen auf ihrem Weg zum Grab ist der Ostermorgen die Fortsetzung des Karfreitags. Sie wollen nun für Jesu toten Leib sorgen. Aber Ostern ist nicht ein neuer Kalendertag unserer irdischen Zeitrechnung, sondern der Beginn der neuen

Schöpfung, Begegnung mit dem Gott des Lebens. Gott hat in Jesus in menschlicher Sprache zu uns gesprochen; jetzt spricht er durch den gleichen Jesus in seiner göttlichen Sprache: in göttlicher Macht und Liebe.

- »Am ersten Tag der Woche kamen sie in aller Frühe zum Grab«: Nach den erschütternden Ereignissen des Karfreitags nimmt alles wieder seinen Lauf, genau wie zuvor. Nichts hat sich geändert. Kann sich überhaupt etwas wirklich ändern in unserer Welt? Hat sich nicht in Jesu Tod wieder gezeigt, daß wir nicht von einer besseren, anderen Welt träumen sollen?
- »Wer könnte uns den Stein am Eingang des Grabes wegwälzen?«: Alles, was diese Frauen tun, scheint sinnlos: Da ist zuerst der schwere Stein; und dann: Was wollt ihr wirklich tun, Jesu toten Leib bewahren, seinen Tod verewigen? Aber in der Hilflosigkeit dieser Versuche verbergen sich Glaube und wahre Liebe. Gott wird auf seine Weise antworten.
- »Als sie hinblickten, sahen sie, daß der Stein schon weggewälzt war«: Neue Mächte sind am Werk, die Szene hat sich gewandelt.
- »Sie sahen einen jungen Mann mit einem weißen Gewand«: Das ist biblische Darstellung. Jesu Auferstehung gehört nicht mehr in die Zusammenhänge menschlichen Geschehens. Wo unser Denken zu Ende kommt, beginnt Gott zu sprechen.
- »Ihr sucht Jesus von Nazaret, den Gekreuzigten. Er ist auferstanden; er ist nicht hier«: Sie suchen ihn, wo sein irdisches Leben geendet hatte, wo sie ihn zu Grabe gelegt hatten. Jesu irdisches Leben ist vorbei. Er lebt sein neues, wahres Leben. Wo werden sie ihn finden?
- »Geht und sagt seinen Jüngern ...: Er geht euch voraus nach Galiläa«: Sie werden ihn finden, aber Jesu österliche Gegenwart ist neu. Er ist nicht da, wo sie ihn hingelegt haben, sondern da, wo wir sind mit unse-

ren Aufgaben. Er wird immer bei uns sein, uns vorangehen.
- »Ihr werdet ihn sehen, wie er es euch gesagt hat«: Sie werden dem Herrn begegnen und seine Zeugen sein. Im Osterlicht werden sie ihr eigenes Leben und ihre Welt neu verstehen, in der Zuversicht der Macht und Liebe Gottes.

Weitere Texte

1 Kor 15, 1–19: der Auferstandene, die Zuversicht unserer eigenen Auferstehung.
Röm 6, 1–11: In der Taufe sterben und erstehen wir mit Jesus Christus.
Kol 3, 1–4: das neue Leben des Christen.

FRAGEN

- Bin ich bereit, am Leben des auferstandenen Herrn teilzuhaben und aufs neue, in persönlicher Entscheidung, mein Taufgelöbnis zu erneuern?
- Habe ich in meinem eigenen Leben oder in meiner Umgebung, in den Begebenheiten des täglichen Lebens die verborgene Gegenwart Gottes, seine siegreiche Liebe und Macht erfahren?

ZUR ERWÄGUNG

»Ist das nicht auch meine reichste Auferstehungserfahrung: wenn ich weitergeben darf, schenken, einem anderen helfen, ihm von Jesus sagen?

Herr, schenke mir die Freude der Auferstehung.
Herr, gib mir die Zuversicht der drei Frauen,
daß ich hingehe im Dienst der Frohbotschaft,
daß ich Zeuge deiner Auferstehung werde.«

Josef Sudbrack

(Daß ich nicht taub sei für deinen Ruf. Exerzitien, Meditationen, 2. Auflage 1980, Seite 48, Echter Verlag Würzburg)

2. Der Auferstandene mit den Seinen

»Vierzig Tage hindurch ist er ihnen erschienen und hat vom Reich Gottes gesprochen« (Apg 1,3)

In Zeiten der Not erhielten die Glaubenden des Alten Bundes immer wieder die Zusicherung, daß Gott mit ihnen ist. Als sich König Ahas bedroht sah und den Mut verlor, trat ihm Jesaja entgegen: Gott wird uns Heil schenken, und der Retter wird Immanuel heißen, d. h. Gott mit uns (Jes 7,14). Das ist Gottes Bund mit seinem Volk, er wird ewig dauern und im himmlischen Jerusalem seine Vollendung finden: »Seht die Wohnung Gottes unter den Menschen! Er wird in ihrer Mitte wohnen, und sie werden sein Volk sein; und er, Gott, wird bei ihnen sein« (Offb 21,3).

Die Jüngergemeinschaft in Galiläa

Schon in seinem irdischen Leben beginnt Jesus, diese Erwartung zu erfüllen. Er verkündet Gottes Gegenwart in der Welt, um sie zu heilen, zu erneuern, zu einen. Er redet nicht nur von der Herrschaft Gottes, sie ist in ihm verkörpert. Seine Wunder sind die Zeichen der neuen Schöpfung, greifbare Offenbarungen des Sieges über Sünde und Tod, über alle dämonischen, zerstörenden Mächte (Mt 12,28).
Gottes Herrschaft bedeutet auch Frieden und Ruhe. Israel feierte diese Ruhe am Sabbat. Er war für die Juden eine Vorwegnahme des ewigen Friedens in Gottes Macht und Liebe (Hebr 4,1–3). Die Beobachtung dieses Tages war ein Kernstück des Gesetzes, ein Prüfstein für die Treue zu den heiligen Überlieferungen. Zu Jesu Zeit aber war das Sabbatgebot durch kasuistische Vorschrif-

ten verkrustet. So führte das Verständnis des Sabbats zu Konflikten zwischen Jesus und den Gesetzeslehrern. Denn für Jesus ist der Sabbat der Tag der Gegenwart Gottes in seinem Volk; er ist daher eine bevorzugte Gelegenheit, Menschen die heilende, rettende Macht und die Liebe Gottes erfahren zu lassen (Mk 1,23–28; 3,1–6; Lk 13,10–17). Solche Taten gehören zum Wesen der Sendung Jesu, der alle einlädt, zu ihm zu kommen: »Ich werde euch Ruhe verschaffen« (Mt 11,28). Die Pharisäer nahmen daran Anstoß.

In Jesu Person und Sendung ist Gott bei uns. Auch in seinen Gleichnissen ist Jesus gleichsam durchscheinend – Gott ist wirksam in ihm. Jesus spricht voll Mitleid über die Menschen, »die müde und erschöpft sind wie Schafe, die keinen Hirten haben« (Mt 9,36). Er beschreibt die Sorge, mit der ein Hirte dem verlorenen Schaf nachgeht, bis er es findet und zurückbringt (Lk 15,3–7). Wer ist dieser Hirte? Im Alten Testament ist Jahwe selbst gemeint. Durch seinen Propheten klagt er die schlechten Hirten an, die die Schafe verwahrlosen lassen. Er beendet die Anklage mit dem Versprechen: »Jetzt will ich meine Schafe selber suchen... Wie ein Hirt sich um die Tiere seiner Herde kümmert..., so kümmere ich mich um meine Schafe und hole sie zurück von allen Orten, wohin sie sich zerstreut haben« (Ez 34,11 f). Mit der Parabel rechtfertigt Jesus sein eigenes Verhalten, daß er nämlich mit Zöllnern Umgang pflegte und sich mit ihnen zu Tisch setzte. Er selbst ist der Hirte, der den verlorenen Schafen nachgeht.

Im gleichen Zusammenhang erzählt Lukas die Parabel vom verlorenen Sohn: Wer ist der Vater, der den Sohn erwartet und umarmt, ihn wieder in alle Rechte einsetzt und seine Rückkehr mit einem Freudenfest feiert? Ist es Jahwe, der Sündern verzeiht, oder ist es Jesus, der alle Ausgestoßenen, alle, die an den Rand der Gesellschaft gedrängt wurden, aufnimmt und an der Gemein-

schaft des Gottesreiches teilhaben läßt? Aber es ist ja eben Gott, der uns seine unerforschliche Liebe in Jesus geoffenbart hat, so daß wir in ihm dem Wunder der unergründlichen Gottesliebe begegnen können.
Das also ist die Erfahrung der Jünger: In Jesus begegnet ihnen Gottes Nähe. Das ganze Johannesevangelium steht unter dem Motto der Gegenwart Gottes unter uns: »Das Wort ist Fleisch geworden und hat unter uns gewohnt« (Joh 1, 14). Wörtlich könnten wir übersetzen: »Er hat unter uns sein Zelt aufgeschlagen« und wurde Begleiter auf unserer Pilgerschaft. Wie Gott einst mit seinem Volk durch die Wüste zog, ihm Manna zu essen und Wasser aus Felsen zu trinken gab, so ist Jesus bei uns, gibt uns das Brot des Lebens und schenkt uns lebenspendendes Wasser, seinen Geist.
Jesu Gemeinschaft mit den Jüngern während des irdischen Lebens war begrenzt. Mitteilung in Worten und Gesten ist immer unvollkommen. Auch war die Gemeinschaft auf einen engen Kreis beschränkt. Außerdem dauerte Jesu Zusammensein mit den Jüngern nur kurze Zeit und fand keinen rechten Abschluß. Beim letzten Abschied von den Seinen wird erschreckend klar, wie wenig die Jünger für ihre Aufgabe gerüstet sind. Aber sie spürten ihre Abhängigkeit von ihm. Deshalb brach ihre Gemeinschaft bei seinem Tod zusammen. Jesus hatte es vorausgeahnt: »Ihr werdet versprengt werden, jeder in sein Haus, und mich werdet ihr allein lassen« (Joh 16, 32).

Mit dem auferstandenen Herrn

Zu Ostern beginnt eine neue Gegenwart Jesu bei den Seinen. Das ist die Bedeutung der Erscheinungen.
Die erste Besonderheit dieser Begegnungen ist die Initiative Jesu: Er sucht die Seinen. So wie die erste Berufung

der Jünger von Jesus ausgeht – »nicht ihr habt mich erwählt, sondern ich habe euch erwählt« (Joh 15, 16) –, so geht die neue Begegnung mit Jesus noch viel mehr von ihm aus. Sie ist das erneute Gottesgeschenk an die Seinen. Die Ostererfahrung ist nicht das Ergebnis des noch überlebenden Glaubens der Jünger, einer noch glimmenden Hoffnung, ihn wieder zu sehen. Eine solche Rekonstruktion der Erscheinungen übersieht die psychologischen Voraussetzungen, die in allen Berichten ausgedrückt sind. Ostern ist Gottes einzigartiger Triumph über alle Mächte des Todes und der Verzweiflung. Noch einmal und endgültig spricht Gott zu den Jüngern und gibt ihnen die Gewißheit, daß er für immer bei ihnen sein wird.

Auch die Weise der Begegnung mit den Jüngern ist neu. Während des irdischen Lebens war Jesu Gegenwart von Ort und Zeit abhängig: Er war in Petrus' Haus oder in einem Dorf oder am Ufer des Sees. Die Leute wußten, wo er war und wo sie ihn finden konnten. Jetzt ist es anders: Niemand kann sein Kommen und Gehen berechnen. Als die beiden Jünger auf dem Weg nach Emmaus waren, um nach ihrer Enttäuschung wieder heimzukehren, dachten sie nicht daran, daß Jesus bei ihnen sein könnte; und als sie ihn erkannten, entschwand er. Oder am Ufer des Sees: Jesus schaut ihnen zu, wie sie nach einer mühsamen Nacht das leere Netz aus dem Wasser ziehen. Er gibt ihnen einen Wink, dann sitzt er mit ihnen am Kohlenfeuer... Oder plötzlich steht er in ihrer Mitte, wo sie doch aus Furcht alle Türen verriegelt hatten. Seine Gegenwart, sein Kommen und Gehen haben eine eigene Logik: Er ist, wo die Seinen sind, wo sie ihn brauchen. Er ist für sie da.

Kennzeichnend für Jesu Erscheinungen ist auch die unauffällige, fast beiläufige Weise seiner Gegenwart. Es gibt in den Auferstehungsberichten keine sensationellen Szenen oder aufsehenerregenden Begebenheiten, wie sie die Juden für die Endzeit erwarteten. Jesus hatte vor Sensationen gewarnt (Lk 17,20f). Sein Kommen ist gleichsam in die Alltäglichkeit des Lebens hineingewoben. Jesus lehrt seine Jünger, daß er in ihrem Leben, in ihrer Sendung bei ihnen ist. Die junge Gemeinde muß zu einer tieferen Erfahrung der Gegenwart Gottes mit den Seinen finden. Wir leben und tun unsere Arbeit unter gewöhnlichen Umständen und sollen uns bewußt sein, daß Gott, der Jesus vom Tod erweckt hat, bei uns ist.

Jede der Ostererscheinungen mündet in eine Sendung. Jesu ganzes Leben war Sendung, Verkündigung und beginnende Verwirklichung der Gottesherrschaft in einer Welt, die uns oft wie eine Wüste der Mühseligkeit und des Leidens erscheint. Wir sind in Gottes Hand geborgen und wachsen dem Licht entgegen – so wie ein kleines Saatkorn, das in den dunklen Furchen des Ackers verborgen ist, dem Licht und der Freiheit entgegenwächst. In Jesus finden wir wahres Licht und Leben, in ihm ist Zuversicht. Dieses Leben Jesu muß mitgeteilt werden, niemand darf es in seinem Herzen verschließen; wenn einer es für sich behalten will, hat er es nicht verstanden. Wo Jesus ist, da ist die neue Schöpfung im Werden. So gibt Jesus den Frauen, die zum Grab kommen, den Auftrag, zu den Jüngern zu gehen und ihnen die frohe Kunde zu bringen. Zu den Zwölf sagt er: »Wie mich der Vater gesandt hat, so sende ich euch« (Joh 20,21). Zu allen Völkern sollen sie gehen. Während des irdischen Lebens war Jesu Sendung auf »die verlorenen Schafe des Hauses Israel« beschränkt (Mt 15,24). In seinem Tod und seiner Auferstehung sind alle Grenzen geöffnet: »Wenn ich über die Erde erhöht bin, werde ich alle zu mir ziehen« (Joh 12,32).

Maria von Magdala (Joh 20,11–18)

Es ist die persönlichste Begegnung in den Erscheinungsberichten. Marias Leben ist von Jesus erfüllt, der sie geheilt hat (Lk 8,2), in dem sie ihr wahres Leben, ihren Namen gefunden hatte.

- »Maria stand draußen vor dem Grab und weinte«: Ich identifiziere mich in dieser Meditation mit dem Schmerz ihrer Verlassenheit. Ohne Jesus ist ihr und mein Leben leer.
- »Sie sah zwei Engel in weißen Gewändern...«: Engel sind Boten. Für Maria sind Boten zu wenig. Niemand kann den Geliebten ersetzen.
- »Sie wandte sich um und sah Jesus dastehen, wußte aber nicht, daß es Jesus war«: Sie sieht ihn, aber sie kann ihn nicht finden. Niemand kann ihn finden, wenn er sich nicht offenbart. Ihr ganzes Wesen sucht ihn: »Sag mir, wohin du ihn gelegt hast. Dann will ich ihn holen.«
- »Jesus sagte zu ihr: Maria!«: Nur er kannte ihren »Namen«, er hatte ihr das wahre Leben gegeben. In ihrem Namen, wie er ihn ausspricht, erkennt sie ihn.
- »Da wandte sie sich ihm zu und sagte: Rabbuni, Meister«: Sie hat ihn gefunden, den Meister. Diese Begegnung ist ihr Ostern – sein Leben ihr Leben.
- »Halte mich nicht fest«: Liebe will verweilen. Aber noch ist ihr Platz in dieser Welt, sie hat ihre Aufgabe.
- »Geh zu meinen Brüdern und sag ihnen: Ich gehe hinauf zu meinem Vater und zu eurem Vater, zu meinem Gott und zu eurem Gott«: Die Kraft und Freude des auferstandenen Herrn muß weiterstrahlen. Jesu Auferstehung hat erst begonnen.

Jesus und die Jünger (Joh 20, 19–23)

Ostern ist nicht nur das Fest der persönlichen Begegnung mit Jesus, sondern der Gemeinschaft der Jünger. Noch einmal, in neuer Weise, ist er in ihrer Mitte, der Lebensquell ihres Glaubens und ihrer Sendung.

- »Die Jünger hatten die Türen verschlossen aus Furcht vor den Juden«: Das ist die Situation, in der Jesus die Seinen antrifft: abgeschlossen, gelähmt vor Furcht.
- »Jesus kam und trat in ihre Mitte«: Sie hatten ihre einigende und lebenspendende Mitte verloren. Niemand kann sie ihnen geben. Er selbst muß kommen, auch wenn die Türen verschlossen sind.
- »Friede sei mit euch«: An Weihnachten sangen die Engel vom Frieden. Was Friede bedeutet, hat sich im Kampf, Leiden und Tod Jesu gezeigt. Zu Ostern hat der Friedensgruß seinen vollen Klang. Friede ist nicht Flucht vor Gefahren, sondern Sieg der Macht und Liebe Gottes.
- »Er zeigte ihnen seine Hände und seine Seite«: Damit ist in biblischer Sprache die Einheit und Ganzheit der Person und Sendung Jesu betont. Der Herr ist nicht eine Erscheinung aus der jenseitigen Welt. Dieses unser Leben, diese unsere Welt werden in Gottes Macht und Liebe vollendet.
- »Wie mich der Vater gesandt hat, so sende ich euch«: Jesu Sendung war nur der Beginn der Gottesherrschaft; sie muß weitergehen bis zum Ende der Zeit.
- »Er hauchte sie an und sprach: Empfangt den Heiligen Geist«: Die neue Schöpfung ist Gottes Werk. Gottes Geist muß sie hervorbringen in seinen Jüngern, durch seine Jünger.
- »Wem ihr die Sünden vergebt, dem sind sie vergeben«: Das war Jesu Sendung: zu versöhnen, die Mächte der Trennung und Zerstörung zu überwinden. Das ist auch die Sendung seiner Jünger.

Jesus, der gute Hirt (Joh 10,11–18)

Die österliche Erfahrung der christlichen Gemeinde ist in dieser Parabel zusammengefaßt. Sie enthält die Erfüllung der messianischen Verheißung Jahwes: »Ich will meine Schafe selber suchen« (Ez 34,11).

– »Ich bin der gute Hirt«: Jesu Liebe für die Seinen steht im Gegensatz zum Mißbrauch der Autorität, mit der die Führer von Völkern ihre Macht ausüben.
– »Der gute Hirt gibt sein Leben für seine Schafe«: In der Selbsthingabe bis in den Tod hat Jesus das Wesen seiner Sendung, die Tiefe seiner Liebe geoffenbart.
– »Der bezahlte Knecht ... läßt die Schafe im Stich und flieht«: Jesus nennt die Kennzeichen des wahren und falschen Hirten, die für alle Zeiten gelten: Der schlechte Hirte ist nur um sich selber besorgt, nicht um die Seinen.
– »Ich kenne die Meinen, und die Meinen kennen mich«: Das ist Jesu intime Gemeinschaft mit den Seinen. Sie hat ihren Ursprung in seinem Verhältnis zum Vater: »Wie mich der Vater kennt und ich den Vater kenne.«
– »Ich habe noch andere Schafe, die nicht aus diesem Stall sind ... dann wird es nur eine Herde geben und einen Hirten«: Jesus kommt, um zu versöhnen und zu vereinen. Er gehört allen. Gottes Herrschaft, die er verkündet, umfaßt alle Menschen.

Weitere Texte

Ps 23: der Herr ist mein Hirte (vgl. Jes 40,11).
Ez 34: die Hirten Israels, ihre Fahrlässigkeit, das Gericht über sie; die Verheißung des wahren Hirten.

FRAGEN

- Ist die Ostererfahrung der Jünger, ihre Verbundenheit mit dem verklärten Herrn meine persönliche Erfahrung geworden? Lebe ich im Bewußtsein seiner Gegenwart und Sorge?
- Ist die Parabel vom guten Hirten ein Schlüssel zu meinem Kirchenverständnis, zu meiner Kirchen- und Selbstkritik?

ZUR ERWÄGUNG

»Jesus, auferstandener Herr, du bist mit deiner Macht immer bei uns. Wir bitten dich, schenke uns deinen Geist, damit wir in ihm deine Tröstungen und auch ein wenig deine Freundlichkeit erfahren.
Laß uns gemeinsam mit deiner Mutter die Freude über deine Auferstehung in uns aufnehmen und verstehen, was diese für die Welt, für die Toten und für die Lebenden, für unser ganzes Menschsein, für alles, was in uns und außer uns ist, bedeutet.
Schenke uns, Herr, diese Erfahrung. Wir haben sie nicht verdient; sie ist nicht Frucht unseres Suchens, sondern Geschenk deiner Güte.«

Kardinal Carlo M. Martini

(Leben im Glauben nach dem Matthäusevangelium, 1985, Seite 189, Verlag Herder, Freiburg–Basel–Wien)

3. Gemeinschaft der Seinen

»Jetzt aber seid ihr, die ihr einst in der Ferne wart, durch Christus Jesus, nämlich durch sein Blut, in die Nähe gekommen. Denn er ist unser Friede. Er vereinigte die beiden Teile und riß durch sein Sterben die trennende Wand der Feindschaft nieder« (Eph 2, 13 f)

Jahwe hatte Israel aus vielen Stämmen zu einem Volk gemacht, zu seinem eigenen Volk. Als die Israeliten in der Verbannung zerstreut waren, gab er ihnen die Verheißung: »Die verlorengegangenen Schafe will ich suchen, die vertriebenen zurückbringen« (Ez 34, 16). Gott schafft Gemeinschaft. In der prophetischen Vision ist diese Gemeinschaft nicht auf Israel beschränkt; sie umfaßt die Völker: »Alle Völker strömen zusammen, viele Nationen machen sich auf den Weg; sie sagen: Kommt, wir ziehen hinauf zum Berg des Herrn ... Dann schmieden sie Pflugscharen aus ihren Schwertern und Winzermesser aus ihren Lanzen« (Jes 2, 2–4; Mich 4, 1–4). Das ist nicht der apokalyptische Traum von einer himmlischen Welt, wenn einmal die dunkle Geschichte unserer Erde zu Ende kommt. Es ist die prophetische Vision einer neuen Gesellschaft in unserer Welt.

Die Gemeinschaft der Jünger Jesu

In seiner Verkündigung der Gottesherrschaft nimmt Jesus diese prophetische Botschaft auf. Eine neue Gesellschaft muß geboren werden, eine neue Gemeinschaft. Jesus beginnt nicht mit dem Planen einer weltweiten Organisation, sondern mit einer kleinen Gruppe, die er um sich sammelt. Sie soll das Modell der christlichen Gemeinschaft werden.

Kann man sagen, daß Jesus die Kirche gegründet hat? Er ist Ursprung der Kirche, aber wir können sein Werk nicht in Kategorien der Organisation oder Gesetzgebung erfassen. Jesus ist Schöpfer einer neuen Gemeinschaft. Im Zusammensein seiner Jünger verwirklicht sich das wahre Israel. Diese Gruppe hat ihre unbestrittene Mitte in Jesus. Es gibt auch Ansätze späterer Strukturen, die sich aber erst entwickeln mußten; denn keine Gemeinschaft kann ohne Strukturen existieren. So erscheinen in den Evangelien die Zwölf als die verantwortlichen Führer einer breiteren Gemeinschaft von Jüngern. Aber der Aufbau einer Institution ist nicht Jesu Aufgabe; er erfolgt in der jungen Kirche unter dem Einfluß des Geistes. Jesu Anliegen ist die Gemeinschaft der Jünger selbst und die Sammlung des Gottesvolkes. Deshalb ist die Zeit des Zusammenseins Jesu mit den Jüngern so bedeutsam. Sie müssen erfassen, wie sich Gottes Herrschaft in den verschiedenen Lebenssituationen auswirkt. Es wäre sinnlos, Regeln zu verkünden, wenn dieses neue Gemeinschaftsleben nicht wirklich geübt würde im Zusammensein der Jünger und im Verhältnis zu ihrer näheren und ferneren Umgebung.

Zunächst müssen sie lernen, in gegenseitiger Annahme und Anpassung miteinander zu leben. Die Evangelienberichte erzählen uns über die Spannungen und Rivalitäten in der kleinen Gruppe. Zuerst also müssen sie Gemeinschaft lernen. Dann müssen sie die Versuchung überwinden, sich als eine Art Elitegruppe abzuschließen. Jesus und seine Jünger sind für die Menschen da. Als sich die hungrigen Menschen um Jesus drängten, wollten die Jünger sie in die nahen Dörfer schicken, bevor es zu spät war. Jesus aber sagte: »Gebt ihr ihnen zu essen« (Mk 6,37). Weiter müssen die Jünger lernen, die Vorurteile, die die damalige jüdische Gesellschaft beherrschten, zu überwinden. Für einen Juden war es untragbar, daß Jesus sich mit den Steuerbeamten zu Tisch setzte. Gebildete und rechtschaffene Hüter des Gesetzes machten vor den Jüngern kein Geheimnis aus ihrem Mißfallen (Mk 2,16). So mußten sie sich in Jesu Gesellschaft von sozialen Vorurteilen freimachen und lernen, mit allen Gesellschaftsklassen umzugehen, auch mit den sozial Geächteten. Die Jünger lernen, im Konflikt zu leben, mißverstanden und verlacht zu werden, Mißachtung und Feindschaft zu erfahren. So stellen die Evangelien dar, was Kirche sein soll: nicht eine Gemeinde von Mitläufern, sondern eine Gemeinschaft, in der das Gottesreich in Brüderlichkeit und Liebe gelebt wird und die den Mut hat, auch gegen die öffentliche Meinung zu stehen.

Ostern bedeutet für die Jünger die Erneuerung dieser Gemeinschaft. Wieder ist Jesus in ihrer Mitte, wieder spricht er über das Gottesreich und ihre gemeinsame Sendung für die Welt (Apg 1,3–5). Die Gemeinschaft, die sie in Galiläa und auf dem Weg nach Jerusalem erfahren hatten, muß bleiben und vertieft werden. Die kleine Gruppe wird zur lebendigen Zelle, aus der sich der Leib Christi, die wachsende Gemeinschaft der Gläubigen entfaltet. Immer wird die Kirche »apostolisch« genannt werden – nicht nur, weil das bischöfliche Amt auf der Nachfolge der Apostel gründet, sondern weil die Gemeinde selber apostolisch ist. Sie muß treu, in immer neuer Weise, die Botschaft vom Gottesreich verwirklichen, wie sie in der Jüngergruppe um Jesus zuerst gelebt wurde.

Die allumfassende Kirche

Die Kirche muß allumfassend sein; Gottes Reich hat keine Grenzen. Von Anfang an mußte die Kirche um das volle Verständnis ihrer Universalität ringen.

Die erste christliche Gemeinde in Jerusalem stand vor

dem Problem, ob nichtjüdische Anhänger Jesu vollgültige Mitglieder der Gemeinde werden konnten, ohne zuerst die Traditionen Israels anzunehmen. Petrus mußte trotz persönlichen Widerstandes unter der Führung des Geistes einen römischen Offizier taufen (Apg 10); das war ein Einzelfall, aber er war für ihn zeichenhaft; Paulus schließlich durchbrach alle Grenzen, als er seine Mission über die Synagoge hinaus ausdehnte und hellenistische Gemeinden gründete. Das Konzil von Jerusalem entschied zu seinen Gunsten (Gal 2,7–10). Doch solche Probleme werden nicht allein durch Gesetze gelöst; eine Umkehr der Herzen ist nötig. In Jesu Geist müssen die frühen Christen die praktischen Folgerungen und sozialen Auswirkungen dieser Universalität erleiden. In den eingangs zitierten Worten aus dem Epheserbrief klingt noch etwas von der Leidenschaft an, mit der dieser Kampf geführt wurde (Eph 2,12–14).
Immer wieder hat die Kirche im Lauf der Jahrhunderte ihre Universalität einschränken lassen. In Kultur, Struktur, Liturgie und Theologie wurde sie eine Kirche des Westens. Das wurde besonders deutlich bei der missionarischen Ausbreitung der Kirche, als sie ihr westlich geprägtes Christentum zu fernen Völkern brachte. Im II. Vatikanischen Konzil hat sich die Kirche eindeutig als die Kirche der ganzen Welt bekannt, bereit, sich in allen Völkern und Kulturen zu verwirklichen. Das wird noch lange eine ungeheure Aufgabe bleiben. In jedem Land müssen sich die Christen fragen, was Jesu Botschaft für ihr Volk bedeutet: Wie soll die Gemeinschaft gebaut, die Liturgie gefeiert, die Botschaft verkündet werden, so daß Gottes Liebe und Lebenskraft unter allen Menschen wirksam werden?

Die Kirche als Gemeinschaft

Die frühe Kirche war Gemeinschaft. Wohl übten die Apostel Autorität aus. Schrittweise entwickelten sich auch die Strukturen der kirchlichen Ordnung. Aber die unmittelbare Kirchenerfahrung der frühen Jahrhunderte war geschwisterliche Gemeinschaft. In seiner Beschreibung der Urkirche übergeht Lukas die Spannungen in Jerusalem und zeichnet das Bild der Kirche, wie sie nach Gottes Heilsplan sein soll, um ihre Sendung fruchtbar auszuüben: »Die Gemeinde der Gläubigen war ein Herz und eine Seele. Keiner nannte etwas von dem, was er hatte, sein Eigentum... Mit großer Kraft legten die Apostel Zeugnis ab von der Auferstehung des Herrn, und reiche Gnade ruhte auf ihnen allen« (Apg 4,32f).
Die Kirche mußte sich entwickeln und Strukturen der Leitung, der Lehre und der Dienste entfalten. Niemand soll diese Entwicklung beklagen. Sie ist für eine Gemeinschaft so wichtig wie das Skelett für den Körper: Kirche braucht Einheit und Festigkeit. Aber ihre Strukturen und Gesetze dienen dem ganzen Leib. Autorität darf nur zum Wohl aller ausgeübt werden.
Kirche ist zuerst Gemeinschaft von Schwestern und Brüdern, die sich gegenseitig tragen und in allen Bereichen des Lebens stützen. Denn sie kann doch nicht sinnvoll Gottes Herrschaft verkünden, wenn sie nicht selbst »Saatkorn und Aufbruch des Gottesreiches ist« (LG, 5). Für den Exerzitanden ist es wichtig, Klarheit über sein Verhältnis zur Kirche und über seinen Platz in der christlichen Gemeinschaft zu finden.

Jesus in seiner Kirche

Alle Erneuerung der Kirche wächst aus der Erkenntnis, daß Jesus Quellgrund und Mitte der Gemeinschaft ist. In der täglichen Erfahrung begegnen wir der menschlichen Realität der Kirche. Oft ist Kirche hilfreich und stützend, aber oft begegnet sie uns auch steif, unpersönlich, bürokratisch, autoritär, verletzend, voll Politik und Rivalität. Sie scheint zu weit von der Wirklichkeit des Lebens entfernt zu sein, ohne wahres Verständnis für die Menschen und ihre Nöte, für die immer neuen Probleme und Bedürfnisse unserer Welt. Auch in den stillen Tagen der Exerzitien können solche Erfahrungen hochkommen. Wir sollen sie nicht unterdrücken, sondern prüfen. Nüchterne Erwägungen können uns helfen, zu sehen, wie komplex viele dieser Probleme sind; so werden unsere Urteile toleranter. Unsere Betrachtungen sollen uns aber auch zu klaren und festen Stellungnahmen führen.
Natürlich dürfen wir nicht fertige Antworten auf alle offenen Fragen erwarten. Wir müssen lernen, in tiefem Glauben mit den Problemen der Kirche zu leben und auch daran zu leiden. Immer wird Jesus die Mitte seiner Kirche sein: »Ich bin bei euch alle Tage bis zum Ende der Welt« (Mt 28,20). Das ist die Erfahrung der Kirche durch die Jahrhunderte. Sie gilt für die Weltkirche, sie bewahrheitet sich auch in den Ortsgemeinden.
Es gibt zwei Weisen, die Kirche zu betrachten; sie ergänzen einander: Wir sehen sie als menschliche Gemeinschaft in ihrer Schönheit und Kraft, aber auch mit ihren Grenzen, in Versagen und Sündigkeit. Oder wir sehen sie als den Leib Christi, durch den er selbst unter uns weilt. Diese zweifache Sicht ist gemeint, wenn das Konzil vom Geheimnis der Kirche spricht (LG, 8) und sie »Sakrament« nennt. Geheimnis bedeutet nicht etwas Verschwommenes, das sich nicht genau beschreiben

läßt, sondern eine irdische Realität, die ganz in unsere Welt gehört, aber auf das Unsichtbare hinweist, das wir nicht sehen können. In der sichtbaren Gemeinschaft der Kirche ist der Herr, den wir nicht sehen, in unserer Mitte. Es ist das Wesen der Kirche, daß sie in ihrer Sichtbarkeit die erlösende Liebe Gottes offenbart. Sie ist das irdische Medium, durch das Gott die Sendung Jesu, seines Sohnes, fortführt: die Sendung der Wahrheit, des Heils und der Liebe. Im verzweigten Organismus der sichtbaren Kirche mit ihren Gesetzen, Ämtern und Tätigkeiten ist Gottes Geist am Werk. Das gilt für die Amtsträger der Kirche, »denn durch sie ist (in Worten des Konzils) der Herr Jesus Christus, der Hohepriester, inmitten der Gläubigen anwesend«, und »durch ihre Weisheit und Umsicht lenkt und ordnet er das Volk des Neuen Bundes« (LG, 21). Das gilt auch für die Gemeinschaft der Gläubigen, die mit den vielfachen Gaben des Geistes »Zeugnis von der wunderbaren Einheit im Leib Christi geben. Denn gerade die Vielfalt der Gnadengaben, Dienstleistungen und Tätigkeiten vereint die Kinder Gottes, weil ›dies alles der eine und gleiche Geist wirkt‹ (1 Kor 12,11)« (LG, 32).
In der Stille der Exerzitien sind wir angehalten, unser Verhältnis zur Kirche, die Treue zu ihr zu überprüfen. Treue bedeutet nicht einfach kritiklose Zustimmung zu allem, was sich in der Kirche ereignet. Loyalität ist nicht blinder Konformismus. Die einseitige Betonung des Gehorsams und der Unterwerfung unter die kirchliche Autorität hat viel zur Lethargie weiter Kreise beigetragen. Alle Verantwortung wird auf den Klerus, die Bischöfe abgeschoben. Das ist falsch. Alle Christen, Frauen und Männer, sind mitverantwortlich für das Leben der Kirche; sie müssen mitdenken und sollen an Entscheidungen mitbeteiligt sein. Sie haben das Recht, oft die Pflicht, in angemessener Weise an der passenden Stelle ihre Meinung zu äußern. All das muß in Wahr-

heit und Liebe geschehen. Kritik, die nicht aus Liebe entspringt, zerstört, auch wenn sie an sich berechtigt ist.
Wahre Liebe zur Kirche, das Bewußtsein der Zugehörigkeit trotz Mißstimmigkeiten und Enttäuschungen ist Kennzeichen der echten Liebe zu Jesus Christus. Jesus schuf Gemeinschaft. Alles, was Gemeinschaft zerstört, ist ihm fremd.

ZUR BETRACHTUNG

Auf dem Weg nach Emmaus (Lk 24, 13–25)

Die Gemeinschaft der Jünger beginnt sich aufzulösen. Jesus, die verbindende Mitte, ist nicht mehr da. Zwei sind auf dem Weg nach Hause. Jesus bringt sie in die Gemeinschaft zurück.

- »Sie sprachen miteinander über das, was sich ereignet hatte«: Sie sind enttäuscht und lassen ihren Klagen freien Lauf. Solches Reden schafft nicht Gemeinschaft, es führt immer weiter weg.
- »Jesus kam hinzu und ging mit ihnen«: Sein schweigendes Zuhören ist das erste Geschenk seiner Gegenwart. Sie können ihr Herz öffnen.
- »Was sind das für Dinge, über die ihr redet?«: Die Anteilnahme an ihren Erfahrungen ist das zweite Geschenk seiner Gegenwart.
- »Er war ein Prophet... Wir hatten gehofft...«: Immer tiefer waren sie in ihre Enttäuschung versunken, niemand konnte ihnen helfen; sie wurden immer einsamer.
- »Begreift ihr denn nicht? Wie schwer fällt es euch, alles zu glauben, was die Propheten gesagt haben«:

Wenn wir uns in unsere Probleme einspinnen lassen, verlieren wir den weiteren Zusammenhang. Die Jünger verstehen nicht die Schrift, lassen sich auch von der unmittelbaren Umgebung nicht helfen, von den Berichten der Frauen und der anderen Jünger.

- »Er legte ihnen dar, ausgehend von Mose und allen Propheten, was in der Schrift über ihn geschrieben steht«: Sie kannten diese Texte, aber das Verständnis kommt nur, wenn sie von Jesus ausgelegt werden.
- »Mußte nicht der Messias das leiden, um so in seine Herrlichkeit zu gelangen?«: Das kann nicht erklärt werden, sie können es nur von Jesus annehmen; Gott hat in ihm gesprochen, auf ihn sollen sie hören.
- »Bleib doch bei uns, denn es wird bald Abend«: Das ist das christliche Pilgergebet, das Gebet um Gemeinschaft, um Heimat.
- »Er nahm das Brot, sprach den Lobpreis, brach das Brot und gab es ihnen«: So hat die junge Kirche die Eucharistie erfahren: die Gegenwart des österlichen Herrn in ihrer Mitte.
- »Da gingen ihnen die Augen auf«: Die Welt des Glaubens öffnet sich.
- »In derselben Stunde brachen sie auf und kehrten nach Jerusalem zurück«: Sie haben Jesus gefunden; jetzt finden sie auch die Gemeinschaft der Jünger, die Kirche wieder.

Am See (Joh 21, 1–17)

Die Begegnung mit dem Auferstandenen verschmilzt mit dem Alltag des Lebens und der Arbeit. Jesus gibt den Jüngern Weisung in ihrem Handwerk, er frühstückt mit ihnen. Keiner fragt: Wer bist du? – In dieser Betrachtung erlebe ich Jesu Gegenwart in meinem eigenen Alltag.

- »In dieser Nacht fingen sie nichts«: Arbeit ohne Jesus.
- »Jesus stand am Ufer«: Jesus ist gegenwärtig im Alltag.
- »Werft das Netz auf der rechten Seite des Bootes aus«: Der Rat könnte von irgendeinem kundigen Berater kommen; am erstaunlichen Ergebnis erkennen die Jünger Jesus.
- »Petrus zog das Netz an Land. Es war mit 153 großen Fischen gefüllt«: Die Zahl bedeutet die Universalzahl, jede Art von Fischen. Jesus hatte versprochen, die Jünger zu Menschenfischern zu machen.
- »Kommt her und eßt«: Sie feiern die Mahlgemeinschaft, die verbindende Gegenwart des Herrn.
- »Simon, Sohn des Johannes, liebst du mich mehr als diese?«: Liebe ist die einzige Bedingung für die Aufgabe des Petrus im Dienst der Kirche.
- »Weide meine Schafe«: Jesu Sendung muß weitergehen. Petrus muß lehren, führen, sein Leben geben. Immer aber gehört die Gemeinde Jesus: Weide *meine* Schafe.
- »Folge mir nach«: Mehr und mehr wird das Leben des Petrus in Jesu Bann gezogen. In seinem Leben wird sich zeigen, was Jesu erste Einladung bedeutete: Folge mir nach.

Das Band der Gemeinschaft (Phil 1,3–11)

Philippi war die erste Gemeinde, die Paulus auf europäischem Boden gegründet hatte (Apg 16,11–40). Er blieb ihr in inniger Gemeinschaft verbunden. Der Anfang des Philipperbriefes läßt uns diese Verbundenheit miterleben.

- »Ich danke meinem Gott jedesmal, wenn ich an euch denke; immer, wenn ich für euch bete, tue ich es mit Freude«: Trotz der Probleme, von denen im Brief die

Rede ist, bleibt die Grundstimmung des Paulus Dank und Freude.

- »Ich danke Gott dafür, daß ihr euch gemeinsam für das Evangelium eingesetzt habt«: Der gemeinsame Einsatz für das Evangelium charakterisiert diese Gemeinschaft.
- »Er, der das gute Werk begonnen hat, wird es auch vollenden«: Die Chancen für eine fruchtbare Entwicklung der Gemeinde sind gering. Paulus aber setzt seine Hoffnung auf Gottes Beistand.
- »Ich habe euch ins Herz geschlossen ... Ich sehne mich nach euch allen mit der herzlichen Liebe, die Christus Jesus zu euch hat«: Paulus spricht offen von der tief menschlichen Verbundenheit mit seiner Gemeinde. Menschliche Liebe wird zum Sakrament – zum sichtbar-wirksamen Zeichen – der Liebe Gottes zu uns.
- »Ich bete darum, daß eure Liebe immer noch reicher an Einsicht und Verständnis wird«: Er betet, daß die Liebe wachse, daß sie mit Weisheit erleuchtet werde, daß sie zu den rechten praktischen Entscheidungen im täglichen Leben führe.
- »Dann werdet ihr rein und ohne Tadel sein für den Tag Christi«: In christlicher Gemeinschaft wachsen wir zur Vollreife in Jesus Christus.

Weitere Texte

Joh 17,20–23: Jesu Gebet um Einheit.
Eph 2,11–22: Trennende Mauern werden abgebrochen.
Eph 4,1–16: ein Leib in Christus.

FRAGEN

- Ich überdenke meine Haltung der Kirche gegenüber: Ist sie für mich eine österliche Erfahrung? Denke ich von der Kirche als »wir« oder »sie = die andern« (Bischöfe, Priester, Pfarrgemeinderat ...)?
- Ich überdenke meine persönlichen Gemeinschaftsbeziehungen: Familie, Nachbarn, Berufswelt, Bekanntenkreis, Korrespondenz, (Ordens-)Gemeinschaft. Baue ich selbst Gemeinschaft mit auf?

ZUR ERWÄGUNG

»Die Dimensionen der Liebe Christi können wir nicht anders finden als in der Gemeinschaft der Kirche, in der durch den Geist gewirkten Verteilung der Sendungen und Charismen und in deren Austausch: Jeder muß dem anderen mitteilen, was ihm an besonderer Kenntnis des Herrn gezeigt und eingegeben worden ist. Denn keiner kann gleichzeitig in alle Himmelsrichtungen der den Heiligen geschenkten Liebe schreiten: Während der eine die Höhe erforscht, erfährt ein anderer die Tiefe, ein Dritter die Breite. Keiner erhebt sich allein auf den Standort des Geistes, des Sohnes, des Vaters; nur die Kirche als ganze ist die Braut Christi, und auch das nur als das von ihm selbst geformte Gefäß zur Aufnahme seiner Fülle.«

Hans Urs von Balthasar

(Kennt uns Jesus – kennen wir ihn?, 2. Auflage 1980, Seite 118–119, Verlag Herder, Freiburg–Basel–Wien)

4. Sendung

»Der Geist der Wahrheit, den ich vom Vater aus senden werde, ... wird Zeugnis für mich ablegen. Und auch ihr sollt Zeugnis ablegen, weil ihr von Anfang an bei mir seid« (Joh 15,26f)

Von Anfang an war die christliche Botschaft Evangelium, frohe Kunde. Der Engel grüßte Maria: »Freue dich, du Begnadete!«Elisabeth erfährt Marias Besuch als Freude: »Das Kind hüpfte vor Freude in meinem Leib.« Maria singt das Magnifikat, das Lied der Freude. Die Hirten hören die Weihnachtsbotschaft: »Fürchtet euch nicht, ich verkünde euch eine große Freude« (Lk 1–2).
Jesus beginnt seine Sendung mit der frohen Kunde: »Die Zeit ist erfüllt, das Reich Gottes ist nahe« (Mk 1,15). Zu den Armen und Leidenden spricht er: »Selig, ihr Armen, denn euch gehört das Reich Gottes« (Lk 6,20). Auch wenn die Schatten des Todes auf ihn fallen, bleibt es wahr, daß er uns all das sagte, »damit meine Freude in euch ist, und damit eure Freude vollkommen wird« (Joh 15,11).
Jesu Botschaft ist der heutigen Kirche anvertraut. Sie ist eine Botschaft der Freude und des Heils, die uns aus unserer Resignation und Hilflosigkeit herausholen soll. So muß sie auf den Menschen unserer Zeit ausgerichtet werden. Manchmal ist diese Botschaft falsch verstanden worden, als Last oder Fessel, sogar als eine Drohung an die, die sie nicht annehmen. Solche Mißverständnisse müssen geklärt werden. Wir lesen schon am Schluß des Markusevangeliums von der Sendung der Jünger: »Wer glaubt und sich taufen läßt, wird gerettet; wer aber nicht glaubt, wird verdammt werden« (Mk 16,16). Das klingt hart. Es muß im Gesamtzusammenhang der Evangelien gelesen und verstanden werden: Das Evange-

lium ist Heilsbotschaft der Liebe Gottes zu allen Menschen. Immer ist Gottes Liebe Einladung, nie Zwang. Gott zieht alle Menschen in seine Liebe. Wer das erkennt und nicht antwortet, schließt sich selbst aus. Johannes sagt es mit großer Klarheit, wenn er von der Liebe Gottes spricht, der seinen Sohn sendet, »nicht, damit er die Welt richtet, sondern daß die Welt durch ihn gerettet wird. Wer an ihn glaubt, wird nicht gerichtet, wer nicht glaubt, ist schon gerichtet«; denn das ist eben die Dunkelheit der Sünde, »daß die Menschen die Finsternis mehr lieben als das Licht« (Joh 3, 16–19). Das ist Gottes Ehrfurcht vor unserer Freiheit: Die Wahl zwischen Leben und Tod liegt in unseren Händen.

Unsere christliche Botschaft muß wieder, heute mehr denn je, Freude und Hoffnung bringen. Wir erfahren aber auch ihre Dringlichkeit. Überall sind die Mächte der Zerstörung und Entzweiung am Werk, die aus unserem Herzen aufsteigen und die Welt vergiften (Mt 15, 19). Gewiß kann Gott in vielfacher Weise zu uns sprechen. In Jesus aber gab er uns die Botschaft, die nicht nur die einzelnen betrifft, sondern in die sozialen und politischen Bereiche hineinwirken muß. Unsere menschliche Gesellschaft muß in Jesu Geist erneuert werden.

In der Vergangenheit wurden Fehler gemacht, wenn die Kirche glaubte, die christliche Botschaft müsse durch das Schwert verteidigt werden, oder wenn die Verbreitung des Evangeliums eng mit politischen und kolonialen Interessen verflochten war. Heute brauchen wir das Bewußtsein der Dringlichkeit der Botschaft Jesu und unserer Verantwortung für unsere Welt: Der gegenwärtigen Kirche ist die Aufgabe anvertraut, Jesu Botschaft der heutigen Welt zu schenken.

Unsere Aufgabe heute

Die Stellung der Kirche in der heutigen Welt ist anders als in der Vergangenheit. Weithin hat Kirche ihre Macht verloren, und auch wo sie noch über bedeutende Institutionen verfügt, scheint sie in der Defensive zu sein. Wir sollten das nicht bedauern. Macht schafft Distanz, Mißtrauen, Mißgunst. Wieviel Widerstand, selbst Haß, hat sich gegen die Kirche in Ländern angesammelt, wo sie einst das politische und soziale Leben beherrschte!

Die Kirche weiß, daß die Zeit ihrer politischen und kulturellen Machtstellung vorbei ist. Viele Bereiche des nationalen und sozialen Lebens haben sich emanzipiert. Das II. Vatikanische Konzil hat eine neue Sprache im Verhältnis zur Welt gefunden: Kirche kann nicht mehr einfach lehren und führen, sondern muß solidarisch mit der Welt sein, in Sorge um sie, im Dialog mit ihr über die drängenden Probleme. Die Pastoralkonstitution über die Kirche in der modernen Welt beginnt mit Worten liebender Sorge: »Freude und Hoffnung, Trauer und Angst der Menschen von heute, besonders der Armen und Bedrängten aller Art, sind auch Freude und Hoffnung, Trauer und Angst der Jünger Christi« (GS, 1). So ist Jesus selbst unserer Welt begegnet: Nie hat er eine Machtstellung eingenommen, nie hat er den Menschen Lasten auferlegt. Er brachte uns die Botschaft der Liebe. Wenn wir sie annehmen, freut er sich und preist den Vater; wenn er am Ende seiner Tätigkeit erfahren muß, daß er abgelehnt wird, weint er über die Stadt und sagt: »Wenn doch auch du an diesem Tag erkannt hättest, was dir Frieden bringt« (Lk 19,41). Jesu Botschaft ist ein Angebot, ein Anruf; Liebe kann nie fordern.

Die Kirche muß also Wege finden, auf denen sie ihre unveräußerliche Sendung für die Welt in neuer Weise erfüllen kann, anders als politische Parteien oder ideolo-

gische Systeme. Es ist nicht ihre Sache, fertige soziale oder politische Programme anzubieten. Auch Jesus hatte keine solchen Programme; das enttäuschte viele, die handgreifliche Lösungen für aktuelle Probleme erwarteten. Die Kirche hat aber von Jesus ihre grundsätzliche Orientierung. Das Konzil sieht seine Aufgabe darin, daß es mit der heutigen Welt »in einen Dialog eintritt über all diese verschiedenen Probleme; daß es das Licht des Evangeliums bringt und daß es dem Menschengeschlecht jene Heilskräfte bietet, die die Kirche selbst, vom Heiligen Geist geleitet, von ihrem Gründer empfängt« (GS, 3). Das Evangelium muß mit Blick auf die Welt gelesen werden, und wir sollen die Welt im Licht des Evangeliums sehen.
Politische und soziale Programme allein reichen nicht aus, um unsere Gesellschaft zu erneuern. Die Welt ist Gottes Schöpfung; nur in seiner Macht und Liebe kann sie leben und wachsen. Die Welt braucht Menschen, die ein Ohr für Gottes Wort haben und sich von seinem Geist führen lassen. Auf jeder Ebene kirchlichen Lebens sollen sich solche Menschen finden, in Führungsstellen und im täglichen Leben. Wir sind wohl zu sehr eine Kirche der Organisation und Betriebsamkeit geworden, die von Tag zu Tag plant und arbeitet. Die Welt erwartet eine Kirche, die aus der Tiefe des Gotteswortes lebt und Leben bringt.

Neue Dimensionen

Wenn die Kirche auf ihre Machtpositionen verzichtet, versteht sie leichter, wie sehr die Verwirklichung des Gottesreiches von breiter Zusammenarbeit abhängt, von gemeinsamer Verantwortung in der Kirche, von der Verbindung mit nichtkatholischen Christen und mit allen Menschen guten Willens.

Das Konzil hat die defensive Isolation der Kirche durchbrochen und ihre Sendung für die Welt neu erkannt. Besonders das Missionsdekret betont die Notwendigkeit breiter Zusammenarbeit: »Bei der Aufrichtung einer gesunden Wirtschafts- und Sozialordnung sollen die Christgläubigen ihre Arbeit einsetzen und mit allen anderen zusammenarbeiten... Sie sollen sich an den Anstrengungen der Völker beteiligen, die sich bemühen, im Kampf gegen Hunger, Unwissenheit und Krankheit bessere Lebensverhältnisse zu schaffen und den Frieden in der Welt zu festigen. Es soll der Wunsch der Gläubigen sein, bei dieser Tätigkeit in kluger Weise bei den Vorhaben mitzuarbeiten, die von privaten sowie öffentlichen Institutionen, von Regierungen, internationalen Organen, von den verschiedenen christlichen Gemeinschaften und auch von nichtchristlichen Religionen unternommen werden« (AG, 12).

In einer Kirche, die sich der Welt verpflichtet weiß, haben die Laien entscheidende Bedeutung. Sie wurden früher oft nur als Hilfskräfte des Klerus betrachtet. Es ist aber umgekehrt: Die Priester müssen den Laien helfen, die Weltsendung der Kirche zu verwirklichen. Unsere Gesellschaft kann nur durch Frauen und Männer beeinflußt werden, die »zu ihrem Volk gehören, in dem sie geboren wurden, an dessen Kulturgütern sie durch die Erziehung teilzunehmen begonnen haben, mit dessen Leben sie durch viele gesellschaftliche Bande verbunden sind, an dessen Aufstieg sie durch ihre eigenen Anstrengungen in ihrem Beruf mitarbeiten, dessen Probleme sie als ihre eigenen empfinden und zu lösen suchen« (AG, 21).

Natürlich gibt es Pionierarbeiten, für die eine Hierarchie und kirchliche Einrichtungen die Verantwortung übernehmen müssen. Aber solche Unternehmen sind kein Ersatz für die Aufgabe des christlichen Laien, der Jesu Botschaft und Liebe im Umkreis des täglichen Lebens greifbar und wirksam macht. Jesu Sendung ist der ganzen Kirche anvertraut, Klerus, Ordensleuten und Laien; in unserer säkularen Kultur fällt die Verantwortung mehr und mehr auf die Laien.

In dem apostolischen Sendschreiben »Evangelii Nuntiandi« über die Sendung der Kirche in unserer Zeit (1975) gebraucht Papst Paul VI. ein neues Vokabular. Das Wort »Mission« ist durch »Evangelisierung« ersetzt. Gewiß bleibt Mission als Sendung zu Bevölkerungsgruppen, die Christus noch nicht kennen, stets eine wesentliche Aufgabe der Kirche. Aber dieser Dienst ist nur ein Ausschnitt aus der viel allgemeineren Verantwortung aller Gläubigen, Gottes Herrschaft in der ganzen menschlichen Gesellschaft zu verwirklichen. Zuerst müssen die Christen selbst sich dem Wort Gottes öffnen, Jesu Einladung und Anruf folgen. Wir müssen bei uns beginnen. Wie können wir uns anmaßen, Jesu Botschaft zu verkünden, wenn unser eigenes Herz selbstsüchtig, eng, lieblos, verängstigt ist? Die Gemeinschaft der Kirche muß sich immer neu von Rivalität, Eifersucht, Ehrgeiz, Machtstreben reinigen. Evangelisierung also bedeutet die Erneuerung aller; die ganze Gemeinschaft der Kirche muß sich vom Evangelium aufwecken lassen: Die Jugend muß ihren Einsatz mitbringen, Familien müssen Keimzellen des Gottesreiches sein. So wird die sichtbare Kirche immer mehr Leib Christi.

In diesen »Geistlichen Übungen« soll der Exerzitand über seinen eigenen Beitrag an der Sendung der Kirche nachdenken, im Zusammenhang seiner sozialen und beruflichen Situation. Es mag ihm dabei klar werden, daß es in Absonderung, abseits von der Welt, keine wahre geistliche Erneuerung geben kann. Jeder hat in seiner Weise, an seinem Platz an der Sendung der Kirche und am Aufbau des Leibes Christi teilzunehmen.

Die Sendung der Apostel (Mt 28, 18–20)

Die Sendungsworte am Schluß des Matthäusevangeliums enthalten in ihrer gedrängten Kürze die weltweite Aufgabe der Kirche. Immer neu müssen wir sie überdenken.

– »Mir ist alle Macht gegeben im Himmel und auf Erden«: Was ist Jesu Macht? Nie hatte er eine Machtposition; nie hat er andere beherrscht. Auch den Jüngern gab er volle Freiheit: Wollt auch ihr weggehen? (Joh 6, 67). Seine Macht ist nur Wahrheit und Liebe. Was bedeutet Autorität in der Kirche? Wie übe ich selbst Macht aus?
– »Geht zu allen Völkern«: Liebe geht hinaus, sie begegnet dem Nächsten, sie dient.
– »Macht alle Menschen zu Jüngern«: Christliche Sendung umfaßt nicht zuerst Lehrunterweisung oder Organisation, sondern als Christ wirkt, wer Gemeinschaft aufbaut, Menschen in Jesu Geist zusammenbringt und Gottes Reich unter den Menschen verwirklicht, unter allen Menschen.
– »Tauft sie auf den Namen des Vaters und des Sohnes und des Heiligen Geistes«: Die Taufe ist nicht ein bloßes Ritual, sondern eine Weihe. Alle, die zum Gottesreich gehören, haben Gott zum Vater, haben Jesus als Bruder, sind erneuert und geeint im Heiligen Geist. Die Taufe ist das sichtbare Zeichen dieser Weihe.
– »Lehrt sie, alles zu befolgen, was ich euch geboten habe«: Es soll nicht menschliche Weisheit sein, sondern Weitergeben der Botschaft Jesu, Ankündigung des Gottesreiches.
– «Ich bin bei euch alle Tage bis ans Ende der Welt«:

Das Wort der Zusicherung, das Jahwe den Seinen gab, wird ausgeweitet; es trägt die Kirche bis ans Ende der Zeit, zur Vollendung.

Evangelii Nuntiandi (1975)

Dieses päpstliche Rundschreiben enthält moderne Perspektiven von Evangelisierung. Es fußt auf den Beiträgen der Bischofskonferenzen zur Synode von 1974. Es ist zugleich, nach den Worten Papst Johannes Pauls II., das Testament Papst Pauls VI.– Hier sind die Leitgedanken des Dokumentes zitiert, die in ihrem weiteren Zusammenhang gelesen werden sollen:

- Evangelisierung soll nicht auf Predigt, Taufe, Sakramentenspendung beschränkt werden (Art. 17).
- Evangelisierung bedeutet, die Frohe Botschaft zu allen Kreisen der Gesellschaft zu tragen und durch ihren Einfluß die Gesellschaft von innen her umzuformen und zu erneuern (Art. 18).
- Ziel ist nicht bloß geographische und zahlenmäßige Ausbreitung. Durch die Kraft der Botschaft sollen Denken und Wertordnung der Gesellschaft beeinflußt und umgeformt werden (Art. 19).
- Das Evangelium ist mit keiner Kultur identisch, soll aber alle Kulturen durchdringen (Art. 20).
- Mitte der christlichen Botschaft ist das Zeugnis, daß Gott uns in Jesus geliebt hat; in ihm schenkt er uns Heil (Art. 26).
- Das Evangelium betrifft auch das konkrete Leben der Menschen, der einzelnen und der Gesellschaft (Art. 29).
- Vor allem fordert das Evangelium die Befreiung aller Menschen von versklavenden und zerstörenden Mächten (Art. 30).
- Das Evangelium darf aber nicht auf bloß irdische und

materielle Ziele beschränkt werden. Es betrifft den ganzen Menschen, einschließlich seines geistigen und religiösen Lebens. In einer bloß sozialen und politischen Tätigkeit würde die Kirche den Sinn ihrer Sendung verlieren (Art. 32).

Weitere Texte

Mt 9,35–10,9: Jesu Sendung muß durch die Zwölf ausgeweitet und fortgesetzt werden.
Lk 4,16–21: Jesu Sendung für die Befreiung der Armen.
1 Kor 3,5–27: im Dienst des Evangeliums.
1 Kor 9–12–27: selbstloser Dienst an allen.

FRAGEN

- Wie sehe und verstehe ich die Sendung der Kirche in unserer Zeit, in meiner Umgebung?
- Wie sehe ich meine besondere Berufung innerhalb dieser Sendung?

ZUR ERWÄGUNG

»Es gibt eine Argumentationslücke für das Christliche, die gar nicht anders geschlossen werden kann als durch den Zeugen, wie ja Christus auch eine Argumentationslücke ausfüllt durch sein Tun, durch seinen Tod. Er kann ja nicht statt des Todes reden: Da ich rede, brauche ich nicht zu sterben, sondern es gibt einen existentiellen Vollzug, in dem die Worte aufhören, da die Taten gesetzt werden. Diese bedürfen freilich der Interpretation... Der Zeuge ist es, der den Glauben verbreitet, nicht der Informant. Der Informant weiß, was die Theologen sagen; das sagt er auch weiter, aber er gibt es weiter wie eine Sache. So wird der Glaube nicht verbreitet, sondern es geht um eine Identifikation bis in die extremsten Formen hinein. Das ist in Christus vorgegeben.«

Hermann Kardinal Volk

(aus: Bours/Kamphaus, Leidenschaft für Gott. Ehelosigkeit, Armut, Gehorsam, 6. Auflage 1986, Seite 63, Verlag Herder, Freiburg–Basel–Wien)

5. Unsere Hoffnung

»Die ganze Schöpfung wartet sehnsüchtig auf die Offenbarung der Söhne Gottes« (Röm 8,19)

Die Bibel ist die Geschichte der Verheißung und Hoffnung. Gott hat eine unfertige Welt geschaffen und uns anvertraut: »Seid fruchtbar, vermehrt euch, bevölkert die Erde, unterwerft sie euch« (Gen 1,28). Gottes Gaben sind zugleich Aufgaben und Verheißungen. Auch wenn wir versagen und die Mächte des Bösen uns umdrängen, bleibt seine Verheißung: Gott ist mit uns im Kampf gegen das Übel, auch wenn es zu siegen scheint (Gen 3,15).

Israel sah den Anfang seiner Geschichte im Ruf an Abraham: »Zieh weg aus deinem Land... in das Land, das ich dir zeigen werde« (Gen 12,1). Das Land der Verheißung ist gleichsam der Magnet, der durch die Jahrtausende das Volk Gottes anzieht. Es ist Israels Hoffnung, wenn es unter Moses Führung aus Ägypten aufbricht: »Ich bin herabgestiegen, um sie aus jenem Land hinaufzuführen in ein schönes, weites Land, in dem Milch und Honig fließen« (Ex 3,8). Später, in der Not des Exils, spricht Jahwe von neuem: »Ich hole euch heraus aus den Völkern, ich sammle euch aus allen Ländern und bringe euch in euer Land« (Ez 36,24). Die Bibel endet mit der Vision der Vollendung: »Ich sah die heilige Stadt, das neue Jerusalem, von Gott her aus dem Himmel herabkommen« (Offb 21,2).

Wir können nicht ohne Hoffnung leben. Jeder Tag hat seine kleinen Erwartungen: Kinder warten auf Ferien. Die Jugend wartet auf die Zukunft. Erwachsene warten auf die nächste Stufe ihrer Karriere. Wir warten auf Freunde, die wir treffen wollen.

Hoffnungen sind gefährlich. Viele werden nicht erfüllt, oder die Erfüllung bleibt hinter unseren Erwartungen zurück, und wir sind enttäuscht. Wir werden entmutigt, wenn die Hindernisse und Widerstände gegen unsere Erwartungen zu mächtig werden und das Leben seine Verheißungen zu verweigern scheint. Manchmal werden wir verbittert, zynisch, und schließen uns ab.
In dieser Schlußphase der Exerzitien sollen wir uns ehrlich der Frage stellen: Was erwarte ich mir von meinem Leben und für mein Leben?

Jesu Hoffnung

Die Hoffnungen der Menschen sind vielfältig, aber sie haben einen gemeinsamen Ursprung: Sie erwachsen aus der Unfertigkeit und Unzulänglichkeit des Lebens und greifen hinaus ins Unbekannte, in die Sphäre der Möglichkeiten, Erwartungen, Träume. Das Leben der Menschen, das Leben ganzer Völker wird von Hoffnungen bestimmt. Jesus wußte es: Wo dein Schatz ist – deine große Hoffnung – da ist dein Herz (Mt 6,21).
Jesus lebte in einer unruhigen Welt, voll von Enttäuschungen und Hoffnungen, persönlichen und kollektiven. Viele spürten, daß in der politischen, sozialen und religiösen Dekadenz der Nation etwas Neues kommen mußte, aber sie erwarteten das Neue in verschiedener Weise.
Mitten in dieser Welt der Hoffnungen, Träume, Illusionen verkündet Jesus seine eigene Botschaft der Hoffnung: Das Reich Gottes ist nahe, es ist am Kommen, aber noch nicht vollendet. Noch ist es Verheißung, wie das Saatkorn, das in den Ackerfurchen liegt; es ist die Verheißung der Ernte. Es ist Gottes Geschenk, das Wunder, das er in uns und durch uns in unserer Gesellschaft wirkt.

Jesus stellt diese Botschaft der Hoffnung in seinem eigenen Leben dar. Niemand kann mit solcher Zuversicht vom siegreichen Kommen des Gottesreiches sprechen wie er; diese Hoffnung klingt durch seine Gleichnisse: Die Saat, die in den Acker gesät ist, wird Frucht tragen, auch wenn viele Saatkörner verschwendet sind; die Ernte wird eingebracht werden trotz des Unkrauts, das sie zu ersticken droht. Wie groß ist die Freude des Kaufmanns, der die kostbare Perle entdeckt hat! Jesus verspricht denen, die ernsthaft Gottes Reich suchen, daß ihnen alles übrige dazugegeben wird (Mt 6,33).
Aber sein Glaube wird aufs härteste geprüft: Er muß den wachsenden Widerstand gegen seine Botschaft, gegen sich selbst erfahren. Auch seine Jünger scheinen wenig von der neuen Gemeinschaft zu verstehen und können schwer über ihre kleine Eifersucht hinauswachsen. Wo ist Gottes Macht, wenn Jesus den völligen Zusammenbruch seiner Sendung erfahren muß und Gott »mit lautem Schreien und unter Tränen« anfleht (Hebr 5,7)? So wird Jesus in seinem Leiden »Urheber und Vollender des Glaubens; er hat angesichts der vor ihm liegenden Freude das Kreuz auf sich genommen, ohne auf die Schande zu achten« (Hebr 12,2).
Diese Hoffnung teilte Jesus seinen Jüngern mit. Auch sie, wie wir alle, waren versucht, kurzfristige und handgreifliche Lösungen für ihre Probleme zu suchen. Aber das sind keine wahren Lösungen. Der Anbruch der Gottesherrschaft ist etwas anderes als ein Regierungswechsel. Jesus hält seine Zuhörer auch davon ab, nach spektakulären Ereignissen, wie sie von den Apokalyptikern erwartet wurden, auszuschauen: »Das Reich Gottes kommt nicht so, daß man es an äußeren Zeichen erkennen könnte. Man kann auch nicht sagen: Seht, hier ist es, oder dort ist es! Denn das Reich Gottes ist mitten unter euch« (Lk 17,20f). Gottes Herrschaft hat nichts mit Sensationen zu tun. Gottes Reich ist nicht ir-

gendwo außer uns. Es muß in unseren Herzen und in der Alltäglichkeit unseres menschlichen Lebens und Zusammenseins wachsen.
So macht Jesus den Jüngern auch klar, daß das Gottesreich, wenn es kommt, unscheinbar ist. Das Senfkorn ist winzig klein, aber wenn es ausgewachsen ist, kommen die Vögel und nisten in den Ästen. Jesus vergleicht das Gottesreich auch mit dem Sauerteig, der gleichsam im großen Trog verschwindet und doch die ganze Masse durchsäuert. Es scheint keine Entsprechung zwischen dem kleinen Anfang und der breiten, dauernden Wirkung zu geben. Das eben will Jesus illustrieren. Er lehrt die Jünger diesen Glauben, der in ihm selbst verkörpert ist: die Vision einer neuen Welt. Aber die Anfänge sind schwach, enttäuschend. So lernen Jesu Freunde Vertrauen und Geduld.

Die Hoffnung der Kirche

Der volle Sinn christlicher Hoffnung erschließt sich den Jüngern erst nach Ostern. Alle menschlichen Hoffnungen, die sie an Jesu Person geknüpft hatten, waren mit seinem toten Leib zu Grabe getragen worden. In der Begegnung mit dem Auferstandenen lernen sie die wahre Hoffnung, von der die Kirche durch die langen Jahrhunderte ihrer Geschichte getragen wird.
Ostern gibt eine Sicherheit, die nur von Gott, dem Urgrund allen Lebens, kommen kann. Noch sind die Jünger von der dunklen Erfahrung des Todes Jesu erdrückt. Nun begegnen sie ihm persönlich, ihm, den man begraben hatte. Er lebt und ist in ihrer Mitte, derselbe Jesus, den seine Feinde verworfen und gekreuzigt hatten. Das erwirkt Gott, »der die Toten lebendig macht, und das, was nicht ist, ins Dasein ruft« (Röm 4, 17). Nun wissen Jesu Freunde mit unwiderleglicher Sicherheit, daß sein

Leben, ihr Leben, das Reich Gottes nicht von menschlichen Garantien abhängen, sondern im unerforschlichen Geheimnis göttlicher Macht und Liebe gründen. Niemand soll versuchen, diese Liebe zu erklären, niemand kann sie beanspruchen; sie ist uns geschenkt, wir vertrauen ihr. Es ist das Vertrauen, in dem die Kirche immer neu die Kraft gefunden hat, ihren Weg zu gehen und ihre Sendung zu erfüllen, wie Paulus es beschrieben hat: »Von allen Seiten werden wir in die Enge getrieben und finden doch noch Raum... Wir werden niedergestreckt und doch nicht vernichtet. Wohin wir auch kommen, immer tragen wir das Todesleiden Jesu an unserem Leib, damit auch das Leben Jesu an unserem Leib sichtbar wird« (2 Kor 4,8–10).

Alle großen Worte der Bibel sind der Gefahr ausgesetzt, mißverstanden und mißinterpretiert zu werden, auch das Wort Hoffnung. Schon in der jungen Kirche von Thessalonich gab es Christen, die mit der baldigen Parusie rechneten und sich deshalb von der täglichen Arbeit und Mühe dispensierten. Paulus findet harte Worte für sie; er verlangt, daß jeder sein Brot ehrlich verdient (2 Thess 3,6). Die Hoffnung auf die kommende Herrlichkeit soll uns nicht von den irdischen Aufgaben ablenken, so daß wir den Mühen und Konflikten des Lebens und der Umwelt ausweichen. Jesus selbst ist das bleibende Vorbild unserer Hoffnung. Sein Leben war nicht untätiges Warten auf das Heil, sondern persönlicher Einsatz dafür.

Christliche Hoffnung ist also nicht müßig. Sie ist die Zuversicht, mit der wir auf die Ernte warten, das Bewußtsein des sicheren Sieges, wenn wir gegen das Böse kämpfen. Die Hoffnung auf den Herrn gibt uns Kraft in Mühe und Kampf. Sie ermutigt die Kirche in ihrer Sendung und schenkt ihr Ausdauer, auch wenn menschliches Mühen nicht ausreicht. Gottes Reich ist uns anvertraut. Die Kirche soll es verkünden und auf Erden ver-

wirklichen. Gott allein kann und wird es zur Vollendung führen.
Christliche Hoffnung blickt also in die Zukunft. Diese Zukunft ist nicht eine andere Welt; sie ist schon gegenwärtig, so wie bereits im Senfkorn der Baum enthalten ist. Gott ist mit uns, der innewohnende Geist, »der erste Anteil des Erbes, das wir erhalten sollen« (Eph 1,14). Unsere Welt geht schwanger mit dem kommenden Heil; unsere Leiden und Mühen sind die Geburtswehen der neuen Schöpfung: »Wenn die Frau gebären soll, ist sie bekümmert, weil ihre Stunde da ist. Aber wenn sie das Kind geboren hat, denkt sie nicht mehr an ihre Not über der Freude, daß ein Mensch zur Welt gekommen ist« (Joh 16,21). Es ist die Freude der Mutter, deren Sinnen und Träumen bei ihrem Kind sind, während ihr eigener Leib ihm Schutz gibt und seine Glieder formt. So ist es mit der christlichen Hoffnung auf das Reich Gottes. Wir bauen Christi Leib, haben teil an seinem Kampf und Leiden: »Christus will ich erkennen und die Macht seiner Auferstehung und die Gemeinschaft mit seinen Leiden; sein Tod soll mich prägen. So hoffe ich, auch zur Auferstehung von den Toten zu gelangen« (Phil 3,10f).
Von Anfang an war das Evangelium eine Botschaft der Hoffnung. Die junge Kirche hatte nichts, dessen sie sich rühmen konnte, und keine Garantien für ihre Zukunft. Die Gemeinden waren arm, viele waren Sklaven. Sie wurden verdächtigt, belästigt, verfolgt, aber niemand konnte sie brechen. Sie hatten ihre Kraft vom Auferstandenen. Mitten in einer Welt ziellosen Treibens, billigen Vergnügens und fatalistischer Resignation waren sie verbunden in ihrem Glauben an Jesus Christus, der den Tod überwunden hat.

Die Himmelfahrt (Apg 1,3–12)

Die Himmelfahrtsszene der Apostelgeschichte ist der Abschluß der Geschichte Jesu und der Beginn der Geschichte der Kirche. Sie umfaßt beide Pole christlicher Hoffnung: die erdgebundene Sendung der Kirche in ihrer irdischen Aufgabe und die himmlische Vollendung Jesu, die Erwartung unserer eigenen Vollendung.

- »Nach seinem Leiden hat er ihnen durch viele Beweise gezeigt, daß er lebt«: Das ist der Sinn der nachösterlichen Begegnungen der Jünger mit Jesus: Er lebt mit den Seinen und für sie.
- »Er hat vom Reich Gottes gesprochen«: Jesus hatte nur eine Botschaft, Gottes Reich, für alle Welt, für alle Zeit.
- »Ihr werdet in wenigen Tagen mit dem Heiligen Geist getauft«: Wie Jesus in seiner Sendung vom Heiligen Geist erfüllt war (Lk 4,14.18), so kann die Kirche ihre Sendung nur in der Kraft des Heiligen Geistes erfüllen.
- »Herr, stellst du in dieser Zeit das Reich für Israel wieder her?«: Auch nach der Passion träumen die Jünger noch von irdischer Machtherrschaft. Wird die Kirche je über solche Träume hinauswachsen?
- »Ihr werdet meine Zeugen sein in Jerusalem, in ganz Judäa und Samaria und bis an die Grenzen der Erde«: Die Sendung zieht immer weitere Kreise.
- »Er wurde vor ihren Augen emporgehoben, und eine Wolke nahm ihn auf«: Die Jünger erfahren das Ende des irdischen Zusammenseins mit Jesus. Sein Leben – unser aller Leben – ist im ewigen Geheimnis Gottes vollendet.
- »Sie schauten unverwandt ihm nach, zum Himmel

empor«: Sie erfahren die schmerzliche Trennung, sie erfahren auch die Sehnsucht nach Vollendung.

- »Was steht ihr da und schaut zum Himmel empor?«: Die Aufgabe der Jünger ist auf Erden; erst, wenn sie erfüllt ist, kommt die Vollendung.
- »Sie kehrten nach Jerusalem zurück«: Ich begleite sie auf diesem Weg zurück in die Stadt. Mit ihnen bereite auch ich mich auf meine Sendung vor: ein Leben im Licht der Verheißung, eine Arbeit in Hoffnung.

Die Sehnsucht der ganzen Schöpfung (Röm 8, 18–26)

Ich lese den Text in Verbundenheit mit der ganzen Schöpfung, mit dem Leid und der Zerrissenheit unserer Welt, mit allem Mühen um Erneuerung, mit den Ungezählten, die in Hoffnungslosigkeit versinken.

- »Die Leiden dieser Zeit bedeuten nichts im Vergleich zu der Herrlichkeit, die an uns offenbar werden soll«: Kann ich diese Vision des Glaubens, die alle Not unserer Welt im Licht der Vollendung sieht, mitvollziehen?
- »Die Schöpfung ist der Vergänglichkeit unterworfen«: Sie verliert ihren Sinn, wenn wir Menschen, die Krone der Schöpfung, unseren Daseinssinn verfehlen. Welt und Geschichte werden sinnlos, wenn der Mensch nicht mehr Gottes Ebenbild ist und Gottes Liebe verliert. Aber die Welt wartet sehnsüchtig; Gott hat uns Hoffnung gegeben.
- »Und auch wir, obwohl wir als Erstlingsgabe den Geist Gottes haben, seufzen in unserem Herzen«: Wir haben das Siegel des Heiligen Geistes empfangen, aber wir gehören noch in diese gebrochene Welt und warten auf die Offenbarung des Lebens, das Gott uns in Jesus geschenkt hat.

- »Wir sind gerettet, doch in der Hoffnung«: Unser Leben, Suchen, Ringen ist nicht umsonst. Es ist von der göttlichen Verheißung umfangen.
- »Wir hoffen auf das, was wir nicht sehen«: Menschliche Hoffnungen stützen sich auf greifbare Garantien, deren Wahrscheinlichkeit sich berechnen läßt. Christliche Hoffnung können wir nicht verifizieren. Sie gründet in Gott.
- »Der Geist selbst tritt für uns ein mit Seufzen, das wir nicht in Worte fassen können«: Die Gewißheit unserer Hoffnung läßt sich nicht artikulieren. Sie ist Gottes Geschenk in der Tiefe unseres Herzens.

Vollendung (Offb 21, 1–5)

Diese Schriftstelle zeigt eine Vision der Vollendung. Unsere irdische Geschichte mündet in Gottes Herrlichkeit.

- »Ich sah einen neuen Himmel und eine neue Erde«: Neu bedeutet die Nähe zum Ursprung. Himmel und Erde, die ganze Schöpfung ist neu, wenn sie für ihren Urgrund, für Gott durchsichtig wird.
- »Der erste Himmel und die erste Erde sind vergangen. Auch das Meer ist nicht mehr«: Die geschichtlichen Begrenztheiten sind in Gottes Unendlichkeit hineingenommen. Die Sünde ist in Gottes Liebe überwunden. Das Meer, die Sphäre des Chaos, der Gefahr und Zerstörung ist nicht mehr.
- »Ich sah die Heilige Stadt, das neue Jerusalem, von Gott her aus dem Himmel herabkommen«: Jerusalem, die irdische Stadt, mit ihrer wechselvollen Geschichte, ist altes Symbol für Gottes treue Nähe bei seinem Volk. Jetzt kommt die Heilige Stadt von Gott her, so wie Gott sie meinte, wie sie in seiner Herrlichkeit vollendet ist.

– »Bereit wie eine Braut, die sich für ihren Mann geschmückt hat«: Das ist die letzte Erfüllung alles Geschaffenen, daß es in der Liebe, im Einssein mit Gott vollendet wird.
– »Gott wird in ihrer Mitte wohnen, und sie werden sein Volk sein«: Das waren die alten Bundesworte; sie gelten für immer.
– »Er wird alle Tränen von ihren Augen abwischen. Der Tod wird nicht mehr sein«: Die Dunkelheit unserer gebrochenen Welt ist in Gottes Herrlichkeit aufgehoben.
– »Seht, ich mache alle Dinge neu«: das Schöpfungswort der neuen Welt, der erlösten Menschheit.

Weitere Texte

Jer 30: Gott stellt sein Volk wieder her.
Jer 31,15–22: die Heimkehr.
Offb 5: Geheimnis der Geschichte; das Buch mit den sieben Siegeln.
Offb 21 und 22: die Vollendung.

FRAGEN

- Bin ich mir des Unterschieds zwischen den vielen kleinen Hoffnungen des täglichen Lebens und der einen großen Hoffnung meines Lebens bewußt?
- Gibt diese Hoffnung mir Mut, Geduld, Kraft, Ausdauer in meinem Leben, in meiner Arbeit?

ZUR ERWÄGUNG

»Gott, wer ich bin – Du weißt es. Noch bin ich unterwegs dazu, der zu werden, der ich einmal für immer sein werde. Es macht mir Hoffnung, daß ich noch durch manche Veränderung hindurchgehen darf, weil ich spüre: ich muß vieles an mir zurücklassen. Es macht mir aber auch Angst, nicht zu wissen, wie ich die Herausforderung meines Lebens bestehe, die Läuterungen zur Treue. – Mehr als meine Vergangenheit und Gegenwart entscheidet darüber, wer ich sein werde, das Walten der Zukunft, die Du mir gibst und für mich bist. Nicht Ergebnis meiner Lebensleistung bin ich letzten Endes als Mensch, sondern Geschöpf Deiner Barmherzigkeit. Gerade deshalb bitte ich Dich: Laß mich fest zu der Einsicht meines Herzens stehen. Laß mich echt sein für die Menschen, mit denen Du mich leben läßt, ehrlich auf der Suche nach der Verwirklichung Deiner Weisung in dieser Zeit.«

Günter Biemer

(Was deinem Leben Tiefe gibt, 3. Auflage 1984, Seite 25, Verlag Herder, Freiburg–Basel–Wien)

6. Der Geist Jesu

»Wenn ihr mich liebt, werdet ihr meine Gebote halten. Und ich werde den Vater bitten, und er wird euch einen anderen Beistand geben, der für immer bei euch bleiben wird« (Joh 14,16)

Wie wird es weitergehen? So fragen wir bei jedem großen Unternehmen, das aus der Vision und Persönlichkeit eines großen Mannes hervorgegangen ist. Wer ist der Nachfolger? Hat er jemanden herangebildet, der sein Werk fortführen kann?

Jesus hat keinen Nachfolger. Er allein ist und bleibt Herr seiner Kirche. Kirchliche Amtsträger ersetzen ihn nicht; sie machen ihn, seine Autorität und erlösende Liebe gegenwärtig und wirksam. Immer aber bleibt die christliche Gemeinde seine eigene Kirche. Er hat es uns zugesichert: »Ich bin bei euch alle Tage bis zum Ende der Welt« (Mt 28,20).

Doch wie soll seine authentische Lehre bewahrt werden? Wer wird sie späteren Generationen auslegen? Wer wird die Jünger zusammenhalten und sie vor der Spaltung, die sie von Anfang an bedroht, bewahren? Ihre Einheit wird doch noch viel mehr gefährdet werden, wenn die Zahlen wachsen und die Kirche Menschen anderer Kulturen umfassen wird. Und noch wichtiger: Wer wird den machtvollen Einfluß seiner Persönlichkeit aufrechterhalten, jenes Gefühl der Sicherheit, das er seinen Jüngern zu geben vermochte und das sich rein rational nicht begründen läßt? Solange er unter ihnen weilte, fühlten sie sich sicher, allzu sicher in ihrer Berufung und Sendung; aber sobald er sie allein ließ, wurden sie zerstreut. Wer kann die Zukunft dieser kleinen Gemeinde garantieren?

Jesu Abschiedsworte an seine Jünger (nach Joh 13–17) kreisen um dieses Thema. Jesus versichert ihnen, daß er durch seinen Geist bei ihnen bleiben wird, durch den Beistand, den er ihnen vom Vater senden wird. So machtvoll ist diese Zusicherung, daß Jesus sogar sein Weggehen als notwendig für den Bestand und das Wachstum seiner Gemeinde bezeichnet: »Es ist gut für euch, daß ich fortgehe, denn wenn ich nicht fortgehe, wird der Beistand nicht zu euch kommen« (Joh 16,7). Jesu Gegenwart unter den Jüngern während des irdischen Lebens war notwendig, um ihnen die praktische Erfahrung des neuen Lebens zu geben, das in ihm verleiblicht war und in seinem Jüngerkreis verwirklicht werden sollte. Die Jünger mußten es greifbar erfahren in der Weise, wie er lebte, wie er mit ihnen und mit allen Menschen umging. Sie mußten dabeisein, wie er den Gegnern furchtlos begegnete, wie er Widerstand, Leiden und selbst Niederlage hinnehmen konnte. Für solche persönliche Erfahrung gibt es keinen Ersatz. In Jesus hat eben Gott zu uns gesprochen und uns den Sinn unseres Lebens und menschlichen Zusammenseins gezeigt.
Aber eben diese greifbare Erfahrung hatte ihre Grenzen. Es darf nicht so sein, daß die Jünger einfach seine Worte wiederholen und seine Taten nachahmen. Gott will doch nicht, daß wir alle auf diese enge palästinensische Welt, in der Jesus lebte und wirkte, beschränkt sind. Jesu Botschaft gehört der ganzen Welt. Seine irdische Gestalt muß verschwinden, damit er den Heiligen Geist, seinen Geist und den Geist des Vaters senden kann. Durch ihn muß die Welt erneuert werden.
Wer ist dieser Heilige Geist? Was heißt das überhaupt, der Geist Jesu? Vielleicht sollten wir zuerst einmal einfach nachdenken, was wir eigentlich meinen, wenn wir

vom Geist einer Persönlichkeit sprechen. »Geist« ist der Reichtum, die Tiefe seines Lebens; die Vision, aus der sein Denken, sein Sprechen, seine Sendung entspringen; die Kraft, die ihn in seinem Wirken und Kämpfen trägt; sein Verhältnis zur Natur, zur Welt, zu den Menschen. So ist auch Jesu Geist: Es ist die Atmosphäre, die wir atmen, wenn wir in seine Gegenwart kommen; die Freude und Stille, die er mitten in unserer rastlosen Welt ausstrahlt; der Friede, den er bringt; die geheime Kraft, die die Menschen zu ihm und durch ihn zu Gott zieht. Dieser Geist ist die Lebensquelle seines Tuns und Sprechens, das Wunder Gottes, das sein Leben füllt und für das wir keine Worte haben. Denn er sagt ja selbst, daß der Geist wie der Wind ist, von dem man nicht weiß, woher er kommt oder wohin er geht, aber du spürst seine unwiderstehliche Kraft (Joh 3,8). Denn dieser Geist ist eben so viel mehr als die einzelnen Worte, die Jesus spricht, und die kleinen Taten, die man sehen kann. Der Geist ist das göttliche Wunder, das sein Leben füllt. Er ist Gottes Geist, macht ihn aber doch ganz zum Menschen, so daß wir alle in Jesus sehen können, was es heißt, wirklich Mensch zu sein, was unser eigenes Leben sein sollte und könnte. In Jesu Gegenwart fühlen wir uns daher auch viel näher bei Gott als in einer bloß äußerlichen Feier. Bei ihm sind wir daher auch mehr untereinander verbunden als in irgendeiner menschlichen Gesellschaft.

Denn Jesu Geist ist eben Gott selbst, nicht Gott im fernen Himmel, wo kein Mensch ihn je gesehen hat, sondern der Geist Gottes, der über den Wassern der Urzeit schwebte, so daß das Chaos zur Harmonie des Kosmos wurde. Es ist der Geist, der tote Materie durchdringt und ihr Atem gibt, der Geist, der Israels Geschichte leitete, aus den zerstreuten Stämmen ein Volk machte und ihm die Verheißung der Vollendung gab. Es ist der lebenschaffende Geist, aus dem Jesus geboren wurde,

der auf Jesus herabstieg und ihn in seinem Leben und Werk führte.
Dieser Geist wird auf Jesu Jünger kommen. Sie brauchen ihn; denn sie dürfen nicht einfach Jesus kopieren und nur nachsagen, was er gelehrt hat. Die ganze Welt liegt offen vor ihnen mit ihren unerschlossenen Möglichkeiten, die von der schöpferischen Kraft des Geistes erweckt werden müssen. Denn diese ganze Welt mit ihrem Reichtum und ihren Geheimnissen muß Reich Gottes werden. Das kann nur durch Gottes Geist geschehen. Jesu irdisches Leben ist zu Ende, der Geist muß sein Werk fortführen.

Jesu Geist in Kirche und Welt

In Jesu Abschiedsreden, wie sie im Johannesevangelium überliefert sind, spiegelt sich die Geisterfahrung der frühen Kirche. Dazu drei Schlüsseltexte:
(1) »Der Vater wird euch einen anderen Beistand geben, der für immer bei euch bleiben soll. Es ist der Geist der Wahrheit« (Joh 14,16). Jesu Sendung ist nicht auf eine bestimmte geschichtliche Situation beschränkt. Reich Gottes ist so weit wie die Geschichte der Welt. Der Geist ist dieselbe göttliche Gegenwart und Macht, die Jesus im irdischen Leben, in Galiläa und Jerusalem geführt hat. Nun gehört dieser Geist allen Menschen, allen Zeiten. Er ist der Geist der Wahrheit, die Lebensquelle, aus der alles wächst, die alle Schöpfung zu ihrem Ziel führt. Durch ihn wird die Welt Reich Gottes und heilige Stadt. Er wird immer bei uns sein.
(2) »Er wird euch alles lehren und euch an alles erinnern, was ich euch gesagt habe« (Joh 14,26). Es ist nicht eine Fortführung oder Ergänzung dessen, was Jesus gelehrt hat, sondern die fortdauernde, immer neue Interpretation seiner Botschaft: »Er wird nicht aus sich selbst

heraus reden, sondern er wird sagen, was er hört« (Joh 16,13). Soll es also nichts Neues mehr geben in Gottes Offenbarung? Das ist nicht leicht zu verstehen. Gott hat doch in der Vergangenheit mit immer größerer Klarheit und Tiefe bei allen Völkern und in Israel gesprochen, durch Mose, Propheten, erleuchtete Frauen und Männer. Wird er jemals aufhören zu sprechen? Tatsächlich fällt es heute vielen, besonders Menschen mit einem Sinn für Geschichte, schwer, Jesus als Vollendung und Abschluß der Offenbarung zu verstehen – als ob wir von nun an nichts anderes mehr zu tun hätten als weiterzugeben, zu verteidigen und zu erklären, was längst in der Vergangenheit gesagt worden ist. Ist nicht die ganze Geschichte der Menschheit eine stete Offenbarung Gottes, in der wir mit immer weiteren Horizonten des Wissens und tieferen Einsichten über unser Menschsein wachsen sollen?

Ja, so ist es. Jeder einzelne Mensch ist berufen, an dieser stets werdenden Offenbarung Gottes teilzuhaben. Denn jedes Menschenherz hat doch seine eigene Tiefe, und in jedem Menschenleben offenbart sich etwas Neues, Unwiederholbares aus dem Reichtum Gottes. Und doch ist Gottes Offenbarung in Jesus Christus einmalig, unüberbietbar. In ihm sagt er uns, daß diese unsere Welt für immer, unwiderruflich in seiner Hand ist, geborgen in seiner Liebe, um in ihm vollendet zu werden. Eben das wird man tausendfach in Frage stellen. Immer werden Menschen das Leben als sinnlos und verloren und ihre Welt als ein Würfelspiel des Zufalls betrachten. Jesus diskutierte solche Probleme nicht. Aber in seinem ganzen Leben, in seinem Tod und in seiner Auferstehung entfaltete er seine wunderbare Botschaft: »So sehr hat Gott die Welt geliebt, daß er seinen einzigen Sohn hingab, damit jeder, der an ihn glaubt, nicht zugrunde geht, sondern das ewige Leben hat« (Joh 3,16). Vieles verstehen wir nicht. Auch hat Gott uns einen ungeheu-

ren Freiheitsraum gegeben. Vieles ist dunkel, und wir Menschen sind nicht nur durch Täler der Tränen gewandert, sondern in Abgründen der Bosheit und Verzweiflung versunken. In Jesus aber hat Gott uns seine unwiderrufliche Liebe geoffenbart. Dies ist sein letztes Wort, das niemand mehr in Frage stellen darf.
Was immer sich also in unserer Welt begibt, ist in Gottes Schöpfungsplan hineingewoben. So gibt es denn in unserer Welt keine Grenzen des Wachstums. Immer neue Einsichten, neue Kulturen und Philosophien mögen geboren werden. Die Explosion des Wissens wird weitergehen, und die Welt wird immer mehr von der Technik beherrscht. Dabei wird es neue Probleme geben; auch das Übel in unserer Welt wird zunehmen und über immer zwingendere Machtmittel verfügen. All das aber kann nicht unsere letzte Bestimmung ändern: Diese Welt ist in Gottes Hand. Das ist seine Offenbarung in Jesus Christus, das ist das Werk des Heiligen Geistes.
(3) »Der Geist der Wahrheit wird Zeugnis für mich ablegen. Und auch ihr sollt Zeugnis ablegen« (Joh 15,26). Zeugnis ist mehr als Information. Zeugnis vor Gericht steht für die Verläßlichkeit der Aussage. Das brauchen die Jünger Jesu für ihre Sendung, das brauchen wir heute mehr denn je. Immer schwerere, radikalere Fragen über Jesus und seine Botschaft werden aufgeworfen. Von Anfang an wurde er von den Führern des Volkes und der Intelligenz der Juden abgelehnt, obwohl doch viele von ihnen guten Willens waren. Hatten denn seine Jünger, diese ungebildeten Fischerleute aus dem rückständigen Galiläa, recht, wenn sie ihm nachfolgten? Und angenommen, Jesus hatte damals recht: War seine Botschaft mehr als die Reaktion gegen die sozialen und religiösen Mißstände seiner Zeit? Was hat diese Botschaft für unsere Zeit, für fremde Kulturen, für die moderne Welt zu bedeuten?

Man hat für Jesu Sendung psychologische und soziologische Erklärungen. Die Glaubenden, die in Jesus Gottes Offenbarung und Selbstmitteilung an die Menschen sehen, haben ihre Gegenargumente. Solche Diskussionen sind nützlich, weil in ihnen eben die Komplexität der Probleme sichtbar wird. Man soll aber nicht erwarten, daß sie zu zwingenden Ergebnissen führen. Wie kommen wir also zur Wahrheit? Wer gibt uns letzte Sicherheit?

Jesus sagt seinen Jüngern: Der Geist allein gibt euch letzte Sicherheit. Derselbe Geist, der auf Jesus herabgekommen ist, erfaßt auch seine Jünger. Der Geist Gottes, von dem die Schöpfung ihre Ordnung hat, bringt auch die neue Schöpfung hervor. Er ist der Geist der Wahrheit, der alles durchdringt. Er öffnet unsere Augen für die weiteren Zusammenhänge und den tieferen Sinn allen Geschehens, für die volle Bedeutung der Worte Jesu; für die verborgene Wahrheit, die nur mit der Intuition der Herzen erfaßt werden kann. Er dispensiert uns nicht vom eigenen Denken, aber er gibt uns die Klarheit und Zuversicht, einen geistlichen Instinkt, der unser Denken begleitet. Durch ihn weiß ich also zutiefst, daß Jesu Botschaft wahr ist, daß sie auch heute, für die moderne Welt, gültig ist. Ich weiß auch, daß der Sinn meines eigenen Lebens von der treuen und gelebten Annahme seiner Botschaft abhängt. Ich habe deshalb auch keine Angst vor modernen Ideologien, ich bin immer bereit zu lernen. Mit Freuden erkenne ich alles an, was in unserer Welt, in alten Religionen und in modernen Bewegungen gut und wahr ist. Ich bin kein engstirniger Fanatiker, der sich von der Größe des Geistes Gottes in seiner Schöpfung und in den Menschen bedroht fühlt. Denn eben dieser Geist führt mich in alle Wahrheit ein, mit einem offenen Herzen.

So kann ich auch Zeuge für Jesus werden. Denn ich gehöre doch zu ihm und habe mich von seinem Geist führen lassen. Die Jünger sind nicht bloß Lehrmeister, die fertige Textbücher erklären, sondern Menschen des Glaubens und der inneren Einsicht. Sie können für ihre Worte einstehen, denn was sie reden, tun sie auch. Die Freude und Kraft der christlichen Botschaft ist in ihnen verkörpert, so daß ihr Wort überzeugender wird. In ihnen selbst, in ihrem Leben wird die Wahrheit ihrer Botschaft sichtbar. Den jungen Gemeinden, die in völlig heidnischer und oft feindlicher Umgebung leben, wird gesagt: Ihr seid Gottes Eigentum geworden, »damit ihr die großen Taten dessen verkündet, der euch aus der Finsternis in sein wunderbares Licht gerufen hat« (1 Petr 2,9).

Das also ist die vollendende Gnade der »Geistlichen Übungen«: Ich bin in meinen Betrachtungen Jesus in seinem Leben gefolgt und habe mein Denken und mein Herz von ihm umformen lassen. Ich brauche seinen Geist, seine stete Gegenwart, Führung, Sicherheit. Ich brauche sie für mein Leben und meine Aufgabe. In Jesu Geist werde ich erfahren, daß mein Leben und Wirken in das Kommen des Gottesreiches eingegliedert sind.

ZUR BETRACHTUNG

Gottes Geist in der Geschichte Israels

Gottes Geist führte Israel durch seine Geschichte. Immer tiefer wurde das Verstehen für sein Walten. Diese Erfahrung und Erleuchtung wird im Neuen Testament vollendet.

– »Ich gieße meinen Geist über alles Fleisch aus« (Joël 3,1; Apg 2,17): Das Wirken des Gottesgeistes ist nicht mehr auf wenige beschränkt, auf die Führer des

Volkes und die Propheten. Alle werden von ihm erfüllt, Frauen und Männer, jung und alt.

- »Ich lege meinen Geist in euch und bewirke, daß ihr meinen Gesetzen folgt« (Ez 36,27): Die Gesetze des Alten Bundes wurden auf Steintafeln gemeißelt und dem Volk auferlegt. Das Gesetz des Geistes ist in die Herzen geschrieben. Gott führt sein Volk in die Freiheit.
- »Ich habe euch nur mit Wasser getauft, er aber wird euch mit dem Heiligen Geist taufen« (Mk 1,8): Die Bußpredigt des Täufers bereitet die Herzen zur Umkehr. Jesus füllt die Herzen mit dem Geist des Lebens.
- »Wer Durst hat, komme zu mir, und wer an mich glaubt, der trinke. Wie die Schrift sagt: Aus seinem Innern werden Ströme lebendigen Wassers fließen« (Joh 7,37f): Jesus bringt die Fülle des Geistes. Am Laubhüttenfest gedachten die Juden der Wundertaten Gottes während der Wüstenwanderung. Zur Erinnerung an das Wasser, das aus dem Felsen strömte, trugen sie in festlicher Prozession Eimer voll Wasser. Der Evangelist Johannes sieht die Erfüllung dieser Worte in dem Blut und Wasser, die am Kreuz aus Jesu Seite fließen (Joh 19,34). In Jesus selbst ist das Wunder des lebendigen Wassers erfüllt, wenn uns in seinem Tod der Geist geschenkt wird.

Pfingsten (Apg 2,1–16)

Pfingsten ist das Erntefest, mit dem die Erinnerung an den Sinai-Bund verknüpft wurde. Lukas stellt die Ausgießung des Geistes als die Offenbarung des Neuen Bundes dar.

- »Alle befanden sich zusammen am gleichen Ort«: Die neue Gemeinschaft wird vom Geist erfüllt.

- »Da kam plötzlich vom Himmel her ein Brausen, wie wenn ein heftiger Sturm daherfährt, und erfüllte das ganze Haus«: Gottes Wirken ist wie der Wind, den man nicht greifen und nicht einfangen kann, der mit seiner Macht die Natur aufrüttelt (Joh 3,8).
- »Zungen wie von Feuer erschienen ihnen und verteilten sich auf jeden von ihnen«: Feuer, das uralte Symbol für Gott, kommt auf die Versammelten herab, auf jeden einzelnen, auf alle zusammen; es ist Gottes Gegenwart in jedem und in der Gemeinschaft.
- »Sie begannen in fremden Sprachen zu reden, wie es der Geist ihnen eingab«: Das Sprachenwunder bedeutet: Jeder versteht die eine Botschaft in seiner eigenen Sprache, in seiner Situation. Jeder ist betroffen. Allen gilt die christliche Verkündigung.
- »Alle gerieten außer sich und waren ratlos ... Andere aber spotteten«: Es ist das Wunder der neuen Schöpfung, des Heils in Jesus Christus – für die Glaubenden das Licht eines neuen Morgens, für andere Torheit.
- »Da trat Petrus auf, zusammen mit den Elf; er erhob seine Stimme und begann zu reden«: Die Osterbotschaft wird von den Aposteln verkündet. Sie predigen in der Kraft des Geistes; der Geist wirkt aber in denen, die sie hören, die glauben und Jesus bekennen (2,36–42).

Das Geschenk des Heiligen Geistes

Christliches Leben ist Leben im Geist. Der Reichtum dieses Lebens spiegelt sich vor allem in den Paulusbriefen.
- Gal 4,4–6: Der Geist offenbart unsere Gotteskindschaft. Wir haben an Jesu Gottessohnschaft teil. Das Kind-Gottes-Sein soll unser ganzes Bewußtsein

durchdringen. Es wird uns durch den Geist Gottes gegeben, durch den Geist, in dem wir rufen: Abba, Vater! In diesem Geist sind wir verbunden mit Gott, auch wenn wir unser Unvermögen fühlen und meinen, nicht beten zu können (Röm 8,26).

- Eph 4,3–6: der Geist der Gemeinschaft – »ein Leib, ein Geist«. Die Einheit der Kirche, die Gemeinschaft der Gläubigen muß sich in sichtbaren Strukturen und Gesetzen verwirklichen. Ursprung und Garantie der Einheit und Gemeinschaft aber ist der Geist Christi, der uns in der Einheit des Glaubens, der Hoffnung und der Liebe zusammenführt. Die Kirche muß diese innere Gemeinschaft des Geistes immer neu finden und verwirklichen.
- Apg 1,4–8: Der Geist öffnet die Kirche zu immer weiterer Sendung in die Welt. In jeder Epoche muß die Kirche ihre Sendung neu verstehen. In der frühen Kirche ereignete sich die Öffnung zur damaligen Welt in Antiochien unter dem Einfluß des Geistes (Apg 13,2). Ein neues, umfassenderes Verständnis der Sendung in die Welt ereignet sich im II. Vatikanischen Konzil.
- 1 Kor 12,4–13: die vielen Gaben des einen Geistes. Das Gottesreich ist so weit wie die Welt, wie alle Völker und Kulturen. In allen ist Gottes Geist wirksam. Er eint sie im Geheimnis Gottes.
- Eph 1,11–14: Der Geist ist das Signal der Vollendung. Unser Leben, unsere Geschichte sind nicht ein Wandern ins Dunkel. Wir sind auf der Pilgerschaft. Gott ist Ziel und Vollendung. Im Heiligen Geist haben wir die Sicherheit: »Der Geist ist der erste Anteil des Lebens, das wir erhalten sollen, der Erlösung, durch die wir Gottes Eigentum werden zum Lob seiner Herrlichkeit.«

Weitere Texte

Joh 3,1–8: neu geboren aus dem Geist (das Gespräch Jesu mit Nikodemus).
Gal 5,16–26: Leben im Geist.

FRAGEN

- Ich erinnere mich an Gelegenheiten, bei denen ich die erleuchtende und lebenspendende Macht des Geistes erfahren habe. Ich lasse solche Erfahrungen erneut lebendig werden. – Ich erinnere mich an Gelegenheiten, wo ich das Geistwirken bei anderen erfahren habe. – Wie hat mich Gottes Geist in diesen »Geistlichen Übungen« geführt?
- Welches ist meine besondere Geistesgabe, mein Charisma? Habe ich es dankbar erkannt, angenommen, entfaltet? Wie kann ich es in meinem Leben fruchtbar werden lassen?

ZUR ERWÄGUNG

»Pfingsten sollte für uns auch zu einem Fest des Dankes für die Schöpfung werden. Besinnung auf die schöpferische Vernunft, die sich in der Schönheit der Welt zugleich als schöpferische Liebe erweist. Dank für die Schöpfung könnte dann Besinnung auf die Schöpfung werden, Besinnung auf schöpfungsgemäßes Verhalten, das geistgemäßes Verhalten ist, Abkehr von dem praktischen Materialismus, der die Welt mißbraucht und zerstört.«

Joseph Ratzinger

(Suchen, was droben ist, 1985, Seite 95, Verlag Herder, Freiburg–Basel–Wien)

7. Göttliche Liebe

»Das erste Gebot ist: Höre, Israel, der Herr, unser Gott, ist der einzige Herr. Darum sollst du den Herrn, deinen Gott, lieben mit ganzem Herzen und ganzer Seele, mit all deinen Gedanken und all deiner Kraft. Als zweites kommt hinzu: Du sollst deinen Nächsten lieben wie dich selbst« (Mk 12,29–31).

Der Schlußtag der Exerzitien ist der »Kontemplation zur Erlangung der Liebe« gewidmet (Nr. 230–237). In der Struktur des Exerzitienbuches gehört diese Kontemplation nicht mehr zur vierten Woche, sondern hat eigenständige Bedeutung. Sie faßt die ganze Dynamik der »Geistlichen Übungen« zusammen: Gottes Liebe zu uns, zu mir und meine Antwort. Es ist die Bewegung, die aus Gottes Wesen stammt, wenn er die Welt schafft und uns durch seinen Sohn in sein Reich einlädt, wenn er seinen Geist zur Erneuerung und Vollendung der Welt sendet. Diese Bewegung muß in meiner Liebe durch Jesus Christus im Heiligen Geist zu Gott zurückfließen.

Was ist Liebe?

Alle großen Worte unserer Sprache sind menschlicher Willkür unterworfen. Liebe ist die göttliche Kraft, die unser Leben in die Ewigkeit und Seligkeit Gottes hineinzieht. Dasselbe Wort wird aber auch für flüchtige Gefühle der Anhänglichkeit und selbst für versklavende Leidenschaft gebraucht. Liebe kann Besitz ergreifen und binden; sie kann zum Gefängnis werden. Wahre Liebe aber befreit und öffnet uns zur Fülle des Lebens.

Wenn Jesus von Liebe spricht, fügt er eine bedeutsame Erklärung hinzu: »Liebt einander! Wie ich euch geliebt habe, so sollt auch ihr einander lieben« (Joh 13,34). In Jesus hat Gott uns gesagt, was wahre Liebe ist: Gottes Liebe zu uns, unsere Liebe zu Gott und die Ausweitung dieser Liebe zum Nächsten, zu allen Menschen.

Gottes Liebe ist schöpferisch und befreiend. Gott schafft das Licht, die Gestirne, unsere Erde, Pflanzen und Tiere. Diese Geschöpfe haben keine Freiheit, sie können Gott nicht antworten. Sie sind gut, aber Gott kann sie nicht »lieben«. Liebe sucht Antwort. Gott schafft den Menschen nach seinem Abbild, ihm ähnlich. Er schenkt uns alle Schätze der Erde und legt alle verborgenen Kräfte des Ozeans, des Universums, des Atoms in unsere Hände, in unsere Verantwortung. Wir sollen reich und mächtig sein, sollen uns freuen und die Herrlichkeit seiner Schöpfung feiern. Weil er uns liebt, will er, daß wir frei sind. Er gibt uns auch die Möglichkeit, unsere eigenen Wege zu gehen, zu sündigen, die Harmonie der Schöpfung in eine Wüste zu verwandeln. Werden wir zu ihm zurückfinden? Er liebt uns; so sehr liebt er uns, daß er uns seinen Sohn gab. Werden wir ihn glaubend als unseren Bruder aufnehmen und von ihm lernen, wie wir als Kinder Gottes leben sollen? Nie wird er uns zwingen; seine Liebe ist unendlich taktvoll. Er gebraucht keine Gewalt, er lädt ein. Das ist Liebe. Er besiegelt alle, die zu seiner Herrlichkeit berufen sind, mit dem Adel der Freiheit.

So ist auch Jesu Liebe. Seine Sendung beginnt mit dem Verzicht auf Macht: Er entäußerte sich. Er sucht unser Heil, nicht seine Macht. Wahrheit und Liebe sind die einzigen Machtmittel, mit denen er Gottes Herrschaft verkündet.

Sein Verhältnis zu den Jüngern beruht auf Freiheit. Er ruft sie, aber sie müssen selbst kommen (Mk 3,13). Er stellt es ihnen frei, wegzugehen. Er hindert Judas nicht,

ihn zu verraten, und er läßt zu, daß Petrus ihn verleugnet. Seine Sendung übergibt er ihnen; sie wird zu ihrer Aufgabe und Verantwortung. Jesus liebt und vertraut.
Das letzte Geschenk der göttlichen Liebe ist die Aussendung des Geistes. Er allein gibt den Jüngern Jesu Sicherheit und Führung. Die Kirche wird ihre Ämter und Gesetze haben, aber sie sollen nie zu Fesseln werden, sondern Hilfen sein, um das Leben des Geistes zu vermitteln und zu ordnen, wie ein Bewässerungssystem die lebenspendenden Wasser fruchtbar verteilt. Für immer wird der auferstandene Herr durch den Geist die Lebensquelle seiner Gemeinde sein, ihre Gewißheit, daß Gottes Reich kommt.
Das also ist Gottes Liebe zu uns, wie sie in Jesus Christus sichtbar wurde: Er kennt und anerkennt uns in unserer Freiheit; er will, daß wir wachsen und immer mehr werden, was wir sein sollen; er vertraut uns trotz unserer Unzulänglichkeiten; er wartet auf uns, daß wir bei ihm seien, um teilzuhaben an seiner Herrlichkeit.
In Jesus aber sehen wir auch die Antwort auf Gottes Liebe, die wir lernen sollen: Er faßt seine Liebe zusammen in der Anrede, mit der er zum Vater spricht: »Abba«. Liebe kennt kein Kreisen um sich selbst, das von Menschen und von Gott trennt. Wohl ist Jesu Leben voll von Fragen, Bedrohungen, Versuchungen. Aber immer ist es in Dank und Preis offen vor dem Vater: »Ich preise dich, Vater, Herr des Himmels und der Erde, weil du all das den Weisen und Klugen verborgen, den Unmündigen aber offenbart hast« (Mt 11,25). Er vertraut dem Vater: »Kein Spatz fällt zur Erde ohne den Willen eures Vaters« (Mt 10,29). Er gehorcht dem Vater bis zum Ende: »Nicht was ich will, sondern was du willst« (Mk 14,36).
Das also ist Liebe: über uns selbst hinauswachsen, uns selbst hingeben an den Nächsten, an Gott und so in Gott uns selber finden.

All das ist in den Bemerkungen, die Ignatius an den Beginn dieser Betrachtung stellt, enthalten: Liebe bedeutet nicht nur Worte, sondern Taten, sie besteht im Mitteilen.

Wir sind eingeladen, diese Betrachtung nicht in der Abgeschiedenheit einer bloß persönlichen Begegnung mit Gott zu machen, sondern in der Gegenwart der Engel und Heiligen. Denn diese Betrachtung umfaßt die ganze Welt, den Ursprung der Schöpfung aus Gott und ihr letztes Ziel in ihm. Diese Bewegung von Gott, zu Gott muß in der Tiefe des Herzens wahrgenommen und lebendig werden. So erbitte ich eine tiefe Erkenntnis von allem, was ich empfangen habe – nicht bloß verstandesmäßige Erkenntnis, sondern persönliche Wahrnehmung. Ich soll mich von dem Bewußtsein ergreifen lassen, daß mein ganzes Leben von Gottes Liebe umfangen ist, bevor ich empfangen wurde, vor der Erschaffung der Welt (Ps 139; Eph 1,4).

Die Betrachtung über die Liebe entfaltet sich in vier Schritten.

(1) Ich lasse in meinem Gedächtnis alle *Gaben der Schöpfung und Erlösung* und die besonderen Gnaden, die ich empfangen habe, aufsteigen. In einem Rückblick auf mein Leben ziehen sie an mir vorbei: die Welt meiner Kindheit; die Menschen, die mich durch die Jahre hindurch beeinflußt haben; die vielfache Weise, auf die Gott in meinem Leben wirksam war. Jeder hat seine besondere Geschichte, die persönlichen Geschenke Gottes, durch die sich sein Leben entfaltet hat und gereift ist.

(2) Der zweite Schritt führt weiter: *Wie Gott in den Geschöpfen wohnt.* Unter uns Menschen können Geschenke ein Ersatz für persönliche Nähe sein. Es gibt Eltern, die den Kindern immer neue Spielsachen kaufen,

um sie sich vom Hals zu halten. Glückwünsche, auch Geschenke, sind manchmal die Erfüllung einer sozialen Pflicht, durch die wir persönlichen Kontakten ausweichen. Ein wirkliches Geschenk wird nicht nach seinem Marktpreis beurteilt, sondern nach der persönlichen Verbundenheit, die es ausdrückt. Eine Mutter weiß die erste Malerei ihres Kindes zu schätzen, die es ihr schenkt. Sie ist ein Zeichen der Liebe.

In jeder seiner Gaben ist Gott gegenwärtig. Mit den Strahlen der Sonne berührt er meine Augen, durch die Schwingungen der Luft füllt er mein Leben mit Klang und Musik. Er ist gegenwärtig in den Bewegungen meines Geistes, meines Herzens, in meinem wachsenden Verstehen der Welt, der Mitmenschen, meines Lebens. Gott ist in meiner Freiheit, wenn ich mein eigenes Leben aufbaue, in meiner Einsicht, meiner Mühe, meinem Mut. Er weitet den Blick und gibt mir die Freude, hinauszureichen zu anderen. Er drängt sich nicht auf. In der scheinbaren Abwesenheit, in der Anonymität seiner Gegenwart zeigt sich die Zartheit seiner Liebe. Er macht mich zu seinem Tempel; er will in mir wohnen, und durch mich in der Welt.

(3) Im dritten Schritt dieser Betrachtung schauen wir auf *Gott, der in den Geschöpfen wirkt.* Schöpfung ist nicht ein einmaliges Werk in dunklen Anfängen. Immer ist die Welt von Gottes schöpferischer Macht getragen. Sie wächst und entfaltet sich in immer neuen Formen. Gott will, daß seine Geschöpfe über sich hinauswachsen zur Vollendung.

Gott wirkt auch in mir. Er ist die Kraft meiner Entwicklung, wenn mein Bewußtsein sich vertieft und mein Horizont sich weitet; wenn ich mich selbst, den Sinn und die Sendung meines Lebens finde. In dieser Betrachtung suche ich die Entscheidungsstunden meines Lebens nachzuerleben: neue Einsichten und Aufbrüche, Augenblicke, in denen sich die Augen öffneten mit der

Bereitschaft, über mich hinauszuwachsen, zum Mitmenschen, auf Gott hin. Gott wirkt in meiner Umgebung – in mir, durch mich.
(4) Im vierten Schritt dieser Betrachtung bete ich um die Wahrnehmung des Reichtums und der Schönheit, denen ich in meiner Welt und in meinem Leben begegne. Jede dieser Erfahrungen ist ein *Aufleuchten des göttlichen Geheimnisses.* Wir denken nicht an sensationelle Ereignisse; Gottes Reich kommt im täglichen Leben. Habe ich nie einen Menschen getroffen, der in einer korrupten Umgebung treu für Wahrheit und Recht einstand und dafür litt? Was wüßten wir von Gottes Treue, wenn es nicht solche Menschen gäbe? Oder eine Frau, die von ihrem Mann allein gelassen wurde ohne Mittel, die für die Kinder sorgt ohne Vorwurf und Klage, ein Gleichnis hingebender, geduldiger Liebe? Wie oft habe ich wahre Liebe erfahren, wurde ich angenommen und getragen und habe so meinen eigenen Wert erkannt und die verborgenen Möglichkeiten in mir? In einer solchen Liebe hat Gott mich berührt und mir neues Leben gegeben. Er will, daß seine Liebe durch die Geschöpfe fließt, durch ihre Schönheit und ihr Licht, so daß er mir in immer neuen Erfahrungen meines Lebens begegnet. Immer neu und immer mehr soll ich erfahren, was er ist, was ich bin, was ich sein soll in meiner letzten Vollendung: »Was kein Auge gesehen ...« (1 Kor 2,9).

Das Gebet der Hingabe

Jeder Schritt in dieser Betrachtung soll mit dem Gebet der Hingabe abgeschlossen werden, das die Dynamik der »Geistlichen Übungen« zusammenfaßt. Ich mache mir das Gebet Wort für Wort zu eigen.

Nimm hin, und nimm an, o Herr

Die Antwort auf Gottes Liebe besteht in unserer eigenen Hingabe an Gott mit allem, was wir sind und haben, vereint mit Jesus. Diese Selbsthingabe ist in zwei Worten ausgedrückt: Sume (nimm hin) und Suscipe (nimm an). Sie müssen in ihrem Unterschied und ihrer gegenseitigen Ergänzung verstanden werden. Gott nimmt, was ihm gehört. Nehmen ist Ausdruck souveräner Macht. Ich bitte, daß Gott von mir Besitz ergreife; ich habe kein Eigenrecht vor ihm. – Gott aber wird mein Leben nicht ergreifen, wenn ich es ihm nicht frei hingebe. So bete ich »nimm an«. Wir nehmen an, was uns frei gegeben wird. Mein Kommen zu Gott ist meine freie Antwort auf seine Liebe. Meine Hingabe an Gott ist also in beiden Worten ausgedrückt: Nimm, was dein ist; nimm an, was mein ist. Ich kann und darf mein Leben Gott geben.

Alle meine Freiheit

Den Reichtum dieses Wortes verstehen wir wohl heute besser als früher. Es drückt die Würde des Menschen aus, der als einziges Geschöpf sein Leben in seinen eigenen Händen hält. Er allein kann und soll seinem Leben Sinn und Orientierung geben. Das ist schwer, wir müssen wählen. Von J. P. Sartre stammt das Wort: Wir sind zur Freiheit verurteilt. Wir können nicht unbekümmert leben wie die Vögel des Himmels. Wir müssen auf die Fragen unseres Lebens Antworten finden, wir müssen entscheiden. In Jesus haben wir den Sinn unseres Lebens gefunden. Sein Leben ist offen zu Gott und zu uns Menschen hin. In diesen »Geistlichen Übungen« haben wir erneut unsere Entscheidung getroffen. Daß wir es in Freiheit tun können, ist unsere Würde: Nimm hin meine Freiheit.

Mein Gedächtnis, meinen Verstand und meinen ganzen Willen

Das ist der Dreiklang, in dem sich unsere menschliche Existenz entfaltet. Gedächtnis ist mehr als meine persönlichen Erinnerungen; es ist die Gesamtheit alles dessen, was in mich eingegangen ist und mein konkretes Dasein ausmacht: die materiellen Elemente der Urzeit, das erwachende Leben auf unserem Planeten, die Ursprünge unserer menschlichen Familie, zu der ich gehöre. Mein Leben ist untrennbar in die Generationenfolge meiner Vorfahren hineingewoben. Die besondere Kombination von Erbanlagen, die meine physische und psychische Einmaligkeit ausmachen, gehören zu meinem Gedächtnis. Dazu kommt mein eigenes Leben: Eltern und Familie, die soziale und wirtschaftliche Lage meiner Jugend, die Erziehung und der ganze Strom persönlicher Erfahrungen. Was ich bis jetzt aus all dem gemacht habe – das ist mein Gedächtnis. Vieles davon ist ins Unbewußte versunken, und doch beeinflußt es mich stets; anderes ist mir bewußt. So bin ich im Strom einer werdenden Welt in meiner unwiederholbaren Einmaligkeit geworden.
Auch Tiere haben ein Gedächtnis, aber sie haben keinen Verstand. In mir sind diese Schätze, aber auch die Lasten der Vergangenheit gespeichert, um bewußt zu werden. Sie sind mein persönliches Leben mit seinen Möglichkeiten und Forderungen. Im Menschen kommt die Schöpfung zu sich selbst, sie wird ins Bewußtsein gehoben. So wird sie für das göttliche Geheimnis transparent. In jedem Menschen verwirklicht sich dieses Bewußtsein in einmaliger Weise. Denn diesem einen Leben, das mir zugefallen ist, muß ich in Freiheit die Ausrichtung geben. Ich entscheide, ob ich für mich lebe, die Dinge um mich und auch meine Mitmenschen für mich ausnutze, oder ob ich mich zum Nächsten, zu

Gott öffne. Mein ganzes Wesen ist ambivalent. Meine Hände können Werkzeug des Nehmens, Festhaltens, der Gewalt sein; sie können sich aber auch öffnen, um zu geben und zu segnen. So ist es mit jedem Organ meines Leibes, so ist es mit meinem Herzen. Immer muß ich mich entscheiden. Meine Hingabe an Gott soll sich in meinem ganzen Leben erfüllen.

Alles, was ich besitze, hast du mir gegeben;
dir, o Herr, gebe ich es zurück

Meine Selbsthingabe an Gott ist die Antwort auf seine Liebe. Was ich bin, ist seine Gabe für mich; was ich werde, wird meine Gabe für ihn.

Gib mir deine Liebe und deine Gnade,
das ist genug für mich

Wohl brauchen wir in unserem täglichen Leben viele Dinge für Leib und Seele. Vor allem aber brauchen wir eines: Gottes Liebe, die Gewißheit, daß wir in seiner Liebe sind, daß wir mit Jesus Gott unseren Vater nennen dürfen. Wir brauchen auch seine Gnade, denn Gottes Liebe muß mich aufwecken, so daß ich in Freiheit seine Liebe beantworten kann. Das ist Gnade. Sie macht es mir möglich, daß ich frei und freudig mein Leben ihm schenken kann. Gib mir deine Liebe und Gnade.

Liebe im christlichen Leben (1 Kor 13)

Dieses Lied von der Liebe ist an mich gerichtet. In drei Strophen singt es von der Erhabenheit, der Ausübung und der Ewigkeit der Liebe.

- »Hätte ich die Liebe nicht, wäre ich nichts«: Es gibt viele Gaben des Geistes; die Liebe ist größer. Was immer ich an Talenten, Gaben, Erfolgen aufweisen kann, ist wertlos, wenn es nicht von Liebe inspiriert ist, wenn es nicht den Leib Christi aufbaut.
- »Liebe ist langmütig, Liebe ist gütig...«: Das ist Liebe im Alltag, im werktäglichen Gewand, ohne Glanz, ohne Aussicht auf soziale Anerkennung. Sie ist die verhüllte Gegenwart Gottes unter uns, das stille Wachstum des Gottesreiches in unserer Welt.
- »Liebe hört niemals auf«: Andere Gaben sind uns für das irdische Leben geschenkt; Liebe ist der Beginn des ewigen Lebens. Hier auf Erden beginnen wir, am Leben Gottes teilzuhaben. Liebe wird unsere Ewigkeit erfüllen.

Gott ist Liebe (1 Joh 4,7–12)

Das ist die entscheidende biblische Botschaft. Sie faßt das ganze Heilsgeheimnis zusammen und stellt es als Offenbarung der göttlichen Liebe dar.

- »Jeder, der liebt, stammt von Gott und kennt Gott«: Liebe ist Gottes Wesen. In ewigem Einssein sind Vater, Sohn und Geist verbunden. In Schöpfung und Erlösung fließt diese Liebe in unsere Welt. Wenn ich anfange, dieses Geheimnis der Liebe mitzuleben, kenne ich Gott, habe ich teil an seinem Leben.

- »Wer nicht liebt, hat Gott nicht erkannt, denn Gott ist die Liebe«: Er mag vieles über Gott wissen, aber er kennt ihn nicht. Er hat keine Gemeinschaft mit ihm.
- »Nicht darin besteht die Liebe, daß wir Gott geliebt haben, sondern daß er uns geliebt und seinen Sohn gesandt hat«: Leben und Heil kommen von Gott. Unsere Liebe zu Gott ist Antwort auf seine Liebe.
- »Wenn Gott uns so geliebt hat, müssen auch wir einander lieben«: Liebe zum Nächsten ist Ausweitung der Liebe Gottes in unsere Welt und Gesellschaft hinein. Durch die Liebe von Mensch zu Mensch wird Gottes Liebe unter uns gegenwärtig. Durch Liebe wird unsere Welt und Gesellschaft Reich Gottes.

Weitere Texte

Mt 5,43–48: Liebet eure Feinde.
Mt 7,1–5: Richtet nicht.
Mt 18,21–35: das Gleichnis vom unbarmherzigen Gläubiger.
Jak 2,14–26: praktische Nächstenliebe.

FRAGEN

- Kann ich mein Leben als liebende Gemeinschaft mit Gott sehen, Gottes Liebe zu mir, meine Liebe zu ihm?
- Wie sehe ich am Ende dieser »Geistlichen Übungen« die praktische Verwirklichung der Liebe, meine innere Haltung, meine Gedanken und Urteile, mein Sprechen, mein Handeln, mein Reagieren?

ZUR ERWÄGUNG

»Die Erde soll mich diesmal nur mit ihren Riesenarmen ergreifen. Sie soll mich mit ihrem Leben schwellen oder mich in ihren Staub zurückholen. Sie kann sich vor meinen Augen mit allem Zauber, mit allen Schrecken und mit allen Geheimnissen schmücken. Sie kann mich mit dem Wohlgeruch ihrer Greifbarkeit und Einheit trunken machen. Sie kann mich in der Erwartung dessen, was in ihrem Schoß heranreift, auf die Knie zwingen.

Ihre Bezauberungen können mir nicht mehr schaden, seitdem die Erde für mich jenseits ihrer selbst zum Leib Dessen geworden ist, Der ist und Der kommt!«

Pierre Teilhard de Chardin

(Das göttliche Milieu, 1962, Seite 196, Walter-Verlag Olten)

Zum Bild auf dem Umschlag:

Paul Imhof SJ schreibt zu dieser alten russischen Ikone in der Zeitschrift »Geist und Leben« (Heft 4, 1985, S. 241):

Inmitten des Widerstreits der Meinungen werden wir gefragt: »Für wen haltet ihr mich?« (Mt 16, 15) Und es genügt nicht, darauf zu antworten: »Damals sprachen die Leute von einem besonderen Menschen, von einem Propheten, sogar von einem solchen, wie Elija einer war.« Die Frage ist zu persönlich gestellt. Wer ist Jesus von Nazareth für Dich?... Wer es wagt, sich *offen* und *möglichst frei* von fixen Vorstellungen, methodischen Vorentscheidungen und Einschränkungen ihm zuzuwenden, wird die Wirklichkeit Christi tiefer verstehen. Die Identität Jesu verdeutlicht sich, seine Herkunft von Gott leuchtet auf. Eine Christus-Ikone, der zumindest ein wenig die Physiognomie der Freiheit zugebilligt wird, kann helfen, sich vom Christus des Glaubens anschauen zu lassen. Im meditativen Schauen formuliert sich im Betrachtenden vielleicht wie von selbst das Bekenntnis des Petrus: »Du bist der Messias, der Sohn des lebendigen Gottes.« (Mt 16, 16) Mit großer Kraft und Stärke fühlt sich der Beter in eine lebendige Beziehung hineingenommen. Im Antlitz Jesu findet er ein Gegenüber, das einen erlebbaren Zugang zur Transzendenz eröffnet, die in ihm unüberbietbar präsent ist. Im Schweigen geschieht ein Verstehen, im Augenblick die Kommunikation, im Dasein vor ihm eine Berufung. Denn der Christus schenkt Segen.